이사야서의 이해

Isaiah

이사야서의 이해

2020년 8월 15일 초 판 1쇄 인쇄
2020년 8월 20일 초 판 1쇄 발행

저 자 • 양 창 삼
발행인 • 조 경 혜
발행처 • 도서출판 그리심
07030 서울시 동작구 사당로2길 72 인정 인정 B동 (B01)

등록번호 • 제 7-258호(1998. 4. 23)
출 판 사 • 전화 523-7589 팩스 523-7590
홈페이지 • http://grisim.biz
전자우편 • grisimcho@hanmail.net

값: 표지 뒷면에

ISBN 978-89-5799-442-9 93230

양창삼(梁創三)은

현재 한양대학교 경상대학 경영학부 명예교수이고
목사이자 시인이다.
서울대학교에서 정치학과 경영학을 공부했다.
미국 웨스턴일리노이 대학교에서 MBA를,
연세대학교에서 경영학 박사 학위를 받았다.
총신대학교에서 목회학 석사와 신학 석사 학위를 받았다.
한양대에서 경상대학 학장과
산업경영대학원 원장을 역임했으며
중국 연변과기대에서
상경대학장, 부총장, 챈슬러를 역임했다.

머리말

이사야(Isaiah)를 가리켜 성경의 축소판이라 한다. 하나님은 유다의 부도덕함과 헛된 우상숭배를 지적하시며 심판이 있을 것을 말씀하시고, 바벨론에 포로가 될 것임을 분명히 하셨다. 그런 가운데서도 하나님은 자기 백성에 대한 사랑을 잊지 않으시고 그들을 구원하여 포로에서 돌아오게 하실 것을 약속하시고, 장차 메시야가 구주와 주권자로서 이 땅에 오시어 우리를 위해 십자가를 지실 것을 말씀하셨다. 소망의 메시지를 주신 것이다.

이사야는 선지자 이사야가 쓴 것이다. 그는 남왕국 유다 사람으로 웃시야, 요담, 아하스, 히스기야 시대에 활동했다. 이사야는 "여호와는 구원하신다."는 뜻을 가지고 있다.

주전 8세기 유다는 북 이스라엘, 아람 왕국, 아시리아, 이집트 등 여러 세력으로 둘러싸여 있었다. 이사야 당시 아시리아는 강력한 세력을 형성하여 지중해 쪽으로 진출하는 서진정책을 폈다. 이로 인해 아람의 여러 왕과 이스라엘은 위협을 느껴 유다와 함께 아시리아에 공동 대응하고자 했다. 그러나 유다의 아하스 왕은 이 제안에 응하지 않고 아시리아에 도움을 청했다. 이사야는 아하스의 이런 결정을 책망했다. 아시리아는 유다를 도왔고, 결국 이스라엘은 패망했다. 하지만 이스라엘의 패망은 유다를 위험에 처하게 했다. 암암리에 유다를 위협했기 때문이다. 아시리아 왕 산헤립은 예루살렘 성을 위협했다. 경건한 히스기야 왕은 하나님께 간절히 기도했다.

이사야는 하나님이 아시리아 군대를 물리치실 것이라 했다.

그럼에도 불구하고 이사야는 유다가 자기 죄로 인해 바벨론에 포로로 잡혀갈 것이라 예언했다. 바벨론 왕이 히스기야에게 보낸 사절단 방문사건이 빌미가 된다. 비록 예루살렘이 그 때까지는 패망하지 않았지만 결국 유다가 패망하고 나아가 유다 백성이 포로 생활에서 돌아올 것까지 예언했다. 이스라엘 백성을 이집트에서 구출하신 것처럼 그의 백성도 바벨론 포로에서 구출하실 것이라는 것이다. 이사야는 페르시아 왕 고레스의 등장에 대해 예언하였다. 고레스는 메대와 페르시아를 연합하여 바벨론을 정복했고, 조서를 내려 유다 백성을 고국으로 돌아가도록 했다. 이 구원 사건은 신약시대에 예수 그리스도를 통한 구원사건을 예표 한다.

이사야서는 하나님의 백성, 이스라엘과 그 주변 국가들, 나아가 온 인류에 대한 하나님의 심판과 구원을 밝혀주고 있다. 이사야는 하나님의 뜻을 거역하며 반항하는 이스라엘 백성과 모든 민족에게 무섭게 심판하실 것을 예언하였다. '여호와의 날' 이 곧 그 심판의 날이다. 이사야는 백성의 죄악으로 우상숭배의 죄, 사치와 부와 군대를 자랑하고 의지하는 교만의 죄, 만취의 죄, 그리고 탐욕과 압제의 죄 등을 적나라하게 지적하였다. 하나님은 거역하는 백성을 심판하시지만 나중에는 그들을 구속하신다. 하나님은 열방을 사용하시어 그들을 죄와 어두움의 권세로부터 벗어나 돌아오게 하신다.

이사야서는 오실 메시야의 성격에 대해 묘사하고 있다. 다윗의 왕위를 잇는 한 왕이 의로움으로 통치하실 것이며 그 왕으로 인해 모든 나라가 예루살렘의 거룩한 산으로 모여든다. 하나님은 메시야 왕을 '나의 종'이라 했다. 진정한 구원은 여호와의 종의 고난을 통해서 성취된다. 참된 여호와 종은 예수 그리스도이다. 고레스는 이스라엘을 바벨론으로부터 구원한 하나님의 도구에 불과하지만 그리스도는 인류를 죄의 사슬로부터 구원하신다. 그리고 여호와의 종인 의로운 통치자가 주의 나라를 건설하고 확장해 나간다. 독자 여러분이 이사야를 통해 바로 이 주님을 만날 수 있기 바란다.

양 창 삼

메시야에 관한 이사야의 예언

7:14	처녀가 잉태하여 아들을 낳으리니 그의 이름을 임마누엘이라 하리라
9:1-2	갈릴리를 영화롭게 하셨느니라(갈릴리 사역)
9:6	한 아들을 우리에게 주신 바 되었는데 그의 이름은 기묘자라 모사라 전능하신 하나님이라 평강의 왕이라
9:7	그의 정사와 평강의 더함이 무궁하며 다윗의 위에 앉아서 그 나라를 굳게 세우고
11:1	이새의 줄기에 한 싹이 나오고 그 뿌리에서 한 가지가 나서 결실할 것이요(다윗의 후손)
50:6	나를 때리는 자들에게 내 등을 맡기고 침을 뱉고 모욕할 때에도 얼굴을 가리지 아니하였느니라(모욕을 참으심)
53:2	그는 주 앞에서 자라나기를 연한 순 같고(유년기)
53:3	그는 멸시를 받아 사람들에게 버림받았으며 간고를 많이 겪었으며 질고를 아는 자라
53:5	그가 찔림은 우리의 허물 때문이요 그가 상함은 우리의 죄악 때문이라
53:7	그가 곤욕을 당하여 괴로울 때에도 그의 입을 열지 아니하였음이여
53:11	나의 의로운 종이 많은 사람을 의롭게 하며 또 그들의 죄악을 친히 담당하리로다
53:12	그가 자기 영혼을 버려 사망에 이르게 하며 범죄자 중 하나로 헤아림을 받았음이니라 그러나 그가 많은 사람의 죄를 담당하며 범죄자를 위하여 기도하였느니라

Isaiah

이사야서 목차

이사야서의 이해

Isaiah

• 사 39:2 "히스기야가 사자들로 말미암아 기뻐하여 그들에게 보물 창고 곧 은금과 향료와 보배로운 기름과 모든 무기고에 있는 것을 다 보여 주었으니 히스기야가 궁중의 소유와 전 국내의 소유를 보이지 아니한 것이 없는지라."

이사야서 1장

배은망덕한 유다, 헛된 제물을 받지 않으시는 하나님, 회개의 촉구, 예루살렘의 죄와 새 희망

1. 이사야가 본 계시(1절)

대선지서에서 첫 번째 자리를 차지하고 있는 이사야서는 선지자 이사야(Isaiah)가 쓴 것으로, 그가 유다와 예루살렘에 관해 본 계시(*hazown*, vision)를 기록한 것이다. 이사야는 "구원"이라는 뜻을 가지고 있다.

이사야는 아모스의 아들로, 유다의 상류 계급 출신이다. 그는 유다의 웃시야 왕이 죽은 해부터 요담, 아하스, 히스기야를 거쳐 므낫세 왕에게 순교를 당할 때까지 활동한 선지자였다.

그는 대부분의 생을 예루살렘에서 보내며 유다에 대해 예언을 했다. 그는 조롱을 무릅쓰며 유다가 외국과 동맹을 맺는 것을 강하게 경고하고 오직 여호와를 신뢰하도록 했다. 그는 아시리아 침공 속에 생애를 보냈고, 아시리아에서 유다를 구출하는 데 기여했다(36, 37장). 그는 북이스라엘이 멸망한 이후 당시 가장 위협적이었던 아시리아가 아니라 바벨론에 의해 유다가 심판을 받을 것이라 경고했다.

그는 저주 뒤에 오는 영광스러운 미래, 곧 메시아를 예언했다. 구원은 주께 있다는 것이다. 이사야는 메시아의 영광과 사역의 모든 측면을 예언했다. 사도 요한은 이사야가 그리스도의 영광을 보고 그에 대해 기록한 것이라 하였다 (요 12:41).

이사야는 이사야서 외에도 '웃시야의 생애' (대하 26:22), '유다와 이스라엘 열왕기' (대하 32:32)를 썼다. 탈무드에 따르면 그는 므낫세의 법령(우상숭배)에 반대해 두 장의 판자 사이에 매여 "톱으로 켜"(히 11:37) 살해되었다고 전해진다.

2. 유다는 배은망덕하다

1) 그들이 나를 거역하였도다(2, 3절)

이사야는 "하늘이여 들으라. 땅이여 귀를 기울이라"(2절)고 하였다. 유다 백성들이 하나님의 말씀을 듣지 않고 패역했기 때문이다. 하나님은 한탄하신다. "자식을 양육하였거늘 그들이 나를 거역하였도다."(2절) "소는 그 임자를 알고 나귀는 그 주인의 구유를 알건마는 이스라엘은 알지 못하고 나의 백성은 깨닫지 못하는도다."(3절) 이것은 유다 백성들이 배은망덕했음을 가리킨다.

2) 슬프다, 여호와를 버린 자식이여(4절)

4절은 "슬프다"(*how*, alas)로 시작된다. 유다가 하나님을 배반한 것이 너무 슬프다는 것이다. 이어서 유다가 지금 어떤 모습을 하고 있는가를 네 가지로 보여준다. "범죄한 나라"(sinful nation), "허물 진 백성"(a people laden with iniquity), "행악의 종자"(a brood of evildoers), "행위가 부패한 자식"(children who are corrupters)이다.

그렇게 불린 이유가 있다. 여호와를 버리고, 이스라엘의 거룩한 자, 곧 거룩하신 하나님을 만홀히(가볍게) 여기고 그 하나님을 멀리하며 배신하고 말았기 때문이다. 하나님을 가장 중히 여겨야 할 백성들이 하나님을 업신여기고 등을 돌리고 만 것이다.

3) 어찌하여 매를 더 맞으려고 패역을 거듭하느냐(5-9절)

"너희가 어찌하여 매를 더 맞으려고 패역을 거듭하느냐." 패역(*sarah*, revolt)은 엇나가는 것을 말한다. 하나님의 말씀에서 자꾸만 벗어난다. 이로 인해 그들은 이미 많은 매를 맞았다.

5b-9절은 하나님의 저주로 인해 유다가 망신창이가 되었음을 보여준다.

첫째, 몸과 마음에 성한 곳이 하나도 없다(5b-6절). 유다를 사람으로 의인화했다. 온 머리는 병들었고, 온 마음은 피곤해졌으며, 발바닥에서 머리까지 성한 곳이 하나도 없다. 상한 것과 터진 것과 새로 맞은 흔적뿐이다. 그럼에도 불구하고 그것을 짜며 싸매며 기름으로 부드럽게 함을 받지 못하였다. 치유를 전혀 받지 못하고 있다는 말이다.

둘째, 땅이 황폐해졌다(7절). 너희의 땅은 황폐하였고 너희의 성읍들은 불에 탔고 너희의 토지는 너희 목전에서 이방인에게 삼켜졌으며 이방인에게 파괴됨 같이 황폐하였다. 인간의 죄가 크면 자연도 고통을 당한다.

끝으로, 예루살렘만 겨우 남았다(8, 9절). 딸 시온은 포도원의 망대 같이, 참외밭의 원두막 같이, 에워싸인 성읍 같이 겨우 남았도다. 하나님께서 우리를 위하여 생존자를 조금 남겨 두지 아니하셨더라면 우리가 소돔 같고 고모라 같았으리라.

3. 너희가 드리는 예배는 형식적이고 거짓되었다(10-17절)

1) 하나님은 헛된 제물을 받지 않으신다(10-15절)

이사야는 유다의 지도자와 백성을 향해 "너희 소돔의 관원들아, 너희 고모라의 백성아"라고 말한다. 소돔과 고모라는 죄악으로 인해 완전히 멸망한 도

시들이다. 이사야는 하나님의 말씀을 듣지 않는 동족들을 소돔의 지도자, 고모라의 백성으로 비유했다. 그리고 그들을 향해 여호와의 말씀을 듣고, 하나님의 법에 귀를 기울이라 외친다.

그런 다음 하나님의 말씀 세 가지를 전한다.

첫째, 헛된 제물(*sow minhat*, futile sacrifices)을 다시는 가져오지 말라(11-13a절). 너희의 무수한 제물이 내게 무엇이 유익한가. 나는 수양의 번제와 살진 짐승의 기름에 배불렀고, 수송아지나 어린 양이나 숫염소의 피를 기뻐하지 않는다. 그 헛된 제물을 누가 요구했는가. 분향은 내가 가증하게 여기는 바다. 너는 내 마당만 밟을 뿐이다.

둘째, 성회로 모이면서도 너희가 악을 행하는 것을 더 이상 볼 수 없다(13b-14절). 너희가 월삭(초하루 행사)과 안식일과 대회로 모이는 것도 마찬가지다. 이처럼 거룩한 모임을 가지면서도 너희가 악을 행하는 것을 내가 더 이상 견디지 못하겠다. 이젠 월삭과 정한 절기가 싫다. 그것들은 오히려 나에게 짐이 될 뿐이다. 내가 그것들을 지키라 명령했지만 이젠 너희들이 가식적으로 지키는 모습을 봐주기에는 내가 너무 지쳤다.

끝으로, 더 이상 너희 기도를 듣지 않겠다(15절). 너희가 하늘을 향해 손을 들어 기도를 해도 내가 보지 않을 것이고, 너희가 아무리 많이 기도해도 내가 듣지 않을 것이다. 너희 손에 죄 없이 죽은 사람들의 피가 잔뜩 묻어 있는데, 어떻게 그 기도를 듣겠는가. 그들의 악행과 잔혹행위, 거짓, 사기, 기만행위 모두가 피로 묘사되어 있다.

2) 그렇다면 어떻게 해야 할 것인가(16, 17절)

그렇다면 어떻게 해야 할 것인가? 답은 하나님의 말씀을 듣고 그의 법(교훈)에 귀를 기울이는 것이다. 이를 위해 하나님은 크게 두 가지를 실행하도록 하셨다.

하나는, 스스로 자신을 씻어 깨끗이 하는 것이다. 이것은 단지 몸을 씻는 것을 의미하지 않는다. 하나님 앞에서 악한 모든 행실을 버리고 죄악 된 생활을 청산하는 것이다(16절).

다른 하나는, 선하게 사는 법을 배우는 것이다(17절). 정의를 추구하며 학대받는 자를 도와주고 고아를 보호하며 과부가 송사에서 억울함을 당하지 않도록 변호하는 것이다. 그들 가슴에 맺힌 원한을 풀어주는 것이다.

4. 너희의 회개를 촉구한다(18-20절)

1) 우리가 서로 변론하자(18절): 순종하면 용서하겠다

하나님께서 말씀하신다. "오라 우리가 서로 변론하자." (Come now and let us reason together). 와서 함께 생각해보자는 말씀이다. 하나님의 초청이다.

"너희의 죄가 주홍 같을지라도 눈과 같이 희어질 것이요 진홍 같이 붉을지라도 양털 같이 희게 되리라." (19절)

주홍(scarlet)이나 진홍(crimson)은 살인자들의 손을 물들게 하는 피를 말한다. 이것은 유대 백성들이 하나님 앞에 지은 죄를 적나라하게 표현하고 있다. 이것은 결코 가볍게 볼 수 있는 것들이 아니다. 눈과 같이 희어지고(as white as snow) 양털 같이(as wool) 희게 된다는 것은 강렬한 죄 사함이 있을 것을 말해준다.

이 죄 사함은 그냥 가만히 있다고 되는 것이 아니다. 하나님의 말씀에 기쁨으로 순종할 때(willing and obedient) 이뤄진다. "너희가 즐겨 순종하면 땅의 아름다운 소산(농산물)을 먹을 것이요." (20절). 그러나 불순종하면 결과는 아주 다르다. "너희가 거절하여 배반하면(refuse and rebel) 칼에 삼켜지리라(devoured with sword) 여호와의 입의 말씀이니라." (21절). 하나님께서 하신 말씀은 그대로 이루어진다.

5. 예루살렘의 죄와 새 희망(21-31절)

1) 신실하던 성읍이 죄악의 성읍으로(21-23절)

"신실하던 성읍"(Faithful City)은 좁게는 예루살렘을, 넓게는 유다를 가리킨다. 그런데 이제 창기(harlot)가 되었다. 정의(judgment)와 공의(righteousness)가 충만한 그곳이 이제는 살인자들로 가득하다(21절). 죄악으로 가득하다는 말이다.

"네 은은 찌꺼기(*lesigim*, dross)가 되었고 네 포도주에는 물이 섞였도다." (22절). 전에는 순은이었던 것이 불순물 찌꺼기가 되었다는 것은 유다의 도덕적 생명이 다했다는 말이다. 전에는 좋은 포도주였던 것이 물이 섞인 포도주가 되었다. 그만큼 순수성을 잃어버렸다. 부패했음을 극명하게 보여준다.

고관들은 패역하기(rebellious) 그지없다. 패악하고 불순하다. 그들은 도둑과 한 패가 되었으며 다 뇌물을 사랑하고 사례물을 좋아한다. 고아와 과부의 억울한 문제도 해결해주지 않는다(23절).

2) 성읍의 회복(24-27절)

그러므로 만군의 주, 여호와께서 말씀하신다. "내가 내 원수인 너희들에게 나의 분노를 쏟겠다. 내가 나의 원수들에게 보복하여 한을 풀겠다."(24절)

내가 또 내 손을 네게 대어(너를 때려서라도) 네 찌꺼기를 잿물로 씻어내듯 너를 씻어(purge away) 네게서 모든 불순물(impurities)을 없애겠다(25절). 너희를 용광로에 넣어 불순물을 제거하듯 깨끗하게 하겠다는 말씀이다.

옛날처럼 내가 사사들(judges)을 너에게 다시 세우고, 처음에 한 것처럼 슬기로운 지도자들(counselors)을 너에게 보내 주겠다. 그런 다음 너를 "의의 성읍"(the City of Righteousness), "신실한 성읍"이라고 부르겠다.(26절).

시온은 정의로 구속함을 받는다. 회개한 백성은 공의로 구속함을 받는다(27절). 의로우신 하나님께서는 회개하고 돌아오는 자들을 모두 구원하신다. 시온의 기틀이 바로 잡히고 주민은 다시 평안을 누리게 된다.

3) 패역한 자와 죄인(28-31절)

그러나 패역한 자(rebels, transgressors)와 죄인(sinners)은 다르다. 하나님을 거역하고 죄를 범하는 패역무도한 자들은 모두 거꾸러지고 하나님을 저버리는(forsake) 자도 망한다(28절). 회개하지 않는 자들에게 멸망이 선포되고 있다.

너희는 상수리나무 아래와 동산에서 우상과 이방신들을 섬기던 일로 부끄러움과 수치를 당할 것이다(29절). 상수리나무(oaks)와 동산(gardens)은 우상을 세우고 섬겼던 장소들이다. 이곳은 하나님을 향하던 마음을 빼앗은 곳들이다. 우상숭배자들은 부끄러움과 수치를 당한다.

너희는 잎이 마른 상수리나무와 물 없는 동산과 같이 될 것이다(30절). 하나님의 저주로 더 이상 옛 모습을 찾을 수 없다. 거짓됨의 장소였기 때문이다.

어디 그뿐이랴. 너희 중에 강한 자(mighty men)는 삼오라기(tinder), 곧 부싯깃이 되고 그의 행위, 곧 그가 만든 것은 불티(spark)가 되어 함께 탈 것이다. 다 함께 타는데도 그 불을 꺼줄 사람이 없을 것이다(31절). 하나님께서 하시는 일을 누가 막을 수 있겠는가.

이사야서 2장

장차 올 메시아 왕국과 완전한 평화, 하나님이 야곱 족속을 버리신 이유, 여호와의 날에 임할 심판

1. 장차 올 메시아 왕국과 완전한 평화(1-4절): 칼을 쳐서 보습을 만들고

이사야가 받은 유다와 예루살렘에 관한 말씀이 계속된다. 이번에는 장차 올 메시아 왕국에 대한 약속이다. 1-4절은 미가서 4:1-3과 거의 일치되는 것으로, 하나님의 계시된 진리의 말씀이 마지막 때에 만방으로부터 높임을 받고, 모든 민족들이 그 아래로 모여들 것임을 말하고 있다.

그 왕국은 말일(last days, latter days)에 이루어진다. 말일은 마지막 때를 가리킨다. 이것은 메시아 시대를 언급하는 말로, 그리스도의 초림으로 시작되고, 재림으로 완성된다.

마지막 때에, 주님의 성전이 서 있는 산이 모든 산 가운데서 으뜸가는 산이 되고, 모든 언덕보다 높이 솟는다. 그리고 모든 민족이 그리로 물밀듯 모여든다(2절). 여호와의 전이 있는 산은 시온 산으로, 하나님의 대권 통치가 이뤄지는 중심지를 상징한다. 그 산이 탁월해져 만방이 누가 뭐라 하지 않아도 물이 흐르는 것처럼 자발적으로 그리로 모여든다(flow unto it).

많은 백성들이 오면서 말한다. "오라 우리가 여호와의 산에 오르며 야곱의 하나님의 전에 이르자 그가 그의 길을 우리에게 가르치실 것이라 우리가 그 길로 행하리라 하리니 이는 율법이 시온에서부터 나올 것이요 여호와의 말씀이 예루살렘에서부터 나올 것임이니라." (3절)

사람들은 서로 여호와의 산, 하나님이 계시는 성전으로 올라가자 말한다. 하나님께서 그의 길(His Ways), 곧 진리를 가르치실 것이며, 우리는 그 진리의 길(His paths)을 따라 가자 다짐한다. 율법(*towrah*, the law)이 시온에서 나오고 여호와의 말씀(*debar*, the word)이 예루살렘에서 나오기 때문이다.

주님께서 민족들 사이의 분쟁을 판결하시고, 많은 사람들을 질책하신다. 이렇게 해서 나라들 사이의 갈등과 분쟁을 해결하신다. 그로 인해 사람들이 칼을 쳐서 보습(plowshares)을 만들고, 창을 두들겨 낫을 만들며, 나라와 나라가 다시는 칼을 들고 서로 치지 않을 것이고(전쟁을 하지 않을 것이고) 군사훈련도 하지 않을 것이다(4절). 하나님의 진노와 저주인 전쟁이 없어지고 하나님의 공의로운 다스림 아래 참된 평화가 임할 것이라는 말씀이다.

2. 하나님이 야곱 족속을 버리신 이유(5-11절)

이사야는 "야곱 족속아 오라 우리가 여호와의 빛에 행하자" 한다. 여호와의 빛(*beowr*, the light)은 하나님이 계시하신 말씀을 가리킨다. 하나님의 말씀은 언제나 그의 백성들에게 빛이다. 그리고 주께서 주의 백성 야곱 족속을 버리신 이유를 밝혔다. 크게 두 가지다.

하나는, 그들에게 동방 풍속(eastern ways)이 가득하다는 것이다(6절). 그들이 블레셋 사람들 같이 점을 치며 이방인과 더불어 손을 잡아 언약하였다. 동방풍속은 이방민족의 악한 풍습을 가리킨다. 유다가 그 풍속을 따랐다는 것이다.

다른 하나는, 우상이 가득하다는 것이다(7-9절). 그 땅에 은금, 보화, 마필, 병거, 우상이 가득하다. 은금보화는 사람들이 가치 있게 여기던 것들로, 물질

이 우상이 되었음을 보여준다. 더 큰 문제는 우상숭배다. 우상은 그들이 자기 손으로 짓고 자기 손가락으로 만든 것이다. 그런데 이것을 경배한다. 천한 자도 절하며 귀한 자도 굴복한다. 귀천을 막론하고 모두 우상숭배에 빠졌다. 우상(*elilim*, idols)은 문자적으로 "헛것"을 뜻한다. 그럴듯하게 보이지만 가장 나쁜 것이라는 것이다. 이사야는 이런 행동들에 대해 용서하지 말아 달라 기도한다. 6-9절은 사실 이사야의 기도문임을 알 수 있다.

그리고 백성들을 향해 말한다. "너희는 바위틈에 들어가며 진토에 숨어 여호와의 위엄과 그 광대하심의 영광을 피하라"(10절). 죄 많고 더러운 인간은 하나님의 임재하심을 정면으로 바라볼 수 없기 때문에 바위틈이나 땅굴에 숨으라는 것이다. 이 명령은 19, 21절에도 반복된다.

"그 날에 눈이 높은 자가 낮아지며 교만한 자가 굴복되고 여호와께서 홀로 높임을 받으시리라."(11절). 교만한 자가 낮아지고 거만한 자의 콧대가 꺾이며 여호와께서만 높임을 받을 날이 오고 있다는 말이다. 11절은 10절의 결과로 나타난 것으로, 17절에도 반복되고 있다.

3. 여호와의 날에 임할 심판(12-22절)

이 단원에서는 여호와의 날에 임할 심판을 묘사하고 있다. 그 날에 심판이 있게 되면 사람들이 가치 있게 여기던 것들은 물론이고 우상도 쓸모없는 것이 된다.

여호와의 날이 모든 교만한 자와 거만한 자와 자고한 자에게 임한다. 그 날은 그들이 낮아지는 날이다(12절). 하나님께서 그들을 모조리 낮추시기 때문이다.

그뿐 아니다. 레바논의 높고 높은 모든 백향목(송백), 바산의 모든 상수리나무, 모든 높은 산, 모든 솟아 오른 작은 언덕, 모든 높은 망대와 모든 견고한 성벽(물리적 힘), 다시스의 모든 배(막강한 무역선)와 모든 아름다운 조각물(화려한 도시의 건축물)에도 심판이 임한다(13-16절). 이것들은 문자적으로 이해할 수도 있고, 상징적으로도 해석할 수도 있다. 이런 것들이 이스라엘로 하여금 하나님을 거역하게 만들었기 때문에 멸망의 대상이 되었다.

그 날 인간의 교만은 꺾이고 오직 하나님만 높임을 받는다(17절). 11절의 반복이다.

우상들은 완전히 없어진다(18절). 그 날 사람들은 자기를 위해 만든 은 우상과 금 우상을 주저하지 않고 컴컴하고 불쾌한 곳에 사는 두더지와 박쥐에게 내던진다(20절). 중요하게 여기던 것들이 이젠 하찮은 것으로 취급된다.

사람들은 땅을 뒤흔들며 일어나시는 하나님의 그 두렵고 찬란한 영광 앞에서 몸을 피하기 위해 바위틈과 토굴을 찾아들어간다(21절). 하나님의 임재 앞에서 교만한 자들은 얼굴을 들 수 없다.

이사야는 결론적으로 외친다.

"너희는 인생을 의지하지 말라 그의 호흡은 코에 있나니 셈할 가치가 어디 있느냐."(22절).

너희는 사람을 의지하지 말라. 숨결(*nesamah*, breath)에 불과한 인간이 무슨 가치가 있느냐? "그의 호흡은 코에 있나니"는 인간은 숨결에 불과할 만큼 연약한 존재라는 뜻이다. 인간이 만든 성벽이나 망대 그리고 우상도 전혀 쓸모가 없고 오직 하나님 말씀만을 따를 일이다.

이사야서 3장

유다의 범죄와 하나님의 심판

1. 예루살렘과 유다의 범죄와 하나님의 심판(1-15절)

이사야는 먼저 하나님께서 예루살렘과 유다 백성이 의지하는 모든 것을 없앨 것이라 하였다(1절).

생존에 필요한 양식과 물(1절), 용사와 전사(군인), 재판관(지도자)과 선지자, 장로, 오십부장과 귀인과 모사와 같은 공인들, 정교한 장인(기술자들), 그리고 가증한 복술자(the diviner)와 요술자(enchanter) 무리들이다(2, 3절). 복술과 요술을 하는 자들을 지도층으로 삼은 것은 그들이 얼마나 하나님으로부터 멀리 떠나 있는가를 보여준다. 하나님께서 이들 모두를 없애겠다는 것은 사로잡혀가게 하시겠다는 말씀이다. 이 예언대로 느브갓네살은 이들을 사로잡아갔다(왕하 24:14, 25:12).

하나님께서 유다 지도층들을 사로잡혀가게 하신 다음 무능한 후계자들이 들어서게 하신다. "그가 또 소년들을 그들의 고관으로 삼으시며 아이들이 그들을 다스리게 하시리니."(4절) 소년들(*nearim*, children)이나 아이들(*taalulim*, babes)은 정치역량이 모자라는 사람들을 가리키는 말이다.

무능한 지도자들이 등장하자 사회는 혼란에 빠지게 된다. 백성들은 서로 못살게 굴고, 이웃이 서로 싸우고, 젊은 사람이 노인을 공경하지 않고, 천한 사람(the base)이 귀한 사람(the honorable)을 무시하며 예의 없이 대들 것이다(5절). 이것은 사회가 완전히 무질서 상태로 빠지게 될 것을 말하고 있다.

그래서 한 사람이 제 집안의 한 식구를 붙잡고 부탁을 한다. "너는 옷이라도 걸쳤으니, 우리의 통치자가 되어 다오. 이 폐허에서 우리를 다시 일으켜 다오." (6절) 하지만 대답은 아주 부정적이다. 그는 항의하듯 큰소리로 부르짖으리라. "나에게는 묘안이 없다. 나의 집에는 빵도 없고 옷도 없다. 나를 이 백성의 통치자로 세우지 말라." (7절) 이런 무정부 상태에서 아무도 공직을 맡지 않으려 한다. 난국을 타개할 묘책이 없기 때문이다.

이제 예루살렘이 망하고 유다가 쓰러지게 되었다. 그들이 말과 행위로 여호와를 대적하며 영광의 눈(the eyes of His glory), 곧 하나님을 모욕했기 때문이다(8절). 하나님께서 택한 백성이요 나라이지만 하나님께 불순종하고 하나님의 말씀을 따르지 않으면 망하게 된다는 것을 가르쳐주고 있다.

그들의 얼굴 표정(the look on their countenance)이 바로 그들의 죄를 말해 주고 있다. 죄악을 부끄러워하지 않고 노골적으로 드러내어 악을 행하기 때문이다. 그들의 죄가 소돔 사람들의 죄와 같아서 이제 패망할 운명에 처했다. 이것은 그들이 자초한 재앙이다(9절).

의로운 사람들(*saddiq*, the righteous)은 모든 일에 성공하고 자기들이 수고한 대가를 충분히 받겠지만 악한 사람들(*lerasa*, the wicked)은 망할 수밖에 없다. 그들이 행한 일에 대한 대가를 치러야 하기 때문이다(10, 11절). 개인이나 국가나 심판을 당하는 것은 그들이 행한 죄의 결과임을 가르쳐 준다.

유다 백성들아, 젊은 아이들(*meowlel*, children)과 같은 철없는 자들이 너희를 괴롭히고 여자(*nasim*, women)처럼 연약한 자들이 너희를 다스리고 있다. 너희 지도자들이 지금 너희를 잘못 인도하여 너희를 파멸의 길로 이끌어 가고 있다(12절). 아이와 여자는 4절에서와 마찬가지로 무능한 지도자들을 가리킨다. 이것은 그들의 어리석음, 소심함, 비겁함, 변덕스러움을 나타낸다. 또한 그들이 탐욕과 압제를 일삼는다. 국가는 파멸의 길로 들어간다.

여호와께서 자기 백성을 심판하시려고 법정에 서신다. 그리고 백성의 장로들과 고관들, 곧 지도자들을 심판하신다. "너희는 내 포도원을 망쳐놓은 자들이다. 너희 집에는 가난한 사람들에게서 빼앗은 물건(plunder)이 가득하구나. 어째서 너희가 내 백성을 짓밟고 가난한 사람들을 무자비하게 착취하느냐?" (13-15절) 포도원을 보호하고 가꾸어야 할 책임 있는 자들이 오히려 직무를 유기하고 망쳐놓았다. "가난한 자의 얼굴에 맷돌질(grinding) 하느냐"(15절)는 것은 지쳐 엎드러진 불쌍한 자의 얼굴을 잔인하게 땅에 문지르는 것으로, 그들이 백성들을 잔혹하게 다루었음을 보여준다. 하나님은 지도자들의 죄를 물으신다.

2. 시온을 향한 주님의 심판(16-26절)

16절에서부터 4:1까지는 시온의 딸들, 곧 예루살렘 여인들(넓게는 유다 여성들)의 교만과 음란과 사치에 대해 심판이 있을 것임을 보여주고 있다. 그들의 잘못된 행위로 포로 신세가 되며, 유다가 전쟁에 패하고 군인들이 전사하며, 예루살렘이 훼파될 것을 말해주고 있다.

하나님께서 말씀하신다. "시온의 여자들이 교만하여(haughty) 목에 잔뜩 힘을 주고(outstretched necks) 으스대며, 아무 데서나 남자들에게 추파를 던져 사람을 유혹하고(wanton eyes), 발목에는 딸랑딸랑 소리 나는(jingling) 장식품까지 달고 다니는구나."(16절) 여인들의 교만, 음란, 사치를 한꺼번에 보여주는 말씀이다.

그러므로 내가 그들의 머리에 딱지(scab)가 생기게 하여 대머리가 되게 하겠고, 그들의 하체(their secret parts)를 드러나게 할 것이다(17절). 그들의 교만을 꺾고, 수치스럽게 만들겠다는 것이다.

18-23절은 사치에 대한 징계를 말씀하고 있다. 그 날이 오면 주님께서는 여인들에게서 발목 고리(발목 장식), 머리 망사(머리띠), 반달 장식(반달 모양의 목걸이), 귀고리, 팔찌, 얼굴가리개(머리쓰개), 화관(머리 장식, 모자), 발목사슬(발찌), 띠(허리 띠, 장식 띠), 향합(향수병), 호신부(호신용 부적), 가락지(반지), 코걸이, 예복(고운 옷), 겉옷, 목도리(어깨망토), 손 주머니(손지갑), 손거울, 세마포 옷(모시 옷), 머릿수건, 너울(목도리)들을 다 벗기실 것이다. "그 날"은 심판 날이다.

그때에는 향수 내음 대신 썩는 냄새가 나고, 고운 허리띠를 띠던 허리에는 노끈(새끼줄)이 감기며, 아름답던 머리털은 다 빠져 대머리가 될 것이다. 화려한 옷을 입던 몸에는 굵은 삼베옷, 곧 상복이 걸치게 된다. 고운 얼굴에는 수치의 자국, 곧 문신 자국만 남을 것이다. 볼품없는 포로의 모습으로 변하게 된다는 말이다(24절).

너를 따르던 남자들이 칼에 쓰러지며, 너를 따르던 용사들이 전쟁에 나가 죽을 것이다(25절). 시온의 성문들(예루살렘의 성문들)이 슬퍼하며 곡할 것이요, 황폐된 시온은 땅바닥에 주저앉을 것이다(26절). 이것은 장차 예루살렘이 황폐화될 것을 말해준다. 하나님은 전쟁을 심판의 도구로 사용하신다. 사람들은 전쟁에서 죽게 되고, 성은 폐허가 된다. 그 황폐한 모습을 보고 사람들은 땅을 치며 슬퍼하게 된다는 예언의 말씀이다.

이사야서 4장

시온을 향한 주님의 심판,
예루살렘의 회복과 영광된 미래

1. 시온을 향한 주님의 심판(계속)(1절)

1절은 앞장 후반부의 계속이다. 그 날이 오면 일곱 여자가 한 남자를 붙잡고 애원할 것이다. "먹을 것은 우리가 챙기고, 입을 옷도 우리가 마련할 터이니 우리가 당신을 우리의 남편이라고 부르게만 해주세요. 시집도 못 갔다는 부끄러움을 당하지 않게 해주세요."

재난으로 남자의 수가 급격하게 줄어들자 의식주는 자기들이 다 해결할 것이니 제발 당신이 우리의 남편이라는 이름만 빌려달라는 것이다. 시집도 못간 노처녀라는 딱지를 면하게 해 달라는 절망적인 표현이다. 이것은 유다의 많은 여인들이 남편이 없어 고통을 당하게 될 것을 보여주는 것으로, 다가올 상황이 그만큼 심각하다는 것을 보여준다.

2. 예루살렘의 회복과 영광된 미래(2-6절)

2:5부터 4:1까지 유다가 하나님의 징계를 받아 멸망할 것을 말했다면 4:2-6은 하나님께서 자신을 신실하게 믿는 종들에게 낙심하지 않도록 소망의 메시지를 전한다. 유다가 비록 죄로 인해 더럽혀졌다 할지라도 하나님께서 예루살

렘을 다시 정화시켜 회복되도록 하신다는 것이다. 이것은 전적으로 하나님의 은혜다. 그 날에 여호와의 싹이 아름답고 영화로울 것이며 그 땅의 열매는 살아남은 이스라엘 백성의 자랑과 영광이 될 것이다(2절).

"그 날"은 심판의 날이다. 그러나 그 날은 여호와의 영광이 회복되는 소망의 날이 되기도 한다. "여호와의 싹"의 원문은 가지(*semah*, the branch)다. 이것은 하나님께서 일으킬 구원의 크신 움직임을 나타낸다. 이런 점에서 메시야로 해석되기도 한다. 하지만 남은 자들이 새롭게 되는 것으로 해석되기도 한다. 그 날이 오면 주님께서 돋게 하신 싹이 아름다워지고 영화롭게 된다. 그리고 이스라엘의 남은 자들에게는 그 땅의 소산, 곧 열매가 자랑거리가 되고(excellent) 영광이 될(glorious) 것이다. 2절은 심판 후 남은 자들이 하나님이 내리신 구원의 복을 풍성히 누리게 된다는 것을 말해주고 있다.

그리고 예루살렘에 남아 생존자 명단에 기록된 사람들은 "거룩한 백성"이라 불려진다(3절). 남은 자들이 "거룩하다"(*qadowos*, holy)는 칭함을 받게 된다.

그러나 그들이 거룩하다는 칭함을 받기 위해서는 그들의 더러움과 피가 정결해져야 한다. 4절은 그것을 말해주고 있다. 하나님께서 심판의 영과 불의 영을 보내 시온의 딸들, 곧 예루살렘의 더러움(*soat*, filth)을 씻어 버리고 그곳에 뿌려진 죄악의 피(*demei*, blood)를 정결하게 하실 것이다. 하나님께서 그들의 더러움과 죄악의 피를 씻어주셔야 거룩하게 된다.

그때 여호와께서 시온산과 거기에 모인 사람들 위에 낮에는 구름과 연기를 만들고, 밤에는 밝은 불꽃을 만들어 그 모든 영광으로 그 땅을 덮어 보호하실 것이다(5절). 구름기둥과 불기둥으로 그들을 보호하신다. 또한 초막(*sukkah*, tabernacle, 장막, 보금자리)을 두어 더위와 비바람을 피할 수 있게 하신다(6절). 하나님의 전적인 보호아래 두게 하신다는 말씀이다.

이사야서 5장

포도원의 비유와 불신앙에 대한 저주

1. 포도원의 비유(1-7절)

이사야는 이 단락에서 포도원의 비유를 들었다. 좋은 포도 맺기를 바랐지만 들 포도를 맺었다며 유다를 질책하고 하나님의 심판을 선언한다.

내가 사랑하는 자와 그의 포도원에 대하여 노래하리라. 내 사랑하는 자가 비옥한 야산에 포도원을 가지고 있었지(1절). 내 사랑하는 자는 하나님을, 포도원은 이스라엘을 가리킨다.

땅을 파서 돌을 없애고 제일 좋은 포도나무(*soreq*, the choicest vine)를 심었다네. 그가 그 곳에 망대를 세우고 포도즙 짜는 틀을 만들어 놓았지. 그런데 좋은 포도(*anabim*, good grapes)가 맺히기를 기다렸는데, 들 포도(*beusim*, wild grapes), 곧 쓸모없는 포도가 맺혔다네(2절). 포도나무는 유다를 상징한다. 들 포도는 문자적으로 "냄새가 난다"는 것으로, 작고 신맛이 나는 나쁜 포도이다.

그래서 내 사랑하는 자가 말한다. "예루살렘과 유다에 사는 사람들아, 너희는 나와 내 포도원 사이에서 한번 판단하여(judge) 보라(3절). 내가 빠뜨린 것이 무엇이고, 내가 하지 않은 일이 무엇인가. 그런데 어찌 들 포도가 열렸는가(4절)." 최선을 다했는데도 불구하고 결실이 아주 좋지 않았다는 말이다.

이제 내가 내 포도원을 어떻게 해야 할지 너희에게 말하겠다. "내가 울타리를 헐어 내 포도원을 아무나 들어와 짓밟게 하겠다(5절). 가지를 치거나 북을 돋우지 않고 찔레나 가시가 그대로 자라게 할 것이다. 또 구름에게 비를 내리지 말라고 하겠다(6절)." 이 포도원에 대한 기대를 아주 접고, 포도원을 완전히 훼파하겠다는 말씀이다.

이 비유를 든 다음 이사야는 말한다. 이스라엘은 하나님의 포도원이고, 유다 백성은 주님께서 심으신 포도나무다. 주님은 그들이 정의(*mispat*, justice), 곧 선한 일 하기를 기대하셨는데, 보이는 것은 포학(살육, 재산 강탈)뿐이고, 공의(*lisdaqah*, righteousness, 옳은 일 히기)를 기대하셨는데 들리는 것은 그들에게 희생된 사람들의 억울한 울부짖음(*seaqah*, cry)뿐이다(7절). 기대와는 정 반대라는 것이다. 유다가 정의롭고 공평한 사회가 아니라 신음과 원망과 부르짖음으로 가득하다. 이것은 좋은 열매가 아니라 나쁜 열매다.

2. 불신앙에 대한 저주(8-30절)

6번에 걸쳐 "화 있을진저"를 말한다. 이 화(*how*, woe)는 유다가 맺은 들포도 때문이다. 이사야는 들 포도가 무엇인지를 말해준다.

1) 8-10절에서는 탐욕에 대한 화를 말하고 있다. 가난한 자들의 가옥과 전토를 빼앗아 자신들의 물질적인 욕심을 채우려는 자들에 대해 심판이 선언된다. 집들이 황폐해지고, 크고 호화로운 좋은 집도 흉가로 변한다(9절). 열흘갈이 포도원(약 4만 평방미터)이 포도주 한 바트(bath, 22리터) 밖에 내지 못하고, 한 호멜(homer)의 씨를 뿌릴 만큼 큰 농토가 한 에바(epah)의 소출 밖에 내지 못한다(10절). 한 에바는 한 호멜의 10분의 1에 해당하는 건량(乾量)이다.

2) 11-17절은 지도자들의 향락과 방탕에 대한 화를 말하고 있다. 그들은

하나님이 바라시고 기뻐하시는 일을 수행하기보다 아침엔 독주(인공포도주), 밤엔 포도주(순 포도주)에 빠져 취하고 연회를 열며 쾌락을 일삼는다(11, 12절). 완전히 본분을 망각한 것이다.

이로 인해 백성들은 무지하게 되고(도덕적으로, 윤리적으로 양심이 무디어지고) 백성들은 사로잡힘과 기근의 심판을 받는다(13절). 스올(*Sheol*, 음부)가 욕심을 내 입을 벌리니 쾌락에 빠진 자들이 다 그곳에 빠진다(14절). 이것은 전쟁으로 인해 많은 사람들이 죽게 될 것을 말한다,

하나님의 이 같은 심판으로 악하고 교만한 자들을 낮추신다(15절). 이 심판을 통해 지금까지 멸시를 받아온 하나님이 정의롭고 공평하신 하나님, 거룩하신 하나님으로 높임을 받으신다(16절). 그 때 어린 양들이 제 목장에서 풀을 뜯게 되고, 유리하는 이방인(*garim*, strangers)의 살진 짐승이 그 폐허, 곧 망한 부자들의 밭에서 그 산물을 먹게 된다(17절). 그 땅이 전혀 다른 자들의 것이 된다.

3) 18, 19절은 하나님의 심판을 불신하며 거짓과 죄악을 일삼는 자(18절)에 대한 화다. 그런 자는 하나님을 향해 빈정거리며 "벌해 보시죠. 어떻게 되나 보고 싶소." 조롱한다(19절). 자기기만에 빠져 하나님의 심판을 부정하는 자에게는 화가 있으리라.

4) 20절은 윤리의 원칙을 뒤집어엎는 자에 대한 화다. 그들은 악(*lara*, evil)을 선하다(*towb*, good) 하고, 어둠을 빛이라 하고, 단 것을 쓰다 하는 자다. 선과 악을 분별하지 못하는 자들에게 화가 있으리라.

5) 21절은 스스로 지혜롭다, 명철하다 자처하며 지적으로 교만한 자에 대한 화다.

6) 22, 23절은 불의한 재판을 하는 자들에 대한 화다. 그들은 술과 뇌물(*sohad*, bribe)을 좋아하고 죄인을 의롭다 하며 죄 없는 사람을 감옥에 가둔

다. 공의가 무너졌다.

24-30절은 이러한 죄들을 범한 하나님의 백성들에게 하나님의 심판이 임할 것을 구체적으로 보여주고 있다.

24, 25절은 비유적 표현이기는 하지만 그 심판이 얼마나 격렬할지를 보여준다. 하나님의 분노로 그들은 지푸라기가 불길에 휩싸이듯 소멸된다. 그들이 율법을 버리고 하나님의 말씀을 멸시했기 때문이다(24절). 그들의 시체 또한 거리의 쓰레기처럼 버려지게 된다(25절). 그래도 주의 분노는 그치지 않고 더 치시려 한다.

26-30절은 하나님이 그의 백성을 어떻게 더 치시려 하는가를 보여준다. 그것은 바로 먼 나라들을 불러들여 치시는 것이다. 하나님이 그들에게 기(*nes*, banner)를 올려 신호를 보내시니 그들은 쏜살같이 달려온다(26절). 이 먼 나라들은 아시리아, 바벨론, 로마 제국 등이다.

27-29절은 이방 군대들이 얼마나 사기충천하여 침입해오는 지를 보여준다.

피곤하여 넘어지는 자도 없고 졸거나 잠자는 자도 없다. 혁대가 풀린 자도 없고, 신발 끈이 끊어진 자도 없다(27절). 그들의 화살은 날카롭게 날이 섰고, 활시위는 팽팽하며, 말발굽은 차돌처럼 단단하고, 병거 바퀴는 돌개바람처럼 획획 돌아간다(28절). 그들은 암사자처럼 무섭게 고함을 치며 먹이를 덮쳐 움켜가듯 내 백성을 잡아끌고 가도 구해줄 자가 없다(29절).

30절은 심판 날이 얼마나 어둡고 침울하며 황량한가를 보여준다. 그 날 그들이 바다의 성난 파도처럼 이스라엘을 향해 소리를 지른다. 사람이 그 땅을 바라보면 암흑(*hosek*, darkness)과 슬픔(*sar*, sorrow)뿐이고, 빛은 구름에 가려 어둡다. 적군이 밀어닥치니 하늘과 땅 그 어느 곳을 보아도 소망이 없다.

이사야서 6장

이사야가 본 환상과 이사야의 소명

1. 이사야가 본 환상(1-8절)

6장은 이사야가 선지자로서 소명을 받는 장면을 소개하고 있다. 1장에 소개되지 않고 왜 6장에 소개되었는가에 대해서는 여러 논란이 있다. 1-5장이 서론이라는 주장, 소명에 대한 재확인이라는 주장, 그전에도 예언을 했지만 6장에서 선지자로서 확실한 소명을 받았을 것이라는 주장 등 다양하다.

이사야는 유다 왕 웃시야(Uzziah, 다른 이름으로 아사랴가 있다)가 죽던 해에 환상을 보았다. 왕은 영토를 확장하고 산업을 육성하는 등 태평성대를 누리게 되자 교만해져 제사장만이 할 수 있는 분향을 하다가 하나님의 저주를 받아 나병(피부병)에 걸렸다. 그러자 성전에서 쫓겨났고, 그의 아들 요담과 함께 공동 왕이 되어 나라를 다스리던 차에 결국 죽게 된 것이다. 왕의 죽음도 놀라운 일이지만 환상 속에서 하늘 보좌(*kisse*, throne)에 앉으신 주님의 모습을 보게 된 것은 더 놀라운 일이었다. 그것은 자신의 생명과 직결되는 일이었기 때문이다.

그가 본 보좌는 이 땅에 있는 보좌가 아니다. 하늘 보좌다. 시간이 가면 썩어질 이 땅의 보좌가 아니라 영원한 하늘 보좌다. 이사야는 그 보좌를 보았다. 그 보좌에 주님이 앉아계셨다. 하늘 보좌에 앉으셨다는 것은 어느 누구도 하나님을 방해할 수 없으며 만물이 그의 통치아래 있음을 보여준다.

주님의 옷자락은 성전에 가득 차 있었고, 그분 위로 스랍들(Seraphim)이 서 있었다. 스랍은 여호와를 섬기는 천사로 세 쌍의 날개, 곧 모두 여섯 날개를 가졌다. 둘로는 얼굴을 가리고, 둘로는 발을 가리고, 나머지 둘로는 날고 있었다(2절).

스랍들은 큰소리로 노래하고 서로 화답하였다. "거룩하시다(*qadowos*, holy), 거룩하시다, 거룩하시다. 만군의 주님! 온 땅에 그의 영광이 가득하도다." 노랫소리가 우렁찬 가운데 성전 문지방의 터가 흔들리고, 성전에는 연기가 가득했다(3, 4절).

이사야는 부르짖었다. "화로다 나여 망하게 되었도다. 나는 입술이 부정한 사람인데, 입술이 부정한 백성 가운데 살고 있으면서, 왕이신 만군의 주님을 만나 뵙다니."(5절) 그는 자신의 결국을 알게 되었다. "망하다"(*nidmeti*, undone, ruined)는 말은 문자적으로 전쟁 후 폐허의 모습을 나타낸다. 하나님의 거룩하심을 볼 때 자신의 죄가 너무 크고 더러움을 확 느낀 것이다. "나는 입술이 부정한(*teme*, unclean) 사람이라." 그는 자신을 처절히 돌아보았다. 철저한 죄의식이다.

그 때 스랍 중 하나가 핀 숯(*rispah*, a live coal), 곧 제단에서 타고 있는 숯을 부집게(tongs)로 집어 손에 들고 그에게 날아왔다(6절). 이 숯은 하늘 성전의 거룩한 숯불이요 속죄제단으로부터 가져온 것이다.

그리고 그것을 그의 입에 대며 말했다. "보라 이것이 네 입에 닿았으니 네 악이 제하여졌고 네 죄가 사하여졌느니라."(7절) 제단에 타고 있는 숯불로 이사야의 부정함을 태운 것이다. 그 불에 하나님의 영광이 있고, 능력이 있다. 제단 숯불이 선지자의 입술을 만질 때 그는 크게 놀랐을 것이다. 지금까지 경험해보지 못한 것이기 때문이다.

나아가 그는 "네 악이 제하여졌고 네 죄가 사하여졌느니라" 라는 선언을 들었다. 악(*awoneka*, iniquity)은 흠이 있고 엉망인 상태의 온갖 더러운 것들이다. 그것이 깨끗하게 제거되었다. 죄(*hattateka*, sin)까지 용서를 받는다. 그는 완전히 용서받는 경험을 했다.

하나님은 우리를 고치시는 분이다. 하나님 외에 누가 우리 죄를 용서할 수 있겠는가. 하나님은 멀리 계시는 분이 아니라 지금도 우리를 찾아와 만지고 용서하는 분이시다. 하나님의 손이 우리를 만지실 때에 용서의 기적이 일어난다. 그로 인해 우리 삶이 정결하게 된다. 그 주님이 이 땅에 오셔서 십자가를 지시고 보혈의 피를 흘리셨다. 그리스도의 보혈로 완전히 깨끗해진 느낌을 우리는 안다. 이사야는 제단숯불을 통해 먼저 그것을 맛보았다.

그 때 이사야는 주님의 음성을 들었다. "내가 누구를 보낼까? 누가 우리를 위해서 갈 것인가?" 주님을 일꾼을 찾으셨다.

그 말씀을 듣자 이사야는 바로 자원하였다. "내가 여기 있나이다. 나를 보내소서."(*hinni selaheni*, Here am I. send me). 주님의 명령을 따르기로 결단한 것이다. 그는 이미 하나님을 기꺼이 섬길 자세가 되어 있었다. 하나님이 누구신지, 그 사역이 얼마나 영광스러운 것인지 이제 확실히 알았기 때문이다. 그는 주님의 부르심에 응답한 소명자가 되었다.

이제 우리가 그 부르심에 순종할 때이다. 일꾼이 지금 필요하다 하시는 것은 당신이 필요하다는 말씀이다. 그 부르심에 기꺼이 "내가 여기 있나이다. 나를 보내주소서." 말할 수 있어야 한다. 부르심에 화답하는 것처럼 아름다운 것이 없다. 오늘 하나님의 시선은 당신을 향해 있다.

2. 이사야의 소명(9-13절)

그러자 하나님은 그에게 백성에게 나아가서 이렇게 말하라 이르셨다. "너

희가 듣기는 들어도 깨닫지 못할 것이요 보기는 보아도 알지 못하리라."(9절)

그리고 "너는 이 백성의 마음을 둔하게 하여라. 그 귀가 막히고, 그 눈이 감기게 하여라. 그리하여 그들이 볼 수 없고, 들을 수 없고 또 마음으로 깨달을 수 없게 하여라. 그들이 보고 듣고 깨달았다가는 내게로 돌이켜서 고침을 받게 될까 걱정이다."(10절) 하셨다.

이사야는 물었다. "주여, 언제까지 이런 상태가 계속되겠습니까?"(11a절) 이 백성들이 어느 때까지 회개하지 않고 죄악을 범하겠느냐는 것이다.

주님은 성들이 폐허가 되어 주민이 없고 집에도 사는 사람이 없으며 토지는 황무지가 되고 사람들은 멀리 포로로 잡혀가서 이 땅이 완전히 황폐하게 될 때까지라 하셨다(11b, 12절). 그 백성이 완전히 침략을 당하여 포로로 끌려갈 때까지 그리 하실 것이라 하셨다.

하지만 남은 자, 곧 희망의 씨앗을 남겨 두리라 하셨다. "그러나 10분의 1은 살아남을 것이다. 비록 그것이 다시 소멸될지라도 밤나무나 상수리나무가 잘리면 그루터기는 남아 있듯이 이 땅의 거룩한 씨는 그 그루터기처럼 남아 있을 것이다."(13절)

십분의 일(*asiriyah*, a tenth)은 가나안 땅이 황폐된다 해도 남아있을 자를 말한다. 주님은 그 남은 씨(*zera*, the seed)를 거룩한 그루터기(*qodes massabtah*, holy stump)라 하셨다. 주님은 이 경건한 소수를 통해 유다를 거룩한 백성으로 다시 회복시키실 것이다.

이사야서 7장

아하스에 대한 이사야의 메시지

1. 아하스에 대한 첫 번째 경고(1-9절)

하나님께서 말씀하신 대로 유다는 쇠퇴에 들어간다. 유다의 왕위는 웃시야에 이어 요담을 거쳐 아하스로 이어졌다. 아하스는 악한 왕이었다. 그는 친아시리아 정책을 폈다. 아시리아와 유다의 긴밀 관계에 위협을 느낀 쪽은 북이스라엘이었다.

북이스라엘 왕 베가(Pekah)는 아람(시리아) 왕 르신과 군사동맹을 맺은 다음 예루살렘을 포위하고 아시리아에 대항하고자 했다. 하지만 성을 함락시킬 수 없었다(1절). 그러나 아람과 이스라엘이 동맹을 맺었다는 말이 왕궁에 전해지자 아하스 왕과 백성들은 두려움에 휩싸여 사시나무 떨 듯 하였다(2절).

그때 하나님의 말씀이 이사야에게 임하였다. 하나님은 그의 아들 스알야숩(Shear-jashub)과 함께 윗 못(upper pool)의 수로(aqueduct) 끝에 있는 옷감 표백장(Field of Fuller)의 길(highway)로 가서 아하스를 만나 두려워하지 말라고 하셨다. 스알야숩은 '남은 자가 돌아오리라"는 뜻으로, 바벨론포로에서 돌아올 것을 의미하고 있다. 하나님은 우리 삶에 구체적으로 간섭하신다. 다음은 말씀의 요지다.

첫째, "너는 조심하며 침묵을 지키고 두려워하거나 낙심하지 말라. 아람의 르신과 르말랴의 아들(베가 왕)이 아무리 분노할지라도 그들은 타다 남은 두

부지깽이(stubs of firebrands)의 연기(*haasenim*, smoking)에 불과하다."(4절) 하나님은 동맹군의 군사력을 두 부지깽이의 연기에 비유하셨다. 믿음의 눈으로 보면 아무것도 아니니 두려워할 것 없다는 것이다.

둘째, 아람 왕과 이스라엘 왕이 너를 해할 음모를 꾸미고 있다. 그들은 유다를 침략하고 백성들을 두렵게 하여 자기들 편으로 끌어들인 다음 다브엘(Tabel)의 아들을 왕위에 앉힐 계획을 세우고 있다. 그러나 결코 이 일이 그들의 계획대로 되지 않을 것이다(5-7절). 다브엘은 누구인지 확실하지 않으나 친이스라엘 인물인 것으로 보인다. 어머니가 아람의 공주였고 암몬과 길르앗 북동쪽에 위치한 다브엘에서 태어난 유다 사람으로 보기도 한다.

셋째, 아람의 수도는 언제나 다마스쿠스에 국한될 뿐, 르신이 그 영토를 더 이상 넓히지 못할 것이며 이스라엘도 65년 안에 패망할 것이다. 이스라엘의 수도도 사마리아에 국한되고 베가의 왕권도 더 이상 신장되지 않을 것이다(8-9절). 그러니 더 이상 그들을 두려워하지 말라는 말씀이다. 65년 후 이스라엘은 아시리아에 멸망당하였고, 아시리아의 에살하돈은 사마리아에 이방 민족을 이주시켜 혼합 민족을 이루게 함으로써 이스라엘의 민족적 특성을 잃게 만들었다.

끝으로, 만일 네가 내 말을 믿지 않으면 너도 오래 가지 못할 것이다(9b). 유다도 하나님의 말씀을 듣지 않으면 곧 망하게 된다는 말씀이다.

2. 아하스에 대한 두 번째 경고(10-25절)

1) 하나님이 주신 표적, 처녀를 통해 오실 임마누엘(10-16절)

하나님은 아하스에게 네가 내 말을 확인하고 싶으면 표적(*owt*, a sign)을 구하라 하시고, 무슨 표적이든 좋다고 하셨다(11절). 이것은 하나님을 불신하는 그에게 믿음을 갖도록 하기 위한 것이자 그에게 베푸신 은혜였다. 하지만 그는 하나님의 호의를 거절하고 주를 시험하지 않겠다고 하였다(12절). 왕의 답변은 믿음이 있는 것처럼 보이지만 내심 강대국 아시리아를 의지하는 의도가 깔려 있었다. 하나님에 대한 불신앙이다. 그때 이사야가 말했다. "다윗의 후손들아, 너희가 사람을 괴롭힌 것도 부족하여 이제는 하나님의 인내를 시험하려 하느냐?"(13절) 왕의 불신앙이 백성과 하나님을 괴롭히고 있다는 것이다.

나아가 이사야는 하나님께서 직접 너희에게 표적을 주실 것이라 하면서 메시야가 처녀의 몸에서 탄생하실 것이라는 놀라운 소식을 전한다. "보라 처녀(*haalmah*, virgin)가 잉태하여 아들을 낳을 것이요 그의 이름을 임마누엘이라 하리라."(14절) 이 예언은 예수 그리스도의 탄생으로(마 1:23) 성취된다. "임마누엘"(Immanuel)은 "하나님이 우리와 함께 하신다"는 뜻이다. 이것은 유다가 처한 불안한 상황에도 불구하고 하나님의 보호와 약속을 재확인하는 것이고, 왕으로 하여금 훗날 나실 메시야(그리스도)를 징표로 보여줄 터이니 지금 믿으라는 것이다.

이사야는 이 아이(*hannaar*, the Child), 곧 태어날 메시야가 선악을 분별하게 될 때, 곧 잘못된 것을 거절하고 옳은 것을 선택할 나이가 될 때 버터와 꿀을 먹을 것이라 하였다(15절). 이것은 그리스도가 어떤 유년기 성장과정을 거치게 될 것인가를 보여준다.

그러나 이사야는 그가 선악을 분별하기 전에 너희가 두려워하는 두 왕의 땅이 황폐해질 것이라 예언했다(16절). 하나님의 이러한 약속에도 불구하고 아하스는 하나님을 의지하지 않았다. 오히려 아시리아를 불러들여 동족을 이방인의 손에 잡혀가게 하였다(왕하 15:29, 16:9). 여우를 쫓기 위해 범을 불러들인 셈이다.

2) 임박한 아시리아의 침공(17-25절)

이사야의 예언은 계속된다. 앞으로 이스라엘이 북 이스라엘과 남 유다로 갈라진 후 지금까지 겪어보지 못한 가장 무서운 재난을 하나님께서 내리실 것인데, 그것은 아시리아 왕이 너희를 침략하는 것이다(17절). 18-25절에 더 자세히 설명된다. "에브라임"은 이스라엘을 가리킨다.

그때 하나님은 이집트 군대와 아시리아 군대를 부르실 것이다. 이사야는 이집트군대를 파리 떼와 같다 했고, 아시리아군대를 벌떼와 같다 하였다(18절). 하나님께서 유다를 치는 도구로 사용하시는 것이다. 그 군대들이 파리 떼와 벌 떼처럼 거친 골짜기, 바위 동굴, 모든 가시덤불과 그 밖의 모든 푸른 풀밭에 내려앉을 것이다(19절). 그들이 유다 온 땅을 향해 물밀듯 쳐들어온다.

그 날에 하나님께서 유프라테스 강 저편에서 세내어 온 면도칼, 곧 아시리아 왕을 고용하여 너희 머리털과 발 털을 밀고 너희 수염을 깎을 것이다(20절). 아시리아 군대가 유다 땅을 완전히 초토화시키고 너희로 하여금 수치를 당하게 하겠다는 말씀이다. 머리털, 발털, 수염을 강제로 깎이는 것은 모독이지 수치이다.

그때 살아남은 자들이 가진 것이라고는 암소 한 마리와 양 두 마리 정도밖에 되지 않을 것이다(21절). 전쟁으로 인구가 급속하게 줄고 가진 것도 보잘 것 없게 된다. 하지만 온 땅에는 풀이 무성하여 그것들이 젖을 많이 내므로 소수의 생존자들은 버터와 꿀을 먹으며 살게 된다(22절). 농사와 목축이 정상적으로 이뤄지지 않으므로 그들이 경작을 통한 열매를 먹고 사는 것이 아니라 야생 꿀과 가축의 젖에 의존할 수밖에 없다.

그 때에는 은 천 세겔(11.4kg)의 가치가 있는 포도나무 1,000주가 있는 좋은 포도원도 가시와 찔레로 뒤덮이고(23절), 사람들은 활을 가지고 와서 그곳에서 사냥할 것이다. 이처럼 온 땅이 가시와 찔레로 뒤 덮여 황무하게 된다. 한 때는 갈아서 농사를 짓던 야산도 가시덤불로 뒤덮여 사람이 감히 그리로 가지 못하게 되고, 소나 양들이 밟고 다니는 곳으로 전락하게 된다(25절).

이사야서 8장

마헬살랄하스바스의 징조, 예언의 봉합과 거짓 종교를 따르는 자들에 대한 경고

1. 마헬살랄하스바스의 징조(1-15절)

1) 다마스쿠스와 사마리아의 멸망(1-4절)

아하스는 임마누엘을 징표로 제시했음에도 불구하고 신앙보다 외교적 수단을 더 신뢰했다. 하나님은 그에게 또 다른 징표를 주시기 위해 이사야를 불러 큰 서판(scroll)을 가지고 와서 통용문자로 "마헬살랄하스바스"(Maher-Shalal-Hash-Baz)라 쓰라 하셨다(1절). 이것은 문자적으로 "급히 노략하며 서둘러 강탈하라"는 뜻이다. 이것은 아람과 북이스라엘이 침략 당하고 약탈될 것을 의미하는 것으로, 아하스의 외교정책과 무관하게 이 두 나라가 망할 것이므로 친아시리아 정책을 버리라는 뜻이다. 그리고 이것이 하나님의 말씀임을 증언할 수 있는 믿을 만한 인물로 제사장 우리야와 여베레기야의 아들 스가랴를 세우도록 하셨다(2절). 두 사람은 아하스 때 제사장이었다.

얼마 후에 이사야의 아내가 임신하여 아들을 낳자 하나님께서 이사야에게 낳은 아들의 이름을 "마헬살랄하스바스" 라 부르도록 하셨다(3절). 그리고 그 아기가 "아빠", "엄마"라고 부르기도 전에 아시리아 왕이 다마스쿠스와 사마리아를 침략하여 그들의 모든 재물을 약탈해 갈 것이라 하셨다(4절). 두 나라의 멸망이 선언된 것이다.

2) 유다의 심판과 구원(5-10절)

하나님께서 다시 이사야에게 말씀하셨다. "이 백성은 고요히 흐르는 실로아의 물을 거절하고 르신과 베가가 와서 도와주기를 열망하고 있다."(5절) "고요히 흐르는 실로아(Shiloah)의 물"은 예루살렘의 기혼 샘으로부터 흐르는 물로, 유다 백성을 보호하시는 하나님의 은혜를 상징한다. 그들이 하나님의 따뜻한 보호를 거절하고 아람 왕과 북이스라엘 왕이 도와주기를 바라고 있다는 말이다.

그로 인해 하나님께서 아시리아 왕과 그의 모든 군대를 보내 예루살렘을 치게 하실 것이며 그들은 세차게 넘쳐흐르는 유프라테스 강물(큰 하수)처럼 밀어닥쳐 유다 전역을 완전히 휩쓸어 버릴 것이라 하셨다(8절). 큰 하수는 고요히 흐르는 실로아의 물과 대비된다.

하지만 그 군대가 온 유다를 점령할지라도 임마누엘의 펴는 날개가 네 땅에 편만하리라 하셨다(9절). 아시리아가 전력을 다해 유다를 멸망시키려 하지만 결국 실패할 것이라 말하고 있다. 임마누엘 하나님께서 유다와 함께 하시기 때문이다(10절).

3) 하나님께 피하지 않는 자의 패망(11-15절)

하나님께서는 강한 손으로 이사야를 붙잡으시며 그 어떤 경우에도 하나님이 지시하시는 길에서 벗어나 반대로 가려고 하는 이 백성의 길(the way of people)을 따르지 말라고 강력하게 경고하셨다.

"너는 이 백성이 모의하는 음모(유다가 왕의 뜻을 따라 아시리아를 의지하려는 것)에 가담하지 말고 그들이 무서워하는 것을 두려워하거나 무서워하지 말라. 전능한 나 여호와만이 네가 참으로 두려워해야 할 거룩한 자이니 너는 아무것도 두려워하지 말라. 나는 성소(피난처)도 되지만 두 집, 곧 이스라엘과 유다에게는 걸려 넘어지게 하는 돌과 바위가 될 것이며 예루살렘 주민들에게는 함정과 덫이 될 것이다. 그래서 많은 사람들이 (거치는 돌과 덫이 된) 나 때문에 걸려 넘어지고 쓰러지며 부러질 것이요 덫에 걸릴 것이다."(12-15절)

하나님은 자신을 의지하는 자에게는 피난처가 되어 주신다. 하지만 그를 배반하는 자에게는 넘어지는 돌이 되신다. 하나님은 그를 두려워하고 의지하는 자에게는 거룩한 피할 곳(성소)이 되지만 그를 따르지 않고 권력에 의존하는 백성들에게는 돌과 함정, 덫이 되어 넘어지게 하신다.

2. 예언의 봉함과 거짓 종교를 따르는 자에 대한 경고(16-22절)

"너는 증거(*teudah*, testimony)의 말씀을 싸매며(bind up) 율법을 내 제자들 가운데에서 봉함하라(seal)."(16절) 아시리아가 결국 망하고 유다의 남은 백성이 구원을 얻게 되리라는 증거의 말씀(testimony of warning)과 하나님의 말씀을 지키지 않으면 어떻게 될 것인지를 보여준 하나님의 가르침(God's instruction, law 법적 사항)을 두루마리에 기록하여 묶고 인봉하여 그 말씀이 성취되는 날까지 두라는 것이다. "제자들 가운데서 봉함하라"는 것은 하나님을 따르는 사람들에게 맡겨(entrust, NLT) 소중히 간직하도록 하라(현대인의 성경) 뜻이다.

이사야는 말한다. "주님께서 비록 야곱의 집에서 그의 얼굴을 돌리신다(버리신다) 해도 나는 주님을 의지하며 기다리겠다."(17절) 자기 민족이 하나님의 심판을 받으리라는 어두운 현실 속에서도 자신은 남은 자들을 구원하시고 다시금 공의를 세우실 하나님을 소망 중에 기다리겠다는 것이다.

"내가 여기에 있고, 주님께서 나에게 주신 이 아이들이 여기에 있지 않는가. 나와 아이들은, 시온 산에 계시는 만군의 주님께서 이스라엘에게 보여 주시는, 살아 있는 징조와 예표이다."(18절) 이 일의 징조(signs)와 예표

(symbols)가 바로 이사야 자신과 하나님께서 주신 자녀들이라는 것이다. 자녀들이 누구인가에 대해서는 이사야의 두 아들이라는 주장과 하나님의 영적 자녀들이라는 주장이 있다. 후자의 견해가 지배적이다.

그런데도, 유다 백성들 가운데서 이렇게 말하는 사람들이 있다. "주절거리며 속살거리는 신접한 자(mediums, 영매)와 마술사(wizards, spiritists, 마법사)에게 물어 보아라. 어느 백성이든지 자기들의 신들에게 묻는 것은 당연하다. 산 자의 문제에 교훈과 지시를 받으려면, 죽은 자에게 물어 보아야 하지 않겠느냐."(19절) 거짓 종교를 따르는 자들이다.

이런 자에 대해 이사야는 단호하다. "이렇게 말하는 자들은 결코 동트는 것을 못 볼 것이다(구원을 받지 못한다). 너희는 하나님의 말씀에 귀를 기울이고 신접한 자나 마법사가 하는 말을 듣지 말라. 그들의 말에는 진리의 빛이 없다."(20절) 하나님의 말을 들을 것이지 그들의 말을 들어서는 안 된다는 것이다. 그들의 말은 헛것이고 참되지 않다.

그들은 고통과 굶주림 속에서 이 땅에서 이리저리 헤맬 것이다. 그들이 굶어 죽게 될 때 격분한 나머지 하늘을 쳐다보며 왕과 자신들이 섬기던 신들(*elohaw*, their god)을 저주할 것이다(21절). 마음과 몸이 답답하고 열이 뻗힌 나머지 저주를 퍼붓게 된다.

그런 다음 땅을 내려다보게 될 것이다. 하지만 보이는 것은 다만 환난과 고통과 흑암, 곧 무서운 절망뿐이다. 마침내 그들은 짙은 흑암 속에 떨어져 빠져나오지 못하게 된다(22절). 하나님을 떠나 거짓 신을 좇는 자들에게는 소망이 없다.

이사야서 9장

메시야의 탄생 예언, 북이스라엘에 임할 심판

1. 메시야의 탄생과 그의 나라(1-7절)

이사야는 지금까지 유다가 심판을 받아 아시리아의 침략으로 흑암 가운데 살 것이라 했다. 그러나 이 장에서는 "전에 고통 받던 자들에게는 흑암이 없으리로다" 하였다. 한 아기, 곧 메시야의 탄생으로 큰 빛이 비춰기 때문이다.

하나님께서 한 때는 스불론 땅과 납달리 땅, 곧 갈릴리 지방이 멸시를 받게(heavily oppressed) 하셨지만 갈릴리가 영화롭게 될 것이라 하셨다(1절). 갈릴리 사람들은 천대를 받았다. 갈릴리지방은 처음으로 아시리아에게 멸망당한 성읍(왕하 15:29)이었다. "영화롭게 하셨다" (*heqal*, honored, lightly esteemed)는 것은 그리스도를 세상에 보내심으로 그곳이 영광스러운 곳이 되었다는 말이다. 이사야는 예수님이 탄생하기 7백 년 전에 예수님께서 오심으로 갈릴리가 영광스런 곳이 될 것을 예언하였다. "흑암에 행하던 백성이 큰 빛을 보고 사망의 그늘진 땅에 거주하던 자에게 빛이 비치도다."(2절). 큰 빛(a great light)은 오실 메시야를 가리킨다. 예수님의 갈릴리 사역으로 이 말씀이 성취되었다(마 4:14-16).

하나님께서 이 나라를 다시 번성케 하신다. 그 때 추수할 때처럼, 탈취물을 나눌 때처럼 이 땅에 기쁨이 넘치리라(3절). 하나님이 자기 백성을 묶고 있는 사슬과 그들을 치는 채찍을 꺾으시고, 그 옛날 기드온을 세워 7년이나 괴롭혀 온 미디안 군대를 쳐부수신 것처럼 그들을 괴롭히고 착취하는 나라를 쳐부수실 것이다(4절). 여호와의 구원이 있을 그 영광스러운 날에는 전쟁터에서 사용된 모든 군화와 피 묻은 군복이 불에 소각될 것이다(5절). 평화가 임하기 때문이다.

한 아기가 우리를 위해 태어나신다. 우리에게 주신 아들이다. "그의 어깨에는 정사를 메었다." 대지도자를 상징하는 금 사슬이 목과 어깨에 걸쳐 있는 것처럼 그분이 우리의 통치자가 되실 것이라는 말씀이다. 그 이름은 "기묘자"(*pele*, Wonderful), "모사"(*yowes*, Counselor), "전능하신 하나님"(*gibbowr el*, Mighty God), "영존하시는 아버지"(*abiad,* Everlasting Father), "평강의 왕"(*sar salowm*, Prince of Peace)이라 하리라(6절).

기묘자는 놀랍도록 탁월하신 분이라는 뜻이다. 주님은 하나님으로서 그 능력을 나타내셨다. 병자를 고치고, 죄를 용서하며, 거친 파도를 잔잔케 하셨으며, 부활하셨다. 죄 없으신 주님이 오셔서 우리의 죄를 구속하셨다. 이 모두 놀랍고 기이한 일이다.

모사는 상담자란 뜻이다. 주님은 완전한 지혜를 가지고 문제를 해결하신다. 주님은 우리의 죄를 씻어 주심으로 죄의 문제를 해주셨고, 병마를 물리치셨으며, 우리를 영적으로 부요케 하심으로 가난에서 벗어나게 하셨으며, 영생을 주심으로 죽음의 짐에서 벗어나게 하셨다.

전능하신 하나님은 아무도 대적할 수 없는 능력의 하나님이시라는 뜻이다. 그분은 "스스로 있는 자"이시다. 이것은 어느 누구의 도움도 필요 없이 자존 능력과 권세를 가진 분이시다.

영존하시는 아버지는 그의 백성을 영원히 보호하시는 아버지이시란 뜻이다. 어제나 오늘이나 영원히 동일하신 하나님으로 공의와 사랑으로 우리를 영원히 다스리시는 하나님이다.

평강의 왕은 주님은 평화의 왕이시라는 것이다. 모든 죄인을 하나님과 화목시키시는 중보자로서 영원히 평화의 나라를 이루신다. 예수를 구주로 영접하고 믿는 사람들에게 그리스도는 항상 평화로 오신다.

그의 왕권은 한없이 커지고 그 나라의 평화도 끝없이 이어진다. 그가 다윗의 왕위에 앉아 그 나라를 굳게 세우고 공평과 정의로 영원히 다스리실 것이다. 여호와의 열심이 이것을 이루리라(7절). 여호와의 열심(*qinat*, zeal)에서 열심은 "열심을 내다", "질투하다"는 단어에서 나온 말이다. 하나님은 질투하시는 분이심을 보여준다. 사랑하는 자기 백성을 원수에게 빼앗기지 않으시려는 하나님의 뜨거운 마음이다.

2. 북이스라엘에 임할 심판(8-21절)

하나님은 이스라엘에 대한 심판을 선언하셨다. 모든 백성, 곧 에브라임과 사마리아 주민은 하나님께서 그들을 심판하신 것을 알게 될 것임에도 불구하고 교만하고 완악한 마음으로 말하기를 "벽돌집(bricks)이 무너지면 다듬은 돌(hewn stones)로 다시 쌓고, 뽕나무(sycamores)가 찍히면 백향목(cedars)을 대신 심겠다"고 한다(10절). 다듬은 돌과 백향목은 고급자재다. 심판 당해 무너지면 더 나은 재료로 복구하겠다는 것이다. 거만하기 그지없다.

그러므로 하나님께서 대적을 일으켜 그들을 치게 하셨다. 동쪽에는 아람 사람들이다. 한 때 동맹관계였던 아람 왕 르신이 이스라엘을 친다. 서쪽에는 블레셋 사람이다. 그들이 입을 벌려 이스라엘을 삼키려 하는 데도 하나님의 분노는 그치지 않고 심판을 계속하시려고 손을 들고 계신다(12절).

그런데도 백성들은 뉘우치지 않고 하나님께 돌아오지 않고 하나님을 찾지도 않는다(13절). 그러므로 하나님께서는 단 하루 만에 이스라엘의 머리(장로와 존귀한 자들, 곧 지도자들)과 꼬리(거짓말하는 예언자들), 종려나무(palm branch)와 갈대(bulrush)를 자르실 것이다(14, 15절). 머리와 꼬리, 종려나무와 갈대는 각각 동물과 식물로 비유한 것이다.

지도자들이 백성을 파멸의 길로 인도한다. 그러니 백성이 멸망할 수밖에 없다(16절). 지도자를 잘못 만난 것이다.

게다가 이 백성들 모두 경건하지 못하여 악한 일을 하고 입으로는 더러운 말을 함부로 내뱉는다. 그러므로 하나님께서 그들의 젊은 사람들을 기뻐하지 않으시고, 그들의 고아와 과부를 불쌍히 여기지 않으실 것이다. 그래도 하나님의 분노가 그치지 않을 것이며 계속 심판을 하시려고 그의 손을 펴실 것이다(17절).

이 백성의 악은 참으로 불처럼 타오르는 것 같다. 찔레나무와 가시나무를 삼키고, 우거진 숲을 태운다. 치솟는 연기(rising smoke)가 산불처럼 타오르고 있다(18절).

하나님의 진노로 이 땅이 바싹 타버릴 것이다. 백성들은 그 불의 땔감(fuel)과 같이 될 것이다. 사람들이 자기 형제도 몰라보고 서로 아귀다툼을 하게 될 것이다(19절). 오른 쪽에서 뜯어먹어도 배가 고프고, 왼쪽에서 삼켜도 배가 부르지 않는다. 사람마다 제 팔뚝의 살점을 뜯어먹을 것이다(20절). 이것은 기근과 굶주림보다는 탐욕이 날로 커져 내분이 크게 일어날 것임을 말해준다.

므낫세는 에브라임을, 에브라임은 므낫세를 먹을 것이요 또 그들이 합하여 유다를 치리라 그럴지라도 여호와의 진노가 돌아서지 아니하며 그의 손이 여전히 펴져 있으리라(20절). 북이스라엘에서 형제인 므낫세 지파와 에브라임 지파가 각각 골육상쟁을 벌이게 되리라는 것이다. 또한 그들이 힘을 합하여 유다를 친다. 그야말로 동족끼리 싸우게 된다. 그래도 하나님은 분노를 그치지 않고 그 손을 계속 펴 진노하실 것이다.

이사야서 10장

약자를 압제한 자에 대한 심판, 아시리아의 교만과 심판, 남은 자에 대한 구원, 아시리아의 침략과 멸망 예언

1. 약자를 압제한 자에 대한 심판(1-4절)

나라의 지도자들이 불의와 압제로 다스리므로 하나님께서 그들을 아시리아로 침략하게 하고, 포로로 잡아가게 하실 것임을 말씀하고 있다.

그들의 악행이 열거된다. 그들은 악법을 만들고 불의한 말, 곧 부정한 판결을 한다(1절). 가난한 자의 권리를 박탈하여 정당한 재판을 받을 수 없게 하고 과부나 고아의 것을 약탈한다. 권세를 이용해 약자들을 괴롭히는 것이다. 그런 자에게 화가 있을 것이다(2절).

하나님이 너희를 벌하시고 먼 곳으로부터 재앙을 끌어당기시는 날에 너희는 어떻게 하겠느냐? 누구에게 도망가 도움을 구하며 너희 영화(your glory), 곧 재물을 어느 곳에 감추어 두겠느냐(3절). 외침을 당하는 날에는 도망할 구석도, 숨길 구석도 없다는 말씀이다. 전쟁에서 죽거나 포로로 끌려 갈 뿐이다. 그래도 여호와의 분노가 그치지 않고 그의 손을 계속 펴 진노하실 것이다(4절). 더 철저한 재앙을 계획하고 계신다는 말씀이다.

2. 아시리아의 교만과 그에 대한 심판(5-19절)

하나님은 아시리아를 진노의 막대기, 손의 몽둥이, 곧 진노의 도구로 사용하시어 자기 백성을 치게 하신다(5절). 백성들은 약탈을 당하고 먼지처럼 짓밟히게 된다(6절).

그런데 아시리아 왕은 하나님의 뜻을 알지 못하고 많은 나라들을 멸망시켜 세계를 정복할 계획을 세운다(7절). 자기 지휘관들은 어디다 내놓아도 다 왕이 될 수 있는 사람들이며 이미 갈로와 갈그미스, 하맛과 아르밧, 그리고 사마리아와 다마스쿠스를 정복하였노라 자랑한다(8, 9절). 그리고 자신이 우상을 섬기는 나라들을 장악하였는데, 그것은 자기의 신들이 다른 나라의 신들보다 강하고 월등하기 때문에 승리한 것이라 주장한다. 예루살렘과 사마리아를 정복한 것도 자기들의 신이 낫기 때문이라 한다(10절). 아시리아 왕은 신들과 신들이 맞서는 전쟁 구도로 간주하고, 사마리아처럼 예루살렘도 그리 될 것이라 했다(11절). 왕의 교만이 극에 달한다.

하나님은 아시리아에 대해 먼저 "화 있을 진저"(5절) 하시고, 하나님께서 시온산과 예루살렘에서 하고 있는 일을 다 마치고 나면 아시리아 왕의 교만과 자랑을 벌할 것이라 하셨다(12절).

아시리아 왕은 자신이 하나님의 도구였음을 인정하지 않았다. 자신이 지혜롭고 용감해서 국경을 없애고 재물을 약탈하며 왕들을 복종시켰다고 자찬한다(13절). 자신이 버려진 새알을 줍듯이 침략한 나라의 재물을 주워 모았지만 감히 누구 하나 입을 여는 자가 없다(14절). 모든 나라의 재물과 세상을 아무 저항 없이 탈취했다는 말이다.

이에 대해 하나님은 아시리아의 어리석은 교만을 지적하셨다. 하나님께서 아시리아를 들어 도끼, 톱, 막대기, 곧 징벌의 도구로 사용했는데, 그 도구가 오히려 자신을 들어 사용하신 하나님을 무시하는 우를 범한 것이다(15절).

하나님은 살진 자를 파리하게 하신다. 즉 교만한 아시리아 군에 전염병(wasting disease, NIV, plague, NLT)을 보내시어 가시와 엉겅퀴 같은 아시리아를 소멸하실 것이라 하셨다(16, 17절). 그 군대가 아무리 강하고 많다 해도 전부 죽일 것이며 살아남는 자가 있다 해도 그 수가 하도 작아 아이라도 셀 수 있을 정도가 될 것이다(18, 19절).

3. 이스라엘의 멸망과 남은 자에 대한 구원(20-23절)

그 날이 오면 이스라엘 가운데서 남은 자와 야곱 족속가운데서 살아남은 자들이 다시는 그들을 친 자, 곧 아시리아 군을 의지하지 않고, 오직 이스라엘의 거룩하신 하나님만을 진심으로 의지할 것이다(20절).

이스라엘 백성의 수가 바다의 모래알처럼 많을지라도 야곱의 남은 자만 하나님에게 돌아올 것이다. 하나님의 택하심을 받은 소수의 경건한 백성들만 포로에서 풀려나 하나님을 섬기게 될 것이라는 말씀이다(21, 22a절). 이스라엘 백성들은 모두 하나님의 공의로운 판결에 따라 그들에 대한 파멸, 곧 포로로 잡혀갈 것이 선언되었다. 그러므로 하나님께서 이미 작정하신 대로 반드시 실행하실 것이다(22b, 23절).

4. 아시리아의 침략과 멸망 예언(24-34절)

24-27절은 아시리아의 멸망을 예언한다. 24, 25절에서는 아시리아 치하에서 이집트의 종살이 같은 일이 또 다시 일어나겠지만 곧 회복될 것이므로 두려워하지 말 것을 예언하고 있다.

시온의 백성들아, 이집트처럼 아시리아가 막대기와 몽둥이로 너를 쳐도 두려워 말라(24절). 오래지 않아 하나님께서 너희를 향한 분을 그치시고, 하나님의 진노가 오히려 그들에게 임하여 그들이 멸망하게 되리라(25절). 주님께서 오렙 바위에서 미디안 사람을 치신 것처럼 채찍을 들어 아시리아를 치시며, 또한 이집트에서 바다를 치신 것처럼 몽둥이를 들어서 그들을 치실 것이다(26절). 그 날이 오면 주님께서 아시리아가 지워 준 무거운 짐을 너의 어깨에서 벗기시고, 그들이 네게 씌운 멍에를 너의 목에서 벗기실 것이다. 기름진 까닭, 곧 부은 기름(anointing oil) 때문에 멍에가 부러지리라(27절). 이는 수소가 멍에 매기를 거부하거나 수소의 목이 점점 기름지면 힘이 생겨 그 멍에를 부러뜨린다는 것으로, 유다가 아시리아의 노예 상태에서 벗어나게 된다는 말이다.

그러나 28-32절은 이와 대조적으로 아시리아 군대가 아얏을 거쳐 놉 성까지 진격하는 모습을 시적으로 그려내고 있다.

아시리아 왕이 리몬에서 올라와 아얏(아이)을 점령하고 미그론을 지나 일부 장비를 믹마스에 두고 고개를 넘어 게바에서 하룻밤을 보내겠다고 하니 라마에 있는 사람들이 떨고 사울의 고향인 기브아 사람들은 달아난다(28, 29절). 갈림, 라이사, 아나돗 사람들의 신세가 가련하구나. 맛메나와 게빔 주민은 살려고 도망한다(30, 31절). 원수들은 이 날 놉에 머물다가 시온산인 예루살렘을 향하여 그들의 주먹을 휘두를 것이다(32절).

하지만 33, 34절은 하나님께서 아시리아를 완전히 멸망시킬 것을 말하고 있다.

하나님께서 나뭇가지를 치듯이 그들을 쳐서 멸망시키실 것이다. 장대한 자, 곧 아시리아 대군이 찍히고 높은 자, 곧 교만한 아시리아가 낮아질 것이다. 하나님의 도끼가 레바논의 빽빽한 숲과 같은 아시리아를 찍어 멸망시킬 것이다(33, 34절).

이사야서 11장

메시야의 날과 해방의 날에 대한 예언

1. 메시야의 날에 대한 예언(1-10절): 이새의 뿌리에 의한 의로운 통치

11장은 절망의 끝에서 희망을 주는 메시지를 담고 있다. 앙상한 그루터기에서 메시야가 탄생하고 그의 나라가 선포되기 때문이다.

이새의 줄기에서 한 싹이 나고 그 뿌리에서 한 가지가 나서 결실할 것이다(1절). 이것은 예수 그리스도가 다윗의 가문에서 날 것을 말해준다. 하나님의 영, 곧 성령이 그의 위에 강림하신다. 그 영은 지혜와 총명(wisdom and understanding)의 영, 모략과 재능(counsel and might)의 영, 지식과 하나님을 경외하게 하는(knowledge and fear) 영이다(2절). 이것은 성령께서 그에게 자기 백성을 다스릴 지혜와 지식과 재능을 주시고, 그는 하나님의 뜻을 알고 그를 두려운 마음으로 섬길 것이라는 말씀이다.

그는 여호와를 경외하는 것을 즐거움(delight)으로 삼는다. 그는 눈에 보이는 대로만 재판하지 않고, 귀에 들리는 대로만 판결하지 않는다(3절). 하나님의 뜻을 따라 공의로 판단한다. 그는 가난한 사람들을 공의로 재판하고, 세상에서 겸손한 자(억눌린 사람들)을 바르게 논죄한다. 그가 하는 말은 몽둥이가 되어 세상(*eres*, earth)을 치고, 그가 내리는 선고(입의 기운)는 사악한 자를 사형에 처한다(4절). 세상의 악인들을 정죄하신다. "공의로 그의 허리띠를 삼으며 성실로 그의 몸의 띠를 삼으리라"(5절) 그는 정의와 성실로 자기 백성을 다스릴 것이다.

6-9절은 메시야 시대의 평화로운 모습과 안전함을 묘사하고 있다.

그 때, 곧 메시야로 인해 구원이 완성되어 평화의 시대가 올 때는 이리와 어린 양이 함께 살며, 표범이 어린 염소와 함께 눕고, 송아지와 어린 사자와 살진 짐승이 함께 풀을 뜯고, 어린 아이들이 그것들을 끌고 다닐 것이다(6절). 암소와 곰이 함께 먹고, 그 새끼들이 함께 누우며, 사자가 소처럼 풀을 먹는다(7절). 젖 먹는 아이가 코브라(paten)의 구멍 곁에서 장난하고, 젖 뗀 아이가 독사(viper)의 굴에 손을 넣어도 해를 입지 않는다(8절). 어린 아이가 사나운 짐승과 놀아도 해를 당하지 않고 상하지 않는다는 것이다. 완전한 평화와 안전이 있음을 보여준다.

"내 거룩한 산 모든 곳에서 해 됨도(hurt) 없고 상함도(destroy) 없을 것이니 이는 물이 바다를 덮음 같이 여호와를 아는 지식(the knowledge of Yahweh)이 세상에 충만할 것임이니라."(9절) 나아가 메시야의 사역을 통해 하나님에 대한 참된 지식이 온 땅에 퍼질 것이라는 말씀이다.

6-9절의 것이 가능한 것은 여호와를 아는 지식이 세상에 충만하여 근본적으로 변했기 때문이다. 하나님을 아는 사람은 예수 그리스도를 알기에 나의 전인격이 변한다. 독사와 같은 인간도 변한다. 이리와 같은 사람, 표범과 같은 사람, 사자와 같은 사람도 변한다. 하나님을 알고 그 뜻대로 행하면 그 나라가 임하지만 하나님을 거부하면 세상은 악해지고 평화도 희망도 없어진다. 문제는 우리가 하나님을 잊지 않고 그 나라 안에서 그 뜻대로 사는 것이다.

"그 날에 이새의 뿌리(*sores*, a root)에서 한 싹이 나서 만민의 기치로 설 것이요 열방이 그에게로 돌아오리니 그가 거한 곳이 영화로우리라."(10절) 기치(banner)는 깃발을 말한다. 메시야를 기치로 삼으시고, 모든 남은 자들과 열방이 그를 향하여 모인다. 만민이 예수님을 바라보고, 열방이 회개하고 주께 돌아온다. 그리고 주님이 거한 곳은 그의 영광으로 가득 찬다. 이것은 이사야가 절망 중에 본 꿈이다.

2. 해방의 날에 대한 예언(11-16절)

11-16절은 이스라엘의 회복과 부흥에 관한 예언이다. 궁극적으로는 메시야의 사역으로 인해 교회가 형성되고 복음이 전파되는 것에 대한 예언으로 확장된다.

그 날에 하나님께서 다시 능력을 나타내셔서 아시리아, 이집트(상 이집트), 바드로스(Pathros, 하 이집트, 이집트의 남부지역), 구스(Cush, 에티오피아), 엘람(Elam, 메대와 인접한 페르시아 한 지방), 시날(Shinar, 바빌로니아), 하맛(Hamath, 오론테스 강가에 있는 시리아의 한 성), 그리고 여러 섬과 해안 지역에서 자기의 남은 백성을 돌아오게 하실 것이다(11절). 하나님의 도우심으로 이스라엘 백성이 흩어지게 될 모든 지역에서 다시 돌아오게 된다.

하나님께서 온 세계를 향하여 기(banner)를 세우시고 세계 각처에 흩어져 있는 이스라엘 사람들을 다시 모으신다(12절). 그 때에는 에브라임(북이스라엘을 상징하는 대표지파)의 증오가 사라지고, 유다의 적개심이 없어진다. 유다와 이스라엘이 더 이상 서로 질투하거나 싸우지도 않을 것이다(13절). 북이스라엘과 남 유다가 서로 평화를 회복하고 하나로 통일된다는 말씀이다. 오히려 그들이 힘을 합하여 서쪽으로 블레셋을 치고, 동쪽에 사는 사람들을 약탈하며, 에돔과 모압과 암몬을 정복할 것이다(14절). 유다와 이스라엘이 더 이상 싸우지 않고 공동의 적을 물리치기 위해 힘을 합한다.

12-14절의 말씀은 남은 자들과 열방 모두 메시야의 기발 아래 모이게 되고, 장차 도래할 메시야의 왕국에서는 더 이상의 질투와 압력이 없으며, 하나

님의 백성들이 주를 위해 온 땅에서 일어날 것을 나타낸다.

15-16절은 하나님께서 남아있는 백성으로 하여금 출애굽과 같은 구원을 아시리아에서도 경험하게 될 것을 말씀하고 있다.

하나님께서 이집트 해만(*yam*, the Sea), 곧 홍해를 말리시고 뜨거운 바람을 일으켜 유프라테스 강을 일곱 갈래(seven streams)로 나눠 사람이 신을 신고 걸어서도 갈 수 있게 하실 것이다(15절). 하나님께서 주의 남은 백성(the remnant of His people), 곧 아시리아에 남은 자들이 돌아올 수 있도록 큰길(*mesillah*, a highway)을 내시고, 이스라엘이 이집트를 떠나올 때와 같게 하실 것이다(16절). 하나님으로 인해 남은 자들이 해방의 큰 기쁨을 다시 맛보게 될 것을 말하고 있다.

이사야서 12장

여호와의 구원에 대한 감사의 노래

1. 구원에 대한 감격과 감사(1-6절)

이사야는 앞으로 있을 해방의 날, 곧 흩어진 남은 백성들이 맞게 될 기쁨, 그리고 그들이 주님께 드릴 감사와 찬양을 생각하며 감사의 노래를 한다.

그때 사람들은 이렇게 노래할 것이다. 귀환하는 날 백성들이 부를 감사의 찬송이다.

"여호와여. 전에는 주님께서 나에게 진노하셨지만 이제는 주님의 진노를 거두시고 나를 위로하여 주시니 주님께 감사드립니다."(1절) 진노를 위로로 바꾸신 하나님을 찬양하라.

"보라. 하나님은 나의 구원이시다. 나는 주님을 의지하며 나에게 두려움 없다. 주 하나님은 나의 힘이요 나의 노래이며 나의 구원이시다."(2절) 나의 힘(*azzi*, strength)과 노래(*zimrat*, song)와 구원(*lisuah*, salvation)이신 하나님을 신뢰하고 의지한다. 하나님이 나의 구원자이시니 내가 무엇을 두려워할까. 오직 찬송할 뿐이다.

"그러므로 사람들이 구원의 우물에서 기쁨으로 물을 길으리라."(3절) 주님이 주시는 구원으로 인해 기쁨이 충만하다. 주님의 구원은 이스라엘에게 생명의 물을 가져다주는 우물(wells)이다. 이스라엘은 광야에서도 이 물을 마셨고,

하나님의 백성은 오늘도 주님이 주시는 생명의 물을 마신다.

그 날이 오면, 너희는 또 이렇게 찬송할 것이다.

"하나님께 감사하라. 그의 이름을 불러라. 그가 하신 일을 만민에게 알리며, 그의 높은 이름을 선포하라."(4절) 하나님께 감사하고, 그의 거룩하신 이름(*semow*, His name)을 부르라. 그가 우리에게 행하신 일(*alilotaw*, His deeds)을 온 세상에 알리며, 그의 위대하심을 선포하라.

"주님께서 영광스러운 일을 하셨으니, 주님을 찬송하라. 이것을 온 세계에 알려라."(5절) 하나님께서 극히 아름다운 일(*geut*, excellent things), 곧 놀라운 일을 행하셨으니 그를 찬양하고 온 세계가 그것을 알게 하라.

"시온의 주민아 소리 높여 부르라 이스라엘의 거룩하신 이가 너희 중에서 크심이니라 할 것이니라"(6절) 시온 백성들아. 소리 높여 노래하라. 너희 가운데 계시는 이스라엘의 거룩하신 분(*qedowos*, the Holy one)은 참으로 위대하시다(*gadowl*, great).

이사야서 13장

바벨론 심판에 대한 예언

1. 하나님의 군대 검열(1-5절)

13:1-14:23에는 이사야가 받은 바벨론에 대한 경고를 담고 있다. 경고(*massa*, burden)는 문자적으로 '짐'이라는 뜻을 가지고 있다. 바벨론이 받게 될 무거운 환란이라는 말이다. 이 바벨론은 아시리아의 지배에서 벗어나 새롭게 나라를 재건하고 유다와 예루살렘을 공격해 포로로 잡아간 신바벨론 제국을 말한다.

"이스라엘아, 너희는 민둥산 꼭대기에 기(*nes*, banner)를 세우고 군인들에게 소리치고 손을 흔들어 바벨론 귀족들의 집을 공격하라는 신호를 보내라." (2절) 하나님께서 군대를 모아 바벨론을 치실 것을 명령하신다. 바벨론의 교만을 꺾기 위함이다. 이를 위해 메대와 페르시아 군대가 동원된다. 하나님은 용감한 자기 군대를 불러 그를 노하게 한 자를 벌하게 하시리라(3절).

산에서 떠들어대는 소리가 난다. 여러 민족이 모여서 떠드는 소리로, 하나님께서 공격을 앞두고, 군대를 검열하신다(muster)(4절). 하나님께서 전쟁을 위하여 군대를 소집하는 소리다. 그들은 바벨론을 치기 위해 멀리 땅 끝에서 왔다. 그들은 하나님의 진노의 병기(*kele*, weapons)다(5절). 여호와의 분노를 터뜨릴 무기다. 하나님의 진노로 바벨론은 무너지게 되리라.

2. 바벨론에 대한 하나님의 준엄한 징벌(6-16절)

바벨론아, 통곡하라. 하나님이 너를 심판하실 날(*yowm*, day)이 가까웠다. 하나님께서 너희를 멸망시키실 것이다(6절). 그 날이 가까울수록 모든 사람들이 두려운 나머지 손에 힘이 빠지고 간담이 녹을 것이다(7절). 맥이 빠지고 용기를 잃게 된다.

그들 모두 공포에 사로잡혀 괴로워하고 아파하는 모습이 해산하는 여자가 몸부림치듯 하리라. 그들은 놀라 서로 바라보며 겁에 질린 나머지 얼굴빛이 새파래질 것이다(8절). "얼굴이 불꽃(*lehabim*, flames)같으리라"는 것은 두려움으로 얼굴이 새파랗게 되는 것을 말한다. 여호와의 날은 무자비한(*akzari*, cruel) 날이요 진노와 맹렬한 분노의 날이다. 땅을 황폐하게 하고 그 땅에서 죄인들을 멸절시키는 날이다(9절). 여호와의 날에 얼마나 파괴가 심할 것인가를 보여준다. 그 날에 죄인이 설 곳은 없다.

하늘의 모든 별들이 빛을 내지 않을 것이다. 해가 떠올라도 어둡고, 달도 빛을 내지 않을 것이다(10절). 해와 달과 별마저 빛을 잃을 정도로 전체에도 변화가 있다. 바벨론에 대한 심판은 종말 심판과 유사점이 많다(욜 2:10, 31, 마 24:29, 계 6:12-13).

하나님께서 말씀하신다. "내가 세상의 악(*raah*, evil)에 재앙을 내리고 악한 자들의 죄(*awonam*, iniquity)를 벌하겠다. 교만한 자들의 오만(*geown*, arrogance)을 꺾고, 포학한 자들의 거만(*gawaat*, haughtiness)을 낮추어 놓겠다(11절). 하나님은 바벨론을 악한 자, 교만하고 포학한 자로 규정하고 그들의 죄와 교만을 꺾겠다고 하신다.

"내가 사람을 순금보다 희소하게 하며 인생을 오빌의 금보다 희귀하게 하리로다."(12절) 극심한 재앙과 파괴로, 살아남는 자들이 수가 아주 극소수이며 오빌(Ophir)의 순금보다 더 희귀할 것이라는 말씀이다. 오빌은 솔로몬과

히람의 무역선들이 금은보석을 수입했던 지역으로, 금의 순도가 아주 높아 '오빌의 금' 은 최상품의 금을 뜻한다. 오빌의 위치는 확실치 않다. 인도, 아프리카, 아라비아 등 여러 지역으로 추정되고 있다.

하나님께서 무섭게 진노하시는 날에 하늘이 진동하고 땅이 흔들리게 될 것이다(13절). 천둥과 지진이 일어날 것을 말씀하고 있다.

바벨론에 살고 있는 외국인들은 사냥꾼에 쫓기는 노루나 목자 없는 양처럼 뿔뿔이 흩어져 각기 자기 나라로 달아나게 될 것이다(14절). 하지만 침략군에게 붙들리는 자는 누구나 무자비하게 학살당할 것이다(15절). 침략군들은 도망하는 사람마저 붙잡아 가차 없이 처단한다. 그들의 어린자식들은 그들이 보는 앞에서 박살이 나고 집은 털리고 아내는 겁탈을 당하게 될 것이다(16절). 가족 모두가 화를 입는다. 하나님의 진노를 피할 자가 아무도 없다는 말씀이다.

3. 바벨론이 메대에 파멸하리라(17-22절)

17-18절은 메대 사람(the Medes)이 바벨론을 침략하는 하는 것은 보석을 탐내기보다 그들이 받았던 압박을 되갚기 위한 것임을 보여준다.

이제 내가 메대 사람을 부추겨 바벨론을 치게 하리라. 메대 사람들은 은 같은 것엔 아예 관심도 없고 금 같은 것은 탐내지도 않는 자들이다(17절). 바벨론의 금이나 은에 관심을 두고 침략을 한 것이 아니라는 말씀이다. 메대 사람들은 활로 젊은 사람들을 죽이고, 젖먹이나 어린 아이들도 불쌍히 여기지 않고 무자비하게 죽일 것이다(18절). 바벨론을 상대로 처참한 살육 행위가 벌어질 것을 예고한다.

19-22절은 바벨론이 침략을 받아 소돔과 고모라처럼 철저하게 파괴됨으로써 폐허가 되며, 사람이 거하지 못하고 들짐승들이 노니는 곳으로 변하게 될 것을 말하고 있다.

바벨론은 열국의 영광(*sebi,* glory), 곧 모든 나라들 가운데서도 가장 화려했던 나라였다. 또한 갈대아 사람들이 자랑거리였다. 그런 바벨론이 하나님에 의해 소돔과 고모라같이 될 것이다(19절). 또한 다시는 그 땅에 대를 이어 살 사람이 없을 것이다. 아랍의 유목민들도 그 곳에 천막을 치러 오지 않고, 목자들도 풀을 먹이려 양떼를 그곳으로 몰고 오는 일이 없을 것이다(20절).

그 땅은 들짐승의 곳이 될 것이다. 사람이 살던 집에 부엉이(owls)가 우글거리고, 타조가 살며, 들 염소(wild goats)가 뛰어다니게 되리라(21절). 그들의 성채(citadels)와 화려했던 궁궐에서는 승냥이(jackals)와 들개 소리가 요란할 것이다. 바벨론이 망힐 때(her time)가 되있다. 그 날(her days)이 멀지 않았다(22절).

이사야서 14장

이스라엘 회복, 바벨론 파멸, 아시리아와 블레셋 멸망에 대한 예언

1. 이스라엘 회복에 대한 예언(1-8절)

1-3절에서는 바벨론의 멸망이 다시 예고되고 있다.

하나님께서 이스라엘을 불쌍히 여기시고 그들을 자기 백성으로 다시 택하여 그들이 살던 땅에 살게 하실 것이다. 외국 사람들(*hagger*, strangers, 이방인 개종자들)도 그들과 함께 그 곳에 가서 살게 되리라(1절). 이 모두는 하나님의 자비하심(mercy) 때문에 가능한 일이다.

여러 나라들이 이스라엘이 본국으로 돌아가는 것을 도울 것이다. 그 땅에 살려고 온 자들은 이스라엘 사람의 종(servants)이 되어 그들을 섬기게 된다. 한때 이스라엘을 정복한 자들이 이스라엘에게 정복당할 것이고, 이스라엘은 한때 자기들을 괴롭히던 자들을 다스리게 될 것이다(2절). 하나님 앞에서 영원한 정복자는 없다. 이 모든 것은 하나님의 주권으로 이뤄진 일이다.

하나님께서 자기 백성을 슬픔과 고통, 강제노역에서 해방시켜 안식을 주시는 날(3절) 너희는 바벨론 왕에 대하여 이 노래(*hammasal*, proverb, 풍자의 말)를 지어 부르리라.

"폭군이 쓰러지고, 강포한 성(*madheba*, golden city)이 어찌 그리 망하였는가. 주님께서 악인의 몽둥이(*matteh*, staff)와 통치자의 규(*sebet*, scepter, 홀, 권세)를 꺾으셨구나."(4, 5절) 하나님께서 바벨론의 통치권을 빼앗으신다.

"네가 여러 민족을 쳐서 괴롭히고 그들을 무자비하게 억압하여도 막을 자가 없었더니 이제는 온 세상이 평온을 되찾아 모든 사람이 기뻐서 노래하는도다."(6, 7절) 바벨론이 망하니 다른 민족을 억압하던 일도 그치고 온 세상에 평화가 찾아온다.

향나무와 레바논의 백향목도 네가 망한 것을 보고 기뻐하며 말한다. "네가 엎어졌으니, 이제는 우리를 베러 올라올 자가 없겠구나."(8절) 사람들뿐 아니라 나무들까지도 기뻐한다. 그동안 그들이 왕궁을 짓기 위해 귀한 나무들을 마구 베러왔기 때문이다.

2. 바벨론 왕의 운명과 바벨론의 파멸(9-23절)

9-20절은 악한 바벨론 왕이 죽은 다음 음부에서 당하게 될 일들을 시적으로 묘사한 것으로, 왕은 음부에서조차 철저히 조롱당한다.

땅 밑의 스올(sheol), 곧 음부(지옥)의 거주자들이 너를 반겨 맞으려 야단들이다. 오래 전에 죽어 그곳에 먼저 와있는 세상의 영웅들(chief ones)과 한때 세상을 주름잡던 왕들이 일어서서 입을 모아 말하리라. "바벨론 왕 너도 별수 없이 우리처럼 연약하게 되었느냐 너도 우리와 똑같은 신세가 되었구나."(9, 10절) 바벨론 왕이 음부에 떨어지자 음부조차도 놀라 소동한다.

"너의 영화가 너의 거문고 소리와 함께 스올로 떨어졌구나. 이제는 네가 구더기를 요로 깔고, 지렁이를 이불로 덮게 되었구나."(11절) 음부에 떨어지자 궁중에서 누리던 호화로운 생활과는 전혀 반대되는 삶으로 바뀐다.

"너, 아침의 아들, 계명성(*helel*, Lucifer, 새벽별)아. 네가 하늘에서 떨어지다니 무슨 일이냐. 민족들을 짓밟아 맥도 못 추게 하던 네가, 통나무처럼 찍혀서 땅바닥에 나뒹굴다니 무슨 일이냐."(12절) 계명성은 바벨론 왕을 가리킨다.

너는 속으로 말하지 않았는가. "내가 하늘에 올라가 하나님의 별들 위에 내 보좌를 높이리라. 내가 북극 집회 산(the mount of the congregation, 시온 산)에 앉을 것이며 가장 높은 구름 위에 올라 제일 높은 자와 같이 될 것이다."(13절) 자신을 하나님과 동일시하고 세상 모든 군왕보다 높아지리라 교만하던 자 아닌가. 그러던 네가 스올, 곧 땅 밑 구덩이에서도 맨 밑바닥으로 떨어지다니(14절).

너를 보는 사람마다 너를 두고 생각하게 될 것이다. "이 자가 바로 세상을 뒤흔들고, 여러 나라들을 떨게 하며, 땅을 황폐하게 만들며, 성읍을 파괴하며, 사로잡힌 사람들을 제 나라로 돌려보내지 않던 그 자가 아닌가?"(16, 17절)

다른 나라의 왕들은 모두 화려한 무덤에 누워 있지만 너는 무덤도 없이 가증한(*nitab*, abominable, 버림받은, 쓸모없는, 고약한) 나무 가지처럼, 칼에 찔려 죽은 병사들의 시체들이 돌 무기 위에 내던져진 것처럼, 너도 버려진 시체와 같을 것이다(18, 19절). 네가 너의 나라를 황폐하게 하고 네 백성을 죽였으니 너는 왕들과 함께 묻히지 못할 것이다. 너처럼 악을 행하는 자들의 후손의 이름이 불리고 기억되는 일은 결코 없을 것이다(20절).

하나님은 이처럼 악한 왕의 자손들을 죽여 다시는 그 후손들이 다른 나라들을 정복하거나 도시를 재건하지 못하도록 하셨다(21절). 바벨론을 영구히 폐망하도록 하신 것이다.

하나님은 말씀하신다. "내가 바벨론을 쳐서 멸하고, 그 이름은 물론 지금 살아 있는 생존자들과 그들의 자손들과 그 후손들까지 모조리 없애겠다. 또한 바벨론은 늪이 많고 고슴도치가 우글거리는 황폐한 땅으로 만들며 멸망의 빗자루로 그 땅을 쓸어버릴 것이다."(22, 23절)

3. 아시리아 멸망에 대한 예언(24-27절)

하나님께서 맹세하여 말씀하신다. 아시리아를 반드시 멸망시키시겠다는 것이다.

"내가 계획한(have thought) 것은 반드시 그대로 실행할 것이다. 내가 하기로 마음먹은(have purposed) 것은 그대로 이루겠다. 내가 이스라엘 땅에서 아시리아 사람들을 파멸시키고, 그들을 나의 산에서 짓밟을 것이다. 내 백성을 아시리아의 멍에와 그들의 무거운 짐에서 벗어나게 할 것이다. 이것이 온 세계에 대한 나의 계획이다. 내가 손을 펴서 세상 나라들을 벌할 것이다"(24-26절) 하나님께서 이렇게 하시기로 작정하셨으니 누가 못하게 할 수 있겠는가? 그가 심판하시려고 손을 펴셨으니 누가 그것을 막을 수 있겠는가?

4. 블레셋 멸망에 대한 예언(28-32절)

아하스 왕이 죽던 해에 이사야가 받은 블레셋 멸망에 관한 예언이다. 하나님의 백성을 압제했기 때문이다.

블레셋 사람들아, 너희를 치던 막대기(*sebet*, rod)가 부러졌다고 기뻐하지 말라. 뱀보다 무서운 독사가 있고 그보다 무서운 불 뱀(*sarap*, fiery serpent)이 있다(28, 29절). 하나님은 자기 백성들에게 목자가 되셔서 그들을 안전하게 살게 하실 것이다. 하지만 너희 블레셋 사람들에게는 무서운 흉년이 들게 하여 죽게 할 것이다(30절). 블레셋은 북방에서 오는 연기(*asan*, smoke), 곧 아시리아 군대에 의해 멸망을 받으리라.

이사야서 15장

모압에 내릴 심판과 재앙

1. 모압에 대한 경고(1-9절)

15, 16장은 형제의 나라 모압(Moab)에 대한 몰락을 예언하고 있다. 15장은 모압이 갑자기 침략을 당할 뿐 아니라 가뭄으로 고통을 크게 받게 될 것을 말해주고 있다.

하룻밤에 모압의 아르성과 길성이 망하여 황폐할 것이다(1절). 모압은 롯의 자손들로 큰 민족을 이루고 사해 동쪽 지역에 거주했다. 모압 알(Ar)은 아르 성으로, 모압의 수도이다. 아르논 강의 남쪽에 위치해 있다. 길(Kir)은 모압의 요새이다. 모압이 침략을 받아 하룻밤에 망할 것이라는 예언이다.

바잇(Bajith)과 디본(Dibon) 사람들이 산당에 올라가 통곡하고, 모압 사람들이 느보(Nebo)와 메드바(Medeba)의 멸망을 보고 통곡한다. 모두 머리를 밀고, 수염을 깎는다. 굵은 베로 허리를 동이고, 길거리는 물론 지붕 위, 광장에서도 통곡한다. 슬퍼 눈물이 마를 날이 없다(2, 3절). 2-4절은 모압 사람들이 재난을 당하자 산당을 찾아가 그모스(Chemosh) 신에게 통곡하며 호소하는 모습을 나타내고 있다. 머리를 밀고 수염을 깎는 것은 극심한 슬픔과 절망을 나타낸다. 그들은 산당을 비롯해 거리와 지붕 등 여러 곳에서 멸망을 슬퍼하게 될 것이다.

헤스본(Heshbon)과 엘르알레(Elealeh) 사람들의 부르짖는 소리가 멀리 야하스(Jahaz)까지 들린다. 그러므로 모압의 용감한 군인들마저도 크게 부르짖으며 혼이 속에서 떤다(4절). 모두들 두려워 떨며 낙심하게 될 것이다.

"내 마음이 모압을 위하여 부르짖는도다."(5a절) 모압이 당할 일을 생각하니 마음이 슬퍼진다는 말이다. 형제의 나라가 당하는 것에 대한 애틋함이 담겨있다. 그 백성들은 소알(Zoar)과 에글랏 슬리시야(Eglath Shelishiyah)로 도망하고 루힛(Luhith) 비탈길로 올라가며 슬피 울고, 호로나임(Horonaim)으로 가는 길에서 그들의 멸망을 탄식하고 있다(5b절). 모압의 구체적 지명은 물론 재난으로 인한 아픔을 생동감 있게 표현하고 있어 예레미야 애가를 연상케 한다.

6-9절에서는 모압에 물이 마르므로 거민들이 다른 곳으로 이주할 지경에 이른다. 하지만 모압에 대한 재앙은 계속된다.

니므림(Nimrim) 시냇물이 마르고 그 시냇가의 풀이 시들어 푸른 것이 없어졌구나(6절). 모압에 가뭄이 임하게 될 것을 말해준다. 니므림 물(*me*, the waters)은 모압의 마른 땅을 적시는 샘의 줄기로, 사해로 흘러들어가는 와디 누메이라(Wadi Numeirah)일 것으로 추정되고 있다.

그곳에서 살 수 없게 되자 사람들은 짐을 꾸려 가지고 버드나무 시내(the Ravine of the Poplars, NIV, the Brook of the Willows, KJV, the brook of Arabim, NASB)를 건너간다(7절). 다른 곳으로 이주하지 않으면 안 될 상황에 직면하게 된다. 버드나무 시내는 모압과 에돔 사이에 있는 와디 엘악사르(Wadi el Achsar)로 추정되며, 이를 건넌다는 것은 가뭄으로 인해 물을 찾아 에돔 국경지대로 이동할 것을 말해준다.

하지만 모압에 대한 재앙은 끊이지 않는다. 모압의 온 땅에 통곡 소리가 메아리치고 슬피 부르짖는 소리가 에글라임(Eglaim)과 브엘엘림(Beer Elim)에까지 들린다(8절). 디몬(Dimon, 2절의 Dibon, '피투성이' 라는 뜻) 시내(waters, 물줄기)는 피로 붉게 물들지만 하나님은 디몬에 재앙을 더 내리신다. 모압 피난민들과 그 땅에 남아 있는 사람들 모두에게 사자(*aryeh*, lions)를 보내 그들을 찢겠다(9절). 어디에 있든 살육을 피할 수 없음을 말해준다.

이사야서 16장

모압 피난민을 위한 호소, 모압에 대한 심판 선언

1. 모압 피난민을 위한 호소(1-5절)

죽음의 위험을 넘어 피난한 모압의 남은 자들을 향한 이사야 선지자의 권고를 담고 있다.

모압 피난민들은 셀라(Sela)에서 유다 왕에게 어린 양들을 조공으로 보내라(1절). 모압 왕 메사는 아합 왕이 죽을 때까지 북이스라엘에 조공을 바쳤다. 북이스라엘은 망했고, 이제 의지할 곳은 유다뿐이다. 그러니 조공을 바치라는 말이다.

모압 여인들(모압 백성들)이 북방 침략자들을 피해 남쪽 아르논 나루터까지 오게 될 것이다. 피난민 모습은 마치 정처 없이 떠도는 새 같고, 둥지에서 쫓겨난 새끼 새들 같다(2절).

그들이 유다 사람들에게 애원한다. "우리는 도망쳐 나온 피난민들입니다. 제발 도와주세요. 원수로부터 우리를 지켜주세요. 정오 가장 더운 때(적의 공격이 가장 심할 때) 밤 같은 그늘을 주시고(숨겨주시고) 발각되지 않게 해 주세요."(3절). "우리를 이 땅에서 살도록 허락해 주십시오. 우리를 죽이려고 하는 자들, 곧 아시리아에게서 우리를 보호하여 주십시오."(4a절). 절절한 애원이다. 아시리아는 멸절하는 자요 토색하는 자요 압제하는 자다. 그들은 이 땅에서 자취를 감출 것이다(4b절).

하지만 다윗의 가문에서 왕이 나와 신실과 사랑으로 그 백성을 다스릴 것이다. 옳은 일은 지체하지 않고 하고, 정의가 이루어지는 것을 보여 줄 것이다(5절). 이 구절은 유다 왕국이 든든하게, 평화롭게 서 있게 될 것을 말한다. 가깝게는 히스기야 시대를, 멀리는 메시야 시대를 가리킨다.

2. 모압에 대한 심판(6-14절)

이 단락에서 이사야 선지자는 모압에 대한 경고(15장)를 거절한 모압의 교만을 통한하게 여긴다. 그리고 모압의 주산물인 포도의 멸절에 비유해 앞으로 모압이 멸망하게 될 것을 예언한다.

모압의 호소에 유다 백성의 대답은 부정적이다. "우리는 모압이 매우 교만하다는 소문을 들었고, 그들의 자랑과 분노도 허풍이라는 것을 알고 있다."(6절) 모압은 농산물이 풍부해 교만하였다. 하지만 이제 모압은 자기들이 당하는 고통 때문에 통곡할 것이다. 길하레셋(Kir Hareseth, 15:1의 길성인듯)에서 늘 먹던 건포도 빵을 그리워하며 슬퍼할 것이다(7절). 헤스본의 밭과 십마(Sibmah)의 포도나무가 황무지가 되다니. 전에는 그 가지가 야셀(Jazer)까지 뻗어 광야에 이르고 그 싹이 자라서 바다를 건넜는데 이제 적국의 주권자들이 그 좋은 가지를 꺾어버렸다(8절). 모압이 아시리아에 패망할 것이라는 말씀이다. 그래서 내가 야셀을 위해 울듯이 십마의 포도나무를 생각하고 울리라. 헤스본아, 엘르알레야, 여름 과일과 농작물을 거두는 너의 흥겨운 소리가 너에게서 그쳤구나(9절). 패망으로 모압은 슬픔에 잠긴다.

비옥한 땅에서 기뻐하고 즐거워하는 사람이 없으리라. 모든 즐거움 소리가 그치리라(10절). 패망할 모압을 생각하니 내 마음이 너무 아프다(11절). 너희들이 그모스 신에게 부르짖어도 소용이 없을 것이다(12절). 하나님께서 이미 말씀하셨다. "품꾼이 일정한 해를 정하고 일하듯 모압의 패망은 이미 정해져 있다. 3년 안에 모압의 모든 영화가 사라지고 많은 사람들이 죽임을 당하며 아주 소수의 사람들만이 살아남게 될 것이다."(13절).

이사야서 17장

다마스쿠스와 사마리아에 대한 경고, 아시리아 패배에 대한 예언

1. 다마스쿠스와 사마리아에 대한 경고(1-11절)

1-3절은 다마스쿠스, 곧 아람(시리아)에 대한 하나님의 경고의 말씀이다.

앞으로 아람의 수도 다마스쿠스는 도시로서의 기능을 하지 못하고 폐허의 돌무더기가 될 것이다(1절). 아로엘(Aroer)의 성읍들도 황무지가 될 것이다. 양 떼들이 그곳에서 풀을 먹고 누워도 놀라게 할 자가 없을 것이다(2절). 아로엘은 아르논 골짜기의 북쪽 변경에 위치한 도시로, 시대에 따라 이스라엘, 시리아, 모압 등 여러 나라의 영토에 속해있었다. 에브라임의 요새화된 성들이 사라지고, 다마스쿠스에서 왕권이 무너지며 시리아의 남은 자들이 멸망하여 시리아의 운명이 북이스라엘의 영광처럼 사라질 것이다(3절).

4-11절은 북이스라엘에 대한 심판 선언이다.

하나님이 심판하시는 날 야곱의 영광, 곧 북이스라엘의 영광이 시들고 건강하던 몸이 병든 몸처럼 야윌 것이다(4절). 이스라엘은 추수 후 이삭을 베어 낸 것 같다. 심판을 추수에 비유한 것이다. 르바임(Rephaim) 골짜기에서 이삭을 주운 것 같으리라(5절). 르바임 골짜기는 비옥한 땅이었다. 하지만 르바임 골짜기에서 이삭을 주은 것 같다는 것은 많은 백성이 죽임을 당하고 남은 자가 적을 것을 말해준다.

그러나 감람나무를 흔들어 떨어도 가장 높은 가지에 서너 개의 열매가 남아 있듯이, 무성한 나무 가지에 네다섯 개 남은 것처럼 황량한 그 밭에도 약간의 이삭은 남아 있을 것이다(6절). 소수의 남은 자를 두실 것이라는 말씀이다.

그렇게 되면 사람들은 자기들을 지으신 창조자, 이스라엘의 거룩하신 하나님을 바라보게 되고(7절), 손으로 만든 우상의 제단이나 손가락으로 만든 아세라 여신상이나 태양 상을 바라보지 않을 것이다(8절). 우상을 버리고 하나님을 찾게 된다는 말씀이다.

심판하시는 날에는 견고한 성들도 마치 그 옛날 가나안 정복 때 히위 족속과 아모리 족속이 이스라엘 사람들 앞에서 버리고 도망친 성처럼 폐허가 될 것이다(9절). 이스라엘아, 네가 너의 구원자이신 하나님을 잊어버리고, 네가 피할 견고한 반석이신 하나님을 기억하지 않고, 네가 기뻐하는 나무를 심고 이방의 나무 가지를 이종하는구나(10절). 하나님을 버리고 이방종교를 심어 우상 신을 섬긴다는 질책의 말씀이다. 나무를 심는 그 날로 네가 울타리를 두르고, 그 다음날 아침에 네가 심은 씨에서 싹이 났다 하여도 네가 그 열매를 거두어들일 무렵에는 흉작이 되어, 너의 슬픔이 클 것이다(11절). 이방 종교에 정열을 쏟아 그것을 통해 번성을 꿈꾸겠지만 하나님께서 심판하시는 날에 모든 것이 황폐해져 큰 슬픔이 있을 것이라는 말씀이다.

2. 아시리아 패배에 대한 예언(12-14절)

이 단락은 침략자 아시리아(산헤립, 사 37: 36-38)가 빠르게 베임을 당할 것이라는 말씀이다. 아시리아 군대가 북이스라엘을 치려고 군대를 모은다(12

절). 아시리아 군대가 침략해오지만 하나님의 간섭으로 그들은 여지없이 패한다. 아무리 강력한 군대로 하나님 앞에서는 겨와 티끌처럼 무력할 뿐이다(13절). 그들이 패함으로 인해 두려움도 순식간에 없어질 것이다(14절).

이사야서 18장

구스에 대한 예언

1. 구스에 대한 예언(1-7절)

"슬프다 구스의 강 건너편 날개 치는 소리 나는 땅이여"(1절) 구스(Cush)는 고대 에티오피아를, '구스의 강'은 나일 강을 가리킨다. 구스는 이집트 남쪽의 나일 강을 따라 자리한 누비안(Nubian) 왕국으로, 아비시니아 고원에 자리한 지금의 에티오피아와는 다르다. (구스는 지금의 수단과 에티오피아를 포함한다는 주장도 있다.) 강 건너 편에서 나는 날개 치는 소리는 그곳에서 나는 곤충 소리 또는 구스 군대를 비유적으로 나타낸 것이다. 이것은 이집트 제25왕조를 세운 구스가 이집트와 함께 강대국인 아시리아에 대항하여 군대를 소집한 것으로 해석되기도 한다. 18장은 당시의 복잡한 국제정세를 반영하고 있다.

그 땅에서 사절단(*sirim*, ambassadors)이 갈대로 만든 배를 타고 나일 강으로 내려온다. 동작이 민첩한 사절들아, 집으로 돌아가거라. 너희 고국인 구스로 돌아가라는 것이다. 땅이 강으로 나누어진 나라, 막강하여 다른 민족을 짓밟는 너희 나라로 돌아가거라. 키가 크고 준수한 백성, 온 세상을 두렵게 하던 너희 백성에게 돌아가거라(2절). 구스가 주변 국가들의 도움을 받기 위해 사절단을 파견하지만 고국으로 되돌아가도록 한다. 사람이 아니라 하나님께서 놀라운 일을 하실 것이기 때문이다.

세상 사람들아, 땅에 사는 사람들아, 산 위에 깃발이 세워지면 그것을 보고, 또 나팔 소리가 나면 그 소리를 들으라(3절). 깃발(*nes*, banner)이나 나팔

(*sowpar*, trumpet)은 군대를 모으기 위해 사용한 것들이다. 머지않아 세상 사람들이 주목하게 될 일이 벌어질 것이라는 말씀이다.

하나님께서 나, 이사야에게 말씀하신다. "내가 나의 처소에서 조용히 내려다보겠다." 추수철 더운 밤에 이슬이 조용히 내려앉듯이, 한여름 폭염 속에서 뙤약볕이 고요히 내리쬐듯이 그리하시겠다는 것이다(4절). 때가 찰 때까지 기다렸다가 때가 되면 행동하시겠다는 말씀이다. 이것은 아시리아가 유다를 침략하는 동안 조용히 보고 계시다가 그들이 유다를 정복하기 직전에 완전히 패망하게 하실 것이라는 말씀이다.

5, 6절은 하나님께서 아시리아를 어떻게 멸망시키실 것인가를 보여준다. 추수하기 전, 꽃이 떨어지고 포도가 맺혀 익어갈 때에 내가 낫으로 그 연한 가지를 베며 퍼진 가지를 찍어 버리겠다(5절). 아시리아를 포도에 비유하여 하나님이 그들을 패망하게 하실 것임을 말하고 있다. 농부가 한창 뻗어 나가는 포도나무 가지를 잘라 버리듯이 하나님께서 아시리아 군을 치겠다는 말씀이다. 하나님께서 아시리아를 멸하심으로 이 복잡한 국제정세를 정리하신다. 역사는 하나님께 달려있음을 보여준다.

산의 독수리들과 땅의 짐승들이 배불리 먹도록 그것들을 버려두실 것이다. 독수리가 그것으로 여름을 나고, 땅의 모든 짐승이 그것으로 겨울을 날 것이다(6절). 아시리아군의 시체를 독수리와 들짐승에게 던져 줄 것이니 여름에는 독수리가 먹고, 겨울에는 들짐승이 먹을 것이라는 말씀이다. 아시리아의 완패다.

땅이 강으로 나누어진 나라, 막강하여 다른 민족을 짓밟는 나라, 키가 크고 준수한 백성, 온 세상을 두렵게 하던 구스의 백성들이 하나님께 드릴 예물을 드리기 위해 만군의 여호와의 이름으로 일컫는 시온 산을 찾으리라(7절). 이 구절은 하나님께서 아시리아를 멸망시키시는 것을 보고 구스 백성이 하나님께 예물을 드리러 예루살렘을 찾게 될 것을 예언하고 있다.

이사야서 19장

이집트에 대한 심판과 세계 평화에 대한 예언

1. 이집트에 대한 심판(1-17절)

19장은 이집트에 대한 경고의 말씀이다. 하나님께서 빠른 구름을 타고 이집트로 가실 것이다. 이집트의 우상들이 그 앞에서 떨고, 이집트 사람들의 간담이 녹을 것이다(1절). 하나님은 우상이나 사람보다 크신 분이심을 보여준다.

하나님께서 이집트 사람의 마음을 충동하여 형제가 형제를, 이웃이 이웃을, 도시가 도시를, 나라가 나라를 서로 치게 할 것이다(2절). 이집트에 내란이 일어나도록 하시겠다는 것이다. 나라(*mamlakah*, kingdom)가 나라를 친다는 것은 36개 지방 또는 소부족들로 이뤄진 이집트가 서로 싸우게 될 것을 말한다.

"애굽인의 정신이 그 속에서 쇠약할 것이요 그의 계획을 내가 깨뜨리리니 그들이 우상과 마술사와 신접한 자와 요술객에게 물으리로다."(3절) 애굽인의 정신(ruah, the spirit)이 쇠약하게 된다는 것은 문자적으로 "이집트의 영이 파괴된다."는 것으로 그들의 사기를 떨어뜨린다는 말이다. 하나님께서 그들의 사기를 저하시키고 그들의 계획을 무산시키시면 그들은 우상, 마술사, 신접한 자, 무당을 찾아다니며 물을 것이다.

하나님께서 이집트를 잔인한 군주, 곧 아시리아 왕의 지배아래 두신다(4절). 아시리아의 에살하돈이 이집트를 정복했다.

5-10절은 하나님의 심판으로 이집트가 가뭄, 산물의 핍절, 직물업의 파탄, 계층의 붕괴로 이어질 것을 말해주고 있다.

나일 강물이 점차 줄어 강바닥이 마르고(5절), 강에서는 악취가 나고 파피루스와 갈대도 시들어 버릴 것이다(6절). 나일 강변의 모든 농작물도 시들어 없어지고(7절), 그 강에서 어업으로 생계를 삼은 자들은 탄식하게 될 것이다(8절). 삼과 무명이 없어서 베 짜는 자들이 낙심하고(9절),베 공장이 문을 닫으니 모든 고용인들이 근심하게 될 것이다(10절).

소안(Zoan)의 지도자들은 정말 어리석다. 바로 왕의 가장 지혜롭다는 책사들도 어리석은 조언을 한다. 그런 자들이 어떻게 옛 현인과 옛 왕들의 후손이라 할 수 있겠는가(11절). 소안은 나일 삼각주에 있는 도시로, 제25왕조의 수도였다.

바로야, 너의 지혜로운 자들이 어디 있느냐? 그들이 지혜롭다면 하나님께서 이집트에 대해 무엇을 계획하셨는지 말해보도록 하라(12절). 너의 궁에 하나님의 뜻을 알 수 있는 지혜자가 과연 있느냐는 도전적인 말씀이다. 소안의 지도자들은 어리석고 놉(Noph), 곧 멤피스의 지도자들은 미혹되었다. 그들은 자기 백성의 초석과 같은 자들인데도 이집트를 잘못 이끌어 갔다(13절).

하나님께서 친히 그들에게 마음을 혼란시키는 영(*iwim ruah*, perverse spirit)을 부으셔서, 그들이 이집트를 잘못 다스리게 하셨기 때문이다. 그들은 마치 취한 자가 토하면서 비틀거리듯 이집트를 그 꼴로 만들었다(14절).

"애굽에서 머리나 꼬리며 종려나무 가지나 갈대가 아무 할 일이 없으리라."(15절) 그래서 이제는 머리(지도자)나 꼬리(평민)나 종려나무처럼 귀한 자나 갈대처럼 천한 자나 가릴 것 없이 그 어떤 사람도 이집트를 구제할 수 없게 될 것이다.

2. 세계 평화에 대한 예언(16-25절)

16-25절에서는 "그 날", 곧 하나님의 심판 날 네 가지 사건이 일어날 것을 말하고 있다.

첫째, 아시리아가 쳐들어오게 하신다. 그로 인해 이집트가 부녀자처럼 소심하여져 두려워하고 떨게 된다(16절). 또 하나님께서 아시리아로 이집트를 벌하실 것이라는 소문을 듣고 유다를 몹시 두려워하게 된다(17절). 유다가 커졌다기보다 유다가 아시리아의 침입을 받게 되면 친유다 세력이었던 이집트가 무력감을 가질 것임을 말한다. 이 말씀으로 이사야는 친 이집트계의 유대인들에게도 오직 구원은 하나님께 있음을 주지시키고 있다.

둘째, 이집트의 다섯 성읍이 하나님께 맹세하게 된다. 그 때 이집트의 다섯 도시가 가나안 방언, 곧 가나안에 사는 유다 사람들의 언어인 히브리어를 말하고 전능하신 여호와께 충성하겠다고 맹세할 것이다. 그 가운데 하나가 "멸망(*haheres*, destruction)의 성읍((將亡城)"라 불려진다(18절). 태양신을 섬기던 저주받은 이 성읍도 하나님의 은혜로 구원받게 됨을 보여준다. 알렉산드리아에서 구약성경이 헬라어로 번역되고 성전이 건축되며 기독교를 받아들였다.

셋째, 하나님께서 이집트를 구원하시고 치료하심으로 그들은 자기 땅에 하나님께 바칠 희생제물의 단을 두게 된다. 그 날에 이집트 땅 중앙에는 하나님을 위한 제단이 세워지고, 변경(국경지대)에는 하나님을 위한 돌기둥(기념비) 하나가 세워진다(19절). 이런 것은 이집트 사람들이 하나님을 섬긴다는 증거와 상징이 될 것이다. 그들은 자기들을 괴롭히는 자들 때문에 하나님께 부르짖을 것이고, 하나님께서는 한 구원자(*mowosia*, a Savior)를 보내 그들을 구하실 것이다(20절). 여기서 한 구원자는 단지 이집트를 구원할 인물이 아니라 그들을 죄악과 사단의 권세로부터 택한 백성을 구원하실 그리스도를 가리킨다.

하나님께서는 이렇게 자신을 이집트 사람들에게 알리신다. 그 날로 이집트 인들은 하나님을 바로 알고(yada, know) 희생제물과 번제를 드리며 그분께 예배를 드린다. 또한 하나님께 서원하고 서원한 그대로 실천할 것이다(21절). 하나님과의 관계가 회복되고 주님과 친밀한 관계가 이루어졌음을 보여준다. 하나님께서 이집트를 쳐서 벌하실 것이지만 그런 다음에는 다시 회복시키실 것이다. 그들이 하나님께 돌아올 것이며 하나님은 그들의 부르짖는 소리를 들으시고 그들을 고쳐 주실 것이다(22절). 하나님은 그들이 잘못할 때 징계도 하시지만 하나님께 회개하고 돌아오면 고치시고(*rapow*, heal) 회복을 주신다.

끝으로, 이집트, 아시리아, 이스라엘 모두 하나님 안에서 한 백성으로 연합하고 복된 나라들이 된다. 그 날에 이집트와 아시리아 사이에 복음의 대로(*mesillah*, highway)가 뚫려 두 나라 사람들이 서로 왕래할 것이며 그들이 다 함께 하나님께 경배하게 될 것이다(23절). 그리스도의 복음이 적대하던 두 나라를 가깝게 만든다. 이집트에 이어 아시리아 등 이방 민족이 이스라엘처럼 하나님의 백성이 될 것을 말해주고 있다. 이로써 세계에 평화가 찾아온다.

그 날에 이스라엘은 제3자(*selisiyah*, the third), 곧 구원의 매개자가 됨으로써 이집트와 아시리아와 더불어 이 세상 모든 나라에 복을 가져다주게 될 것이다(24절). 지금까지 이스라엘은 이집트와 아시리아 두 열강에 둘러 쌓여 있었다. 하지만 복음을 통해 구원의 전달자가 됨으로써 복을 주는 역할을 한다. 이것은 "땅의 모든 족속이 너를 인하여 복을 얻을 것이니라." 하신 말씀(창 12:3)을 연상케 한다. 이 예언은 신약시대에 그대로 이루어진다.

전능하신 하나님께서 그들을 축복하시며 이렇게 말씀하실 것이다. "내 백성 이집트야, 내가 창조한 아시리아야, 내가 택한 백성 이스라엘아, 너희에게 복이 있을 것이다."(25절) 나라가 크고 강대해서 복을 받는 것이 아니라 주님을 믿음으로 복을 받는다.

이사야서 20장

아시리아에 멸망할 이집트와 구스

1. 이집트와 구스에 대한 멸망 예언(1-6절)

아시리아 왕 사르곤(Sargon)이 자기의 총사령관 다르단(Tartan, 사람이름이 아니라 직책명이라는 주장도 있다)을 보내 블레셋 아스돗을 치던 해에 주신 말씀이다(1절). 사르곤은 아시리아 제국의 기초를 튼튼히 세운 왕이다. 블레셋 5대 성읍 중 하나인 아스돗의 왕이 아시리아에 대항하여 반란을 일으켰다. 하지만 진압 당했다. 당시 아시리아를 대적할만한 나라는 이집트와 구스(남부 이집트)밖에 없었다.

그 때 하나님께서 이사야에게 말씀하셨다. "네 허리에서 베를 끄르고 네 발에서 신을 벗으라." 삼베옷과 신발을 벗으라는 말씀이다. 이사야는 그 말씀에 순종하여 벌거벗고(*arowm*, naked) 맨 발로 다녔다(2절). 이사야가 알몸으로 다녔다기보다 속옷을 입고 다녔을 것으로 보는 학자들도 있다. 당시 남자 포로들은 속옷을 걸쳤기 때문이다. 그러나 원문은 벌거벗었다고 했다.

그러자 여호와께서 말씀하셨다. "내 종 이사야가 지난 3년 동안 벌거벗고 맨발로 다녔는데 이것은 앞으로 이집트와 구스가 당할 일의 징조(*owt*, sign)와 예표(*mowpet*, wonder, token)이다."(3절)

이와 같이 이집트 사람들과 구스 사람들이 아시리아 황제에게 포로로 잡혀갈 때 젊은 사람, 늙은 사람 할 것 없이 다 옷을 벗은 채 엉덩이를 드러내 놓고 맨발로 끌려갈 것이며 이것이 이집트의 수치가 될 것이다(4절). 이집트가 전쟁에 패배하여 포로가 될 것임을 말해준다.

이 모습을 보고 구스를 의지하고 이집트를 자랑하던 자들이 당황하고 부끄러워할 것이다(5절). 이 말씀을 통해 이사야는 간접적으로 이집트에게 의존하려는 유대인들에게 경고를 보내고 있다. 아시리아가 북이스라엘을 정복하자 친애굽 유대인들은 유다 왕 히스기야에게 이집트와 동맹을 맺어야 한다며 압력을 가했다. 하지만 이사야는 이런 친애굽 정책에 반대했다. 이집트가 유다의 진정한 피난처가 되지 못하기 때문이다.

"그 날에 이 해변 주민이 말하기를 우리가 믿던 나라 곧 우리가 앗수르 왕에게서 벗어나기를 바라고 달려가서 도움을 구하던 나라가 이같이 되었은즉 우리가 어찌 능히 피하리요 하리라"(6절) "해변 주민"은 지중해 연안에 살던 주민으로, 주로 블레셋으로 해석되어왔다. 하지만 블레셋은 이미 아시리아에게 망했기 때문에 여기서는 좁게는 유다 백성들, 넓게는 친애굽파와 친애굽 동맹국 모두를 가리킨다는 주장이 강하다. 원문은 "이 지역(*hazzeh hai*, this territory)의 주민들"로 되어 있다. 이집트가 망하면 비로소 이집트가 더 이상 자기들이 의지해야 할 나라가 아님을 유다 백성들이 깨닫게 될 것이라는 말이다.

이사야서 21장

바벨론, 에돔, 아라비아에 대한 경고

1. 해변 광야, 곧 바벨론에 대한 경고(1-10절)

해변 광야(the Wilderness of the Sea), 곧 바벨론에 대한 경고의 말씀이다. 바벨론은 종종 '바다'로 불렸다. 유프라테스와 티그리스 등 여러 강과 하천, 습지 등으로 둘러싸여 바다가운데 있는 성읍처럼 보였기 때문이다, '광야'라 한 것은 그곳이 하나님의 심판을 받아 폐허가 될 것을 상징한다. 사막을 휩쓰는 네게브의 회오리바람처럼 공포의 땅에서 적군이 바벨론으로 밀어닥칠 것이다(1절). 적군은 메대와 페르시아 군대를 가리킨다.

하나님은 이사야에게 혹독한 묵시를 보이셨다. 그가 환상에서 본 것은 속이고 약탈하는 비참한 모습이었다. 배신하는 자가 배신하고 파괴하는 자가 파괴한다. "엘람이여 올라가고 메대여 에워싸라 그의 모든 탄식을 내가 그치게 하였노라 하시도다." 엘람과 메대가 바벨론을 공격해 지금까지 괴롭힘을 당한 많은 민족의 한을 풀게 하시겠다는 말씀이다(2절). 엘람(Elam)은 페르시아 제국의 한 지방으로, 여기서는 그 제국 전체를 뜻한다. 메대(Media)는 바벨론 북쪽, 곧 지금의 이란 북서쪽에 위치해 있었다.

3, 4절은 이사야가 마치 바벨론의 멸망을 본 것처럼 그 때 있을 고통을 생생하게 묘사하고 있다. 그는 환상에서 보고 들은 것으로 인해 두려움에 사로

잡혔다. 해산하는 산모의 고통이 이럴까. 온 몸이 견딜 수 없이 아프고, 귀가 멀고 눈이 멀 지경이었다(3절). 너무 무서워서 마음이 떨리고 공포에 질려있다. 내가 기다리던 희망의 서광은 공포로 변하고 말았다(4절).

보라, 그들이 잔치를 베풀어 식탁에 음식을 잔뜩 차려 놓고 먹고 마시고 있다. 장교들아, 너희 방패에 기름을 바르라(5절). 이 예언은 벨사살 왕이 베푼 방종스런 연회 도중에 성취된다. 방패에 기름을 바르라는 것은 방패를 감싼 가죽에 기름을 발라 부드럽게 하라는 것으로, 전쟁 준비를 하라는 것이다.

6-10절에서는 바벨론의 패망이 실제화 될 것을 예언하고 있다.

그때 환상 가운데 하나님께서 이사야에게 말씀하셨다. "너는 가서 파수꾼을 세우고 그가 보는 대로 보고하게 하라." (6절) "기마병과 함께 오는 병거를 보거나 나귀나 낙타를 탄 사람이 나타나면 주의하여 살펴보라고 해라." (7절) 이때 파수꾼이 외쳤다. "제가 매일 밤낮으로 망대에 서서 지켜보고 있었습니다. 보십시오! 저기 기마병들이 무리지어 오고 있습니다." 그때 파수꾼은 누가 이렇게 소리치는 말을 들었다. "함락되었다. 함락되었다. 바벨론이 함락되었다. 그들이 섬기던 모든 우상, 조각한 신상들이 다 부서져 땅에 떨어졌구나." (8, 9절) 고대에서 한 나라의 몰락은 그들이 섬기던 우상의 몰락으로 이어진다. 전부 파괴되기 때문이다.

타작마당의 곡식처럼 짓밟힌 내 백성들아, 이스라엘의 하나님에게서 내가 지금까지 들은 것을 너희에게 다 말해 주었다(10절). 이 구절을 바벨론을 향한 말씀으로 볼 것인지 유다 백성을 향한 것으로 볼 것인지 논란이 있다. 유다 백성들이 바벨론으로부터 포로생활을 했기 때문에 타작마당에서 곡식처럼 짓밟힌 내 백성은 유대 백성을 가리키는 것으로 해석한다. 바벨론의 멸망으로 유다가 포로에서 해방될 것이기 때문이다.

2. 두마, 곧 에돔에 대한 경고(11, 12절)

11, 12절은 두마(Dumah), 곧 에돔에 대한 예언이다. 두마는 에돔 남쪽 지방이름으로 '침묵,' '고요함' 이라는 뜻을 가지고 있으며 에돔을 상징한다. 이곳도 유다처럼 아시리아의 억압에 시달리게 된다.

어떤 사람이 세일에서 나를 불러 묻는다. "파수꾼이어, 밤이 어떻게 되었소? 밤이 얼마나 남았소?"(1절) 예언자인 자신을 파수꾼이라 부르면 질문을 던진다. 세일(Seir)은 에돔의 중앙 지방으로, 문자적으로 '털보' 라는 뜻을 가지고 있다. 에돔 전체를 가리키는 말로, 에서의 본거지다. 에서가 털이 많았던 것에서 유래한 것으로 보인다. 밤(*milaylah*, night)은 재난을 상징한다. 에돔에 임한 재난이 언제 그치겠는가 묻는다. 그저 불안하다.

그러자 파수꾼이 말한다. "아침이 곧 온다. 그러나 또다시 밤이 온다. 묻고 싶거든, 물어 보아라. 다시 와서 물어 보아라."(12절) 밤이 재난을 상징하듯 아침(*boqer*, morning)은 재난으로부터의 구원을 상징한다. 그런데 파수꾼의 대답은 만족스러운 것이 아니다. 잠시 고통이 약해지겠지만 다시 고난이 찾아오리라 한다. 아시리아의 압제라는 긴 밤이 거의 지났는데 그것도 잠시고, 이어 바벨론이 나타난다는 말이다. 물어보고 싶으면 다시 오라 한다. 에돔의 앞날이 어둡다. 그러니 하나님께 돌아오라는 말씀이다.

3. 아라비아에 대한 경고(13-17절)

13-15절은 아라비아에 대한 경고의 말씀이다. 에돔과 바벨론 사이의 사막 지역으로 아시리아 왕이 아라비아를 침입했다. 드단, 데마, 게달 모두 아라비아의 지도 족속이다.

드단 대상들이여 너희가 아라비아 수풀에서 유숙하리라(13절). 드단 사람들(Dedanites)은 라아마의 후손(창 10:7)으로, 남 아라비아에 거주했다. 드단 대상들은 정상적인 대상로에서 벗어나 아라비아의 수풀에서 유숙하도록 했다. 침략자들의 눈을 피해 안전한 곳으로 숨어야 하기 때문이다. 이곳에서 게달의 도피자들을 도와야 하기 때문이라는 다른 주장도 있다.

데마(Tema) 땅에 사는 사람들에게 명령이 주어진다. "데마 땅의 주민들아 물을 가져다가 목마른 자에게 주고 떡을 가지고 도피하는 자를 영접하라."(14절) 데마는 북아라비아의 오아시스로 대상들이 묵어가는 곳이다. 목말라 헤매는 자들에게 물을 가져다주고, 피난민들에게 먹을 것을 가져다주라는 것이다. 데마 사람들이 그들을 도와주어야 하는 이유가 있다. 그들은 전쟁에서 칼과 화살의 위협을 피해 도망한 자들이기 때문이다(15절). 그들은 바로 위험한 전쟁터에서 피해 나온 사람들이라는 것이다.

하나님께서 나에게 말씀하셨다. "품꾼의 정한 기한 같이 일 년 내에 게달(Kedar)의 영광이 다 쇠멸하리니 게달 자손 중 활 가진 용사의 남은 수가 적으리라 하시니라."(16, 17절)

일 년 기한으로 머슴살이를 하게 된 머슴은 하루하루 날 수를 센다. 마찬가지로 이제 내가 일 년을 센다. 일 년 만에 게달의 모든 허세가 사라질 것이다. 게달의 자손 가운데서 활 쏘는 용사들이 얼마 남는다고 하여도, 그 수는 매우 적을 것이라는 말씀이다. 이것은 하나님이 정하신 시간에 아라비아의 권세가 없어질 것이라는 뜻이다. 게달은 아라비아 사막에 사는 베드윈 족의 근거지다. 게달 사람들은 군사적으로나 경제적으로 강성했다. 그러나 이사야는 그들의 영광이 길지 못할 것이라 예언한 것이다. 예레미야 선지자도 그들이 느브갓네살의 손에 부쳐졌다고 예언했다(렘 49:28-29). 아라비아도 하나님의 심판을 피할 수 없다.

이사야서 22장

환상의 골짜기에 대한 경고, 셉나에 대한 심판, 엘리아김의 패망

1. 환상의 골짜기에 대한 경고(1-14절)

환상(the Vision)의 골짜기, 곧 예루살렘에 대한 경고다. 예루살렘이 산과 언덕, 골짜기로 둘러싸여 이렇게 불렀다. 이 단락에서는 심판의 도구로 사용된 이방인들의 잔혹한 침략의 모습과 함께 유다의 수치스런 패배 장면이 생생하게 묘사되어 있다. 유다 멸망의 근원이 불신앙임을 깨우치고 있다.

무슨 변을 당했기에 사람들이 옥상으로 올라가는가. 흥청대던 성아, 전쟁에서 칼에 죽임을 당한 것도 아닌데 백성들이 죽어 쓰러졌구나(1, 2절). 재난과 기근으로 죽으리라는 것이다. 이 일은 바벨론이 예루살렘을 포위당했을 때 일어났다. 너희 지도자들은 다 도망하여 화살 하나 쏘아 보지 못하고 생포되었고, 멀리 도망한 자들도 붙잡혀 포로가 되고 말았다(3절). 시드기야와 그의 군대가 예루살렘에서 도주했다가 여리고 근처에서 사로잡혔다.

내가 통곡한다. 내 딸 내 백성이 망하였다. 나를 위로하려고 애쓰지 말라(4절). 하나님께서 환상 골짜기에 소란과 밟힘과 혼란을 일으키시는 날을 이르게 하셨다. 하나님의 심판이 임했다는 말이다. 예루살렘 성벽이 무너지고, 살려 달라는 소리가 산에까지 사무쳤다(5절).

엘람(페르시아) 군대는 활과 화살을 가지고 전차와 말을 타고 왔고, 기르(Kir, 메대) 군대는 방패를 들고 왔다(6절). 유다의 아름답고 기름진 골짜기에 적군의 전차가 가득하고, 예루살렘 성문 앞에는 마병이 늘어섰다(7절).

이제는 유다의 모든 방어진(*masak*, protection)이 무너지고 말았다. 그러자 너희가 수풀 병기고(솔로몬이 지은 병기창고)에서 무기를 끄집어내고 예루살렘의 성벽에서 무너진 곳을 찾으며 예루살렘의 모든 가옥을 조사하여 그 일부는 헐어서 그 돌을 성벽 수리하는 데 사용한다. 무너진 곳이 많았기 때문이다. 충분한 물을 확보하기 위해 아래 못(Lower Pool, 힌놈 골짜기에 있는 저수지)의 물을 모으고, 옛 연못(Old Pool)에서 흘러내리는 물을 가둘 저수지(히스기야 때 지하수로를 파 성 밖의 물을 성 안으로 끌어들인 실로암 못)를 성 안에 만들었다. 그러나 너희는 오래 전에 이 모든 일을 계획하시고 이런 일이 일어나게 하신 하나님에게는 아무 관심도 쏟지 않았다(8-11절). 뚫린 곳을 막고, 물을 저장할 줄 알면서도 유다는 자기를 심판하실 하나님에 대해 관심을 두지 않았다.

그때 하나님은 말씀하셨다. "너희는 통곡하고 슬퍼하며 머리를 밀고 굵은 베옷을 입으라."(12절). 진정 회개하도록 하신 것이다. 그런데도 불구하고 너희는 기뻐하고 즐거워하며 소와 양을 잡고 포도주를 마시며 "내일 죽을 것이니 오늘 마음껏 먹고 마시자." 하였다(13절). 하나님의 말씀에 순종하지 않고 더 악을 일삼았다는 말이다.

하나님은 이사야에게 직접 말씀하셨다. "이 죄는 그들이 죽을 때까지도 용서받지 못할 것이다."(14절) 심판을 자초한 것이다.

2. 셉나에 대한 심판(15-23절)

유다가 이렇듯 어려운 상황임에도 다윗 가계의 국고를 맡은 셉나는 자기를 위해 화려한 무덤을 만드는 등 하나님의 백성보다 자기 영화를 생각하기에 급급했다. 공적 지위를 사적으로 이용한 것이다.

하나님은 이사야에게 국고를 맡고 왕궁 살림을 맡은 셉나(Shebna)에게 전하라고 말씀하셨다.

"네가 이곳과 무슨 상관이 있기에 무덤을 팠느냐. 네가 무슨 권리로 이 높은 바위산을 쪼아 네 무덤을 팠느냐?"(16절) 이방 출신으로 추정되는 셉나가 유다에서 높은 자리에 올랐는데 죽은 후에도 자신의 영광을 위해 바위산에 묘실(sepulchre)을 팠다는 주장도 있고, 유다가 환란을 당하는 때에 나라를 생각지 않고 예루살렘에 웅대한 묘실을 팠다는 주장도 있다.

"나 여호와가 너를 단단히 붙들어 공(ball)처럼 말아 싸서 광대한 나라에 던질 것이다. 네가 거기서 죽고 너의 영광의 수레(glorious chariots)도 거기 있을 것이며 너는 네 주인에게 수치가 될 것이다."(18절) 하나님께서 이런 셉나를 영광스런 장사는 고사하고 포로가 되어 바벨론에서 죽게 하겠다고 하신다. "네 영광의 수레"는 셉나가 누리기 원하는 영광과 존귀, 곧 모든 명성과 높은 지위를 뜻한다. 그것도 허사가 될 것이다.

"내가 너를 관직에서 쫓아내고 네 지위를 낮출 것이다. 그런 다음 내가 힐기야의 아들인 내 종 엘리아김(Eliakim)을 불러 그에게 네 관복을 입히고 네 띠를 매어 주고 네가 가졌던 모든 권한을 그에게 주겠다. 그는 예루살렘과 유다 사람들에게 아버지와 같은 자가 될 것이다."(19-21절)

셉나의 모든 관직을 박탈하고 그 대신 엘리아김을 그 자리에 세우겠다는 말씀이다. 지위를 낮춘다(*herska*, pull you down)는 것은 "헐어버리다", "파괴하다"는 뜻을 가지고 있다. 단순 격하가 아니라 회복이 불가능하도록 만드는 것이다. 엘리아김은 궁내대신이 되고, 아시리아의 산헤립이 쳐들어왔을 때 히스기야의 사자로 랍사게와 회담했다. 유다에게는 아버지와 같은 자가 된 것이다. "아버지"(*leab*, father)는 "보호자", "후견자", "지도자"라는 뜻을 담고 있다.

"내가 또 다윗의 집의 열쇠(mapteah, key)를 그의 어깨에 두리니 그가 열면 닫을 자가 없겠고 닫으면 열 자가 없으리라."(22절) 이것은 그에게 왕 이외에는 누구도 막을 수 없는 최고의 권력이 주어질 것을 말한다. 높은 정치적 지위와 권위를 갖게 될 것이라는 말이다.

"못(*yated*, peg)이 단단한 곳에 박힘 같이 그를 견고하게 하리니 그가 그의 아버지 집에 영광의 보좌가 될 것이요."(23절). 왕으로부터 위임받은 그의 권한이 견고하게 되고, 그로 인해 그의 가문이 영광을 얻게 될 것을 말한다.

3. 엘리아김의 패망(24, 25절)

그러나 엘리아김의 운명은 그의 모든 친척들과 집안사람들의 발호로 문제가 된다. "그의 아버지 집의 모든 영광이 그 위에 걸리리니 그 후손과 족속되는 각 작은 그릇 곧 종지로부터 모든 항아리까지니라."(24절). 친척들과 집안사람들이 마치 못에 걸린 크고 작은 그릇처럼 그에게 잔뜩 매달릴 것이다. 그의 지위가 높아지자 가문의 모든 식구들이 그를 엎고 세도를 부리게 된다는 것이다. "작은 그릇, 곧 종지로부터 항아리까지"는 부엌의 모든 하찮은 세간사리로, 그의 가문 사람 모두를 가리킨다. 족벌정치의 폐단을 상징적으로 보여준다.

하나님께서 말씀하셨다. "그렇게 되면 튼튼하게 박힌 그 못이 삭아 부러져서 떨어질 것이며 거기에 달린 모든 것이 그것과 함께 떨어져 부서지고 말 것이다."(25절) 못이 삭는 것은 권력의 핵인 엘리아김이 권력을 잃게 되고, 그로 인해 거기에 걸린 모든 것, 곧 그에 빌붙어 세도를 부린 친족 모두가 힘을 잃게 되리라는 것이다. 하나님은 부패한 권력을 징벌하신다.

이사야서 23장

두로에 대한 심판과 그 회복

1. 두로에 대한 경고(1-12절)

해상 부역의 중심지였던 두로(Tyre)에 대한 하나님의 심판 경고다. 하나님이 이곳을 심판하게 된 것은 지중해의 해상 무역을 주름잡던 두로, 곧 페니키아인의 교만 때문이었다.

1-7절은 두로의 몰락이 예언된다. "다시스의 배들아, 통곡하라. 두로가 망하여 집도 없고 항구도 없이 황폐해졌으니 너희가 깃딤에서 들은 소문이 다 사실이다."(1절) 다시스(Tarshish)의 배들은 다시스에 있는 두로 사람의 무역선을 가리킨다. 이것은 두로의 백성을 상징한다. 두로는 페니키아의 성읍으로 시돈과 함께 거론되고 있다. 깃딤(*kittim*, Cyprus)은 구브로, 곧 키프러스를 가리킨다.

해변의 주민들아, 시돈의 상인들아, 잠잠하라(2절). 해변 주민은 시돈 사람을 가리킨다. 시돈도 두로와 함께 페니키아의 주요 항구다. 두로가 망하니 시돈도 예외일 수 없다.

두로는 시홀(Shihor)의 곡식, 곧 나일 강의 수확을 배로 실어 날라 뭇 나라의 시장이 되었다(3절). 시홀은 나일 강을 가리킨다. 당시는 이집트의 곡식이 주요 상품이었다.

시돈아, 너는 부끄러워하라. 바다의 요새가 너를 버리며 이렇게 말한다.

"나는 아이를 가져 본 적이 없으며 아들이나 딸을 길러 본 일도 없다."(4절) 바다의 요새는 두로를 가리킨다. 두로가 스스로 한 말을 전하고 있다. 두로가 더 이상 식민지를 갖지 못하거나 인구가 감소할 것을 은유적으로 표현한 것이다. 두로가 망했다는 소식을 들으면 이집트 사람들도 몹시 충격을 받고 놀랄 것이다(5절). 이집트에게도 충격적인 소식이 될 것임을 보여준다.

해변의 주민들아, 너희는 슬피 울며 다시스로 도망하라(6절). 페니키아의 주민들을 향해 다시스로 도망하라 한다. 다시스는 스페인의 타르테수스(욘 1:3)나 서 지중해의 어떤 섬, 또는 북아프리카 연안의 한 지점일 것으로 추정되고 있다.

이것이 고대에 건설된 화려한 너희 도시냐? 이것이 먼 나라까지 가서 식민지를 개척한 도시란 말이냐?(7절). 두로를 보고 하는 말이다. 두로는 카르타고, 다시스, 지중해 지역의 여러 곳을 식민지로 삼고 있었다. 많은 식민지를 다스리며 세계 무역의 중심지인 두로에 누가 이런 재앙을 내렸는가?(8절). 하나님께서 그렇게 하셨다. 그들의 교만을 꺾고 세상의 존귀한 자들을 낮추기 위해서였다(9절). 교만한 자에 대한 하나님의 심판임을 확실히 하였다.

"딸 다시스여 나일같이 너희 땅에 넘칠지어다 너를 속박함이 다시는 없으리라."(10절) 두로가 멸망하면 다시스가 두로의 영향권에서 벗어나 식민지가 되지 않을 것임을 말한다. 나일 강이 넘쳐흐르듯 다시스가 해방의 기쁨을 맞게 된다.

여호와께서 바다 위에 손을 펴셔서 세상 나라들을 흔드시며 페니키아의 요새를 파괴하라는 명령을 내리셨다(11절). 하나님께서 해운 제국 페니키아를 심판하심으로 열방을 흔들고 페니키아의 요새인 두로와 시돈을 무너뜨리도록 하셨다. 원문에는 '가나안'이라 되어 있는데, 여기서 가나안은 페니키아를 가리킨다.

하나님께서 말씀하셨다. "불쌍한 시돈아, 이제 너의 좋은 시절은 끝났다. 너의 주민들이 키프로스로 도망한다 해도 거기서 안전하지 못할 것이다." (12절)

2. 황폐하게 될 두로와 그 회복(13-18절)

"갈대아 사람의 땅을 보라 그 백성이 없어졌나니 곧 앗수르 사람이 그 곳을 들짐승이 사는 곳이 되게 하였으되 그들이 망대를 세우고 궁전을 헐어 황무하게 하였느니라." (13절)

13절은 난해구절이다. 갈대아 사람이 두로를 패망하게 할 것이라는 내용이다. 갈대아는 본래 바벨론 남부지방을 가리키지만 후에는 바벨론 전 지역을 지칭하였다. 원래 그들은 그 땅에 살지 않았는데, 아시리아가 그들을 그곳에 거하게 하자 그곳에서 세력을 키워 두로를 공격하게 되었다는 것이다. 현대인의성경은 이 구절을 "들짐승으로 두로를 짓밟게 한 것은 앗시리아 사람이 아니라 바빌로니아 사람이었다. 그들이 두로를 포위하고 그 궁전을 헐어 폐허가 되게 하였다."라고 번역했다.

"다시스의 배들아 너희는 슬피 부르짖으라 너희의 견고한 성이 파괴되었느니라." (14절) 다시스에 정박한 무역선들이 통곡할 수밖에 없다. 그들이 의지하고 힘이 되었던 곳(*mauzzeken*, your strength), 곧 두로가 파괴되었기 때문이다.

15-18절은 두로에 대한 회복이 예언되고 있다. 이 예언에서 세 가지가 언급되어 있다.

첫째, 두로가 한 임금의 수명처럼 70년 동안 잊혔다가 그 기간이 지나면 16절에 소개되는 기생의 노래처럼 될 것이다(15절). "잊어버린바 되었던 너 음녀여 수금을 가지고 성읍에 두루 다니며 기묘한 곡조로 많은 노래를 불러서 너를 다시 기억하게 하라." (16절) 두로가 70년 동안 잊혔다가 다시 기억(회복)하게 되리라는 것이다. 70년은 바벨론이 두로를 정복하여 다스리게 될 기간을 뜻한다.

둘째, 칠십년이 지난 후 두로가 이전처럼 회복될 것이다. "칠십 년이 찬 후에 여호와께서 두로를 돌보시리니 그가 다시 값을 받고 지면에 있는 열방과 음란을 행할 것이며."(17절) 칠십 년이 지나면 하나님께서 두로를 회복시키시고 옛날처럼 다시 해상무역을 하게 하신다. 그 때에 두로는 다시 제 몸을 팔아서, 땅 위에 있는 세상의 모든 나라의 돈을 끌어들일 것이다. 열심히 장사를 하게 될 것이라는 말이다.

끝으로, 사업을 통해 얻은 것을 하나님께 바치게 될 것이다. 두로가 무역하여 번 돈을 자기를 위해 쌓아 두지 않고 여호와께 바칠 것이다. 그러면 하나님을 섬기는 자들이 그 돈을 식량과 의복을 사는 데 사용하게 될 것이다(18절). 그 재물이 거룩하게 쓰일 것이라는 말이다.

이사야서 24장

세상에 대한 하나님의 심판과 대환란

1. 율법을 범한 백성에 대한 심판(1-13절)

24-27장은 13-23장에 걸친 각 나라에 대한 예언의 결론으로, 그 나라들을 전체적으로 묶어 마지막에 있을 심판과 축복을 다루고 있다. 이 네 장을 가리켜 '이사야의 묵시록' 이라 부르는데, 종말에 대한 예언으로 보기도 한다.

24:1-13은 하나님의 심판으로 죄로 물든 땅을 황폐케 하실 것을 예언하고 있다. 혼란과 재난이 가득하다.

하나님께서 땅(세상)을 뒤엎어 황폐하게 하시고 그 백성을 흩어 버리실 것이다(1절). 인구를 감소시켜 땅을 황량한 들판 같게 하시겠다는 말씀이다. 제사장과 백성이 당하는 일이 똑같고, 종과 주인, 사는 자와 파는 자, 빌려 주는 자와 빌리는 자, 부자와 가난한 자가 다 같이 당하게 될 것이다(2절). 하나님의 심판을 피할 수 있는 자는 아무도 없다. 땅은 완전히 황무지로 변하게 된다(3절). 완전한 파괴다.

땅이 메마르며 시든다. 세상이 생기가 없고 시든다. 세상의 높은 자들(교만한 자들)도 쇠약해가고 있다(4절). 인간의 범죄로 자연계까지 탄식한다. 사람 때문에 땅도 더럽혀진다. 이유가 있다. 사람이 율법(*towrot*, laws)을 어기고 율례(*hoq*, ordinance)를 범하며 영원한 언약(*berit*, covenant)을 깨뜨렸기 때문이다(5절). 심판의 원인은 인간의 죄에 있다. 하나님의 말씀에 불순종했기 때문이다. 그로 인해 하나님은 땅에 저주를 내렸다. 사람들은 죄의 대가를 받아 살아남는 자가 얼마 되지 않게 된다(6절). 그 땅 거민들은 저주를 받아 무수히 죽임을 당할 것을 암시하고 있다.

7-9절은 심판으로 인해 세상의 쾌락을 즐기던 사람들이 더 이상 쾌락을 누리지 못하고 탄식하게 될 것을 말하고 있다. 포도나무가 시들고 포도즙은 귀하게 되었다. 쾌락을 누리던 자가 이제는 다 탄식하게 되었다. 소고를 치고 수금을 타던 소리가 그쳤다. 그들이 다시는 노래하며 포도주를 마시지 못할 것이다. 더 이상 쾌락을 누릴 수 없게 된다는 말씀이다. 독한 술은 그 마시는 자에게 쓰디쓸 것이다. 독주를 마신다 해도 고통을 벗어날 수 없다.

10-12절은 약탈당한 성읍에 대해 묘사하고 있다.

약탈당한 성읍의 원문은 혼돈(*tohu*, confusion)의 도시이다. 심판 받은 성읍이 혼란 속에 빠져 있고, 집집마다 문에 닫혀 출입하는 자가 없다(10절). 사람들이 포도주를 찾아 아우성 치고, 땅에서는 모든 기쁨이 사라지고 말았다(11절). 성읍은 폐허가 되고 성문은 파괴되었다(12절).

이 땅 백성에게 이러한 일이 일어날 것이다. 마치 감람나무를 흔들어 그 열매를 완전히 떨어버리는 것 같고, 포도수확을 한 다음 그 남은 것까지 다 따내는 것과 같으리라(13절). 전쟁으로 땅이 황폐해지고 살아남는 사람도 거의 없게 될 것을 말한다. 이것은 하나님의 심판이 아주 철저할 것임을 보여준다.

2. 남은 자의 찬양(14-16절)

14-16절에서는 심판 때 살아남은 자들이 세계 모든 지역에서 하나님께 영광의 찬송을 드리게 될 것임을 말하고 있다. 구원 받은 자가 기뻐 하나님을 찬양하는 노래이다.

철저한 심판 가운데서도 살아남은 자들이 기뻐서 외칠 것이다. 바다, 곧 서쪽에서 여호와의 위엄을 선포하고 동쪽에서 그를 찬양할 것이다. 바다 모든 섬, 곧 지중해 전 지역에 사는 사람들도 여호와를 찬양할 것이다(14, 15절). 땅 끝에서도 "의로우신 분께 영광을 돌리세!" 하는 찬양 소리를 듣게 될 것이다(16a절). 땅 끝은 '날개' 라는 뜻으로, 가장 멀리 있는 이방 나라를 가리킨다. 선지자는 바다, 동쪽, 바다 모든 섬, 땅 끝이라는 표현을 통해 온 세계가 하나님을 찬양하고 영광을 돌리게 될 것을 말하고 있다.

그러나 여전히 악이 판을 치고 곳곳에 배신행위가 있다는 것이다. 그러니 하나님이 탄식하지 않을 수 없다(16b절). 남은 자들이 하나님께 돌아와 그분께 영광을 돌리고 있지만 그런 가운데서도 하나님을 배반하고 성도들을 괴롭힌다. 이것은 하나님께서 온 땅을 심판하지 않을 수 없게 만든다.

3. 온 땅에 대한 하나님의 심판과 대환란(17-23절)

17-20절은 하나님께서 온 세상을 철저하게 심판하실 것을 말하고 있다.

세상 사람들아, 공포와 함정과 덫이 너희를 기다리고 있다(17절). 공포를 피하려고 하는 자는 함정에 빠질 것이며 함정에서 올라오는 자는 덫에 걸릴 것이다. 하늘에서 폭우가 쏟아지고 땅의 기초가 흔들릴 것이다(18절). 심판이 가중되고, 폭우와 지진이 있을 것임을 나타낸다. 땅이 깨어지고 갈라져 진동하리라(19절). 자연계의 변화도 심하다. 너희는 술 취한 사람처럼 비틀거리고 폭풍 속의 오두막처럼 흔들거릴 것이다. 세상이 죄악에 짓눌리고 있으니 쓰러져 다시는 일어나지 못할 것이다(20절). 무거운 심판이 임할 것을 나타낸다.

21-23절은 하나님께서 자신을 대적하는 자들을 징벌하시고, 시온 산에 좌정하시어 통치하실 것을 말하고 있다.

그날 하나님께서 위로는 높은 군대를 벌하시며 아래로는 땅에서 세상의 왕들을 벌하실 것이다(21절). 높은 군대(host of exalted ones)는 원래 별들, 곧 이방신들을 가리켰으나 여기서는 공중 권세를 잡은 타락한 천사들, 곧 영적 세력을 가리킨다. 땅의 왕들(the kings of the earth)은 지상에서 온갖 불의와 악을 행하는 세상의 군왕들을 가리킨다. 하나님을 대적하는 그들을 하나님께서 벌하신다는 것이다.

하나님은 그들을 죄수처럼 한 곳에 모아 지하 감옥에 가두어 놓을 것이며 그들은 형벌이 확정될 때까지 거기에 머물러 있게 될 것이다(22절). 하나님은 자신을 대적하는 영적 세력들과 세상의 군왕들을 심판하시어 깊은 옥에 가두신다. 하나님의 종말론적인 개입을 보여준다. 요한계시록 20장에서 사단이 무저갱에 감금되고, 사단이 감금되면 꿈같은 왕국 시대가 열리는 장면을 연상케 한다.

그때 하나님께서 시온산과 예루살렘에서 왕이 되어 자기 백성의 장로들 앞에서 영광스럽게 다스리실 것이다. 그 영광의 찬란함 때문에 해와 달이 무색할 것이다. 빛을 잃는다.(23절). 여호와의 통치가 임하고, 주의 백성들은 그의 찬란한 영광을 보게 될 것이다. 할렐루야.

이사야서 25장

말일에 있을 하나님의 큰 구원과 그에 대한 감사 찬양

1. 하나님의 큰 구원과 감사 찬양(1-12절)

25장은 전체적으로 하나님의 우주적 심판을 찬양하는 내용을 담고 있다. 1-5절은 이사야가 하나님의 백성을 압제하던 불경건한 성읍, 곧 포악자를 물리치신 하나님을 찬송하고 있다.

여호와는 나의 하나님이시다. 내가 주를 높이고 주의 이름을 찬양한다. 주는 기사, 곧 놀라운 일을 행하셨다. 주께서는 오래 전에 계획하신 일을 정하신 뜻대로 성실함(*emunah*, faithfulness)과 진실함(*omen*, truth)으로 이루셨다(1절). 주님은 성읍들을 돌무더기로 만드시고, 견고한 성읍들을 폐허로 만드셨다. 우리의 대적들이 지은 도성들을 더 이상 도성이라고 할 수 없게 만드셨다. 아무도 그것을 재건하지 못할 것이다(2절). 이 성읍은 하나님의 성을 반대하는 모든 성을 대표한다. 니느웨나 바벨론이 그 보기이다. 하나님을 대적하는 모든 세력을 가리킨다. 하나님이 그들을 꺾으신 것이다. 그러므로 강한(*az*, strong) 민족이 주님을 영화롭게 하고, 포악한(*arisim*, terrible) 민족들의 성읍이 주님을 경외할 것이다(3절). 하나님의 심판으로 자신의 강함을 믿고 포악하게 압제를 행하던 자들이 하나님을 두려워하게 될 것이다.

포학자의 기세가 마치 성벽을 내리치는 폭풍과 같을 때 주님은 가난한 자에게 힘(strength)이 되어주시고, 곤경에 빠진 불쌍한 자들에게 요새(refuge)가 되셨으며, 따가운 햇볕을 가려 주는 그늘(shade)이 되셨다(4절). 폭양, 곧 따가운 햇볕이 마른 땅을 마구 태우듯이 주님께서 이방인, 곧 거만한 자들의 소란을 잠잠하게 하신다. 구름이 폭양을 가림같이 주님께서 포악한 자들의 노래를 막으신다(5절). 폭풍이나 따가운 햇볕은 하나님의 백성을 압제하는 세력을 가리킨다.

6-8절은 하나님께서 주의 백성을 위해 마련하신 좋은 것들을 기록하고 있다. 종말에 그의 백성을 위한 잔치이다.

하나님은 이 산, 곧 시온 산에서 세계의 모든 민족, 곧 하나님을 경배하러 나온 자들을 위해 가장 맛있는 포도주와 음식으로 잔치(*misteh*, feast)를 베푸실 것이다(6절). 하나님과 사람이 화목하게 됨으로써 갖게 될 천국 잔치다. 하나님은 온 인류를 덮고 있는 슬픔의 구름을 걷어 버리시고(7절) 죽음(*hammawet*, death)을 영원히 없애 버리실 것이다. 주 여호와께서 모든 사람의 눈에서 눈물(*dimah*, tears)을 닦아 주시며 온 세상에서 자기 백성의 수치를 벗겨 주시리라(8절). 하나님께서 사망과 눈물을 없애고 영원한 생명과 기쁨을 넘치게 하신다(고전 15:54, 계 21:4). 이것은 주께서 통치하실 때 우리가 누릴 온전한 행복을 잘 묘사하고 있다.

9-12절은 하나님의 백성을 억압하며 교만을 떨던 자들의 몰락을 묘사하고 있다.

그때 사람들은 말한다. “그는 우리의 하나님이시다. 우리가 그를 신뢰하고 기다리므로 그가 우리를 구원하셨다. 그는 우리가 기다리는 하나님이시다. 그가 우리를 구원하셨으니 이제 기뻐하고 즐거워하자." (9절) 하나님께서 시온산을 보호하시겠지만 모압(Moab) 사람들은 거름더미에서 지푸라기가 짓밟히듯 짓밟힐 것이다(10절). 여기서 모압은 압제자, 곧 하나님의 원수를 상징한다. 그들은 멸망을 당한다.

모압 사람들이 헤엄치듯이 손을 뻗쳐 헤어 나오려고 한다. 하지만 하나님은 그들의 교만(pride)과 그 손의 교활(trickery)을 누르신다(11절). 그들을 누르시고 그들의 교만한 콧대를 꺾으신다. 그리고 모압의 높은 요새를 헐어 땅바닥의 티끌과 흙무더기처럼 되게 하실 것이다(12절). 하나님을 대적하는 자들에 대해 철저한 몰락을 가져오게 하시리라는 말씀이다.

이사야서 26장

이스라엘의 회복과 감사의 노래, 환난 당하는 백성의 부르짖는 기도

1. 이스라엘의 회복과 감사의 노래(1-15절)

1-15절은 바벨론 포로에서 귀환한 하나님의 백성들이 하나님께 드리는 감사와 찬송을 담고 있다. 그런 날이 오게 될 것이라는 말이다.

그 날에 사람들이 유다 땅에서 이런 노래를 부를 것이다. 우리의 성은 견고하다(strong). 하나님이 직접 성벽과 방어벽이 되셔서 우리를 지키신다(1절). 하나님이 약속하신 구원의 날, 유다의 성 예루살렘이 견고해서가 아니라 하나님이 보호해 주시기 때문에 견고함을 고백하고 있다. 너희는 성문을 열고 신의(*emunim*, faithfulness)를 지키는 의로운 나라, 곧 여호와를 사랑하는 자는 누구든지 들어오게 하라(2절). 하나님을 믿는 신실한 주의 백성들이 들어올 수 있도록 문을 열라는 것이다.

"주께서 심지가 견고한 자를 평강하고 평강하도록 지키시리니 이는 그가 주를 신뢰함이니이다."(3절) 하나님은 자기를 의지하고 마음이 한결같은 자에게 완전한 평안(*salowm*, peace)을 주신다. "심지가 견고한 자"는 문자적으로 "마음을 하나님께 두는 자"를 가리킨다. 여호와를 항상 신뢰하라. 주 여호와는 영원한 반석이시다(4절). 주님은 우리의 피난처가 되신다.

5-11절은 하나님께서 주의 백성을 보호하신다는 것을 보여준다. 주님은 그의 의로우심과 권능으로 압제자들을 멸하신다. 5-7절에서는 교만한 바벨론을 멸망시키시고 남은 백성을 다시 돌이키신다. 이것을 길을 닦는 것으로 비유하고 있다.

주님은 높은 데에 거주하는 자, 곧 교만한 자들을 낮추시고 솟은(lofty) 성, 곧 교만한 바벨론을 완전히 헐어 먼지바닥에 주저앉게 하신다(5절). 하나님께서 그 성을 파괴하시면 가난한 자, 곤핍한 자들, 곧 경건한 자, 의로운 자들이 그 위를 밟고 다니리라(6절). "의인의 길은 정직함이여 정직하신 주께서 의인의 첩경을 평탄하게 하시도다."(7절) 주님께시 의로운 자들의 길(the way of the righteousness), 곧 의인의 인생 여정을 매끄럽게(smooth) 하신다. 그러므로 그들의 길이 평탄하다(make the path level). 풍성하게 하신다.

주께서 심판(Your judgments)하시는 길에서 우리가 주를 기다린다. 심판으로 열리는 그 길만이 우리의 희망이기 때문이다. 우리가 주의 이름을 사모하며 주님을 기억한다(8절). 주님만이 우리의 희망이다. 믿는 자는 주님을 사모하며 기다린다. 밤에 내 영혼이 주를 찾고 내 마음이 주를 간절히 사모하는 것은 주께서 세상을 심판하실 것이기 때문이다. 그 때가 되면 사람들은 주님이 말씀하시는 의(*sedeq*, righteousness)가 무엇인지 알게 될 것이다(9절).

주님께서 악인에게 은혜를 베푸신다 해도 악인들은 의, 곧 옳은 일 하기를 배우려 하지 않는다. 의인들이 사는 땅에 살면서도 여전히 악을 행하고 주님의 위엄을 대수롭지 않게 여긴다(10절). 하나님은 악인에게도 일반은총, 곧 공기와 햇볕을 주시고 살게 하신다. 악인들의 큰 잘못은 하나님의 의로움을 보고도 하나님을 의지하지 않는 것이다. 정직한 자들이 의롭게 살려하는 사회에 살면서도 하나님을 생각지 않고 불의를 행하는 것은 큰 죄다.

주께서 악인들을 심판하시려고 주의 손을 높이 들어도 그들은 그것을 보지 않는다. 아니, 그것을 모른다. 주님께서 주의 열성(Your zeal), 곧 주의 백성을 얼마나 뜨겁게 사랑하시는지 그들에게 보여 주시고, 그들로 부끄러움을 느끼게 하소서. 그리고 주의 원수들을 주님이 예비하신 심판의 불로 그들을 소멸하소서(11절). 의인이 구원을 받고, 악인은 멸망당한다. 하나님은 놀랍게 역사하심으로 악인들을 부끄럽게 하실 것이다. 하나님은 우리, 곧 의인을 위해서 모든 일을 이루심으로 우리에게 평안을 주실 것이다(12절).

13, 14절은 이방신을 섬겨야 할 바벨론 포로 생활 중에서도 오직 하나님만을 섬길 것을 말하고 있다.

"하나님, 우리가 다른 왕들의 지배를 받아왔지만 우리는 오직 주만 의지하고 주의 이름을 부르리이다."(13절) 우리에게는 주밖에 없다는 고백이다. 주님께서 그들을 벌하시어 멸망시키셨다. 그들을 모두 기억에서 사라지게 하셨다. 죽은 그들은 다시 살아나지 못하고, 사망한 그들의 영혼은 다시 일어나지 못할 것이다(14절). 이스라엘을 지배하던 다른 나라의 왕들은 사라질 운명이다. 오직 하나님만이 영원한 왕이시다.

주님께서 이 민족을 큰 민족으로 만드시고, 이 나라를 큰 나라로 만드셨다. 주님께서 이 땅의 모든 경계를 확장하셨다. 이 일로 주님께서는 영광을 받으셨다(15절). 하나님께서 이스라엘에게 복을 주셔서 남은 자들을 바벨론 포로에서 돌아오게 하시고 그 나라를 보호하사 이전보다 더 강건케 하실 것을 말하고 있다.

2. 환난 당하는 백성의 부르짖는 기도(16-21절)

16-18절은 이스라엘에게 징계가 임할 때 산기가 임박한 여인처럼 하나님께 매달리게 될 것을 말하고 있다.

"여호와여 그들이 환난 중에 주를 앙모하였사오며 주의 징벌이 그들에게 임할 때에 그들이 간절히 주께 기도하였나이다."(16절) 주께서 주의 백성을 벌하실 때 그들이 고통 가운데서 주께 기도했다는 말이다. 임신부가 해산할 때가 되어 뒹굴며 고통스러워 부르짖는 것처럼 우리가 주 앞에서 괴로워하며 부르짖는다(17절). 구원의 날이 이르기 전까지 하나님의 백성들은 심한 고통을 겪게 된다.

"우리가 잉태하고 산고를 당하였을지라도 바람을 낳은 것 같아서 땅에 구원을 베풀지 못하였고 세계의 거민을 출산하지 못하였나이다."(18절) 우리가 해산하듯이 괴로워했지만 아무것도 낳은 것이 없고 소득도 없다. 아무리 애를 써보아도 스스로 구원을 가져올 수 있고 세계의 거민, 곧 바벨론을 패망하게 하지 못한다. 하나님이 벌하실 때는 아무리 부르짖어도 효험이 없다.

그러나 하나님이 구원을 베푸시는 때가 있다. 그 때 죽었던 주의 백성들이 다시 살아날 것이며, 그들의 시체가 다시 일어날 것이다. 무덤 속에서 잠자던 사람들이 깨어나서, 즐겁게 소리 칠 것이다. 영롱한 이슬이 땅을 신선하게 하듯 여호와께서 오래 전에 죽은 자들을 다시 살리실 것이다.(19절). 주님의 이슬(*tal*, dew)은 하나님의 은혜를 상징한다. 그 이슬은 생기를 불어넣는다. 하나님의 때가 되면 하나님은 이스라엘을 회복시켜 주실 뿐 아니라 마지막 날 주의 빛난 이슬, 곧 하나님의 능력으로 죽은 자가 부활할 것이다. 그 때는 다 기쁨으로 노래하리라. 20, 21절은 구원에 대한 감사와 찬송을 드릴 때가 오겠지만 아직은 그 때가 오지 않았고 재난이 있으리라 말하고 있다.

"내 백성들아, 너희 집으로 들어가서 문을 닫고 여호와의 분노가 끝날 때까지 잠시 숨어 있거라."(20절) 그 때까지 참고 기다리라는 말씀이다. "보라. 하나님께서 세상 사람들의 죄에 대하여 그들을 벌하시려고 그 계신 곳에서 나오신다. 땅이 그 위에 뿌려진 피를 드러내고 더 이상 살해당한 자를 숨기지 않을 것이다."(21절) 죄 값은 달게 받아야 한다.

이사야서 27장

이스라엘에 임할 하나님의 큰 구원

심판하시는 날, 하나님께서 그의 견고하고 크고 강한 칼로 날랜 뱀 리워야단, 곧 꼬불꼬불한 뱀 리워야단을 벌하시고, 바다에 있는 용을 죽이시리라(1절).

견고하고 강한 칼은 뱀과 용을 잡을 수 있는 것으로 하나님의 심판을 상징한다. 원문은 날랜 뱀(fleeing serpent)과 꼬불꼬불한 뱀(twisted serpent) 두 가지로 되어 있다. 날랜 뱀은 빨리 흐르는 티그리스 강에 위치한 아시리아의 니느웨를 상징하고, 꼬불꼬불한 뱀은 꼬불꼬불한 유프라테스 강에 위치한 바벨론을 상징한다. 리워야단(Leviathan)은 문자적으로 '감긴 것', '꼬인 것'이란 뜻으로 주로 뱀을 가리킨다. 시편에서는 악어 또는 바다괴물을 가리키는 것으로 사용되기도 했다. 바다의 용(*hattannin*, reptile)은 이집트를 상징한다. 이 세 나라는 당대 큰 세력을 가진 나라들로, 하나님 나라를 대적하는 세력이었다. 그들에 대한 하나님의 심판이 있으리라는 것이다.

2-5절은 대적의 세력을 꺾으시고 주의 백성을 돌보시는 하나님을 그리고 있다. 여기서 이스라엘은 아름다운 포도원으로, 하나님은 포도원지기로 묘사하고 있다.

그 날이 오면 저 아름다운 포도원을 두고 너희는 이런 노래를 불러라(2절). 나 여호와는 포도나무를 돌보는 포도원지기이다. 나는 때를 맞추어서 포도나무에 물을 주며, 아무도 포도나무를 해치지 못하도록 밤낮으로 돌본다(3절).

하나님은 자기 백성들을 자상하게 보호하실뿐 아니라 필요를 공급하시는 분이시다. 나는 이 포도원과 같은 내 백성에게 더 이상 분노하지 않는다. 만일 찔레와 가시가 내 포도원을 괴롭히면 내가 그것을 모조리 태워 버릴 것이다(4절). 그러나 내 백성의 원수들이 내 보호를 받으려면 나를 의지하고 나와 화목해야 한다(5절). 불사름을 당하지 않으려면 하나님께 돌아와야 한다는 말씀이다.

6절은 하나님께서 이스라엘을 돌보심으로 번성하게 될 것을 말하고 있다. 앞으로 이스라엘은 나무처럼 뿌리를 박아 움이 돋고 꽃이 피어 그 열매로 온 세상을 채울 날이 있을 것이다(6절). 하나님의 택한 백성들이 점차 왕성해져 지면에 골고루 퍼질 것을 말한다.

압제자들은 이스라엘을 혹독하게 다루었다. 많은 사람들이 죽임을 당했다. 하지만 하나님은 그의 백성을 견책하실 때 그들처럼 무자비하게 살육하지는 않으신다. 사막에서 동풍(*qadim*, east wind)이 부는 날 좀 더 거센 폭풍을 보내 그들을 먼 땅으로 보내 포로가 되게 하신다(7, 8절). 하나님은 일시적으로 적당하게 견책하시지 그들을 완전히 멸절시키지는 않으신다. 은혜를 베푸셔서 그들을 다시 구원하신다.

그렇게 해서 야곱의 죄악이 사함을 얻는다. 사함 받은 결과 야곱은 이방 제단의 모든 돌을 헐어 흰 가루(석회가루)로 만들고 다시는 아세라 여신상과 분향단을 세우지 않을 것이다(9절). 이스라엘이 다시는 우상을 섬기는 일이 없으리라는 것이다. 이것은 징계가 가져온 좋은 결과이다. 하나님이 그들에게 주신 환난과 시련은 그들을 정결하게 하기 위한 채찍이었다.

10, 11절은 하나님의 백성을 압제하던 나라는 최종적으로 하나님에 의한 멸망이 선언된다. 그들의 성읍은 황무하게 되고, 마른 가지처럼 말라 땔감용으로 사용될 것이다. 그들이 지각이 없어 하나님을 섬기지 않았기 때문이다. 하

나님은 그런 나라에 자비를 베풀지 않으신다.

12, 13절은 하나님께서 각국에 흩어진 자손들을 모으실 것임을 말해주고 있다. 유프라테스에서 나일 강까지, 아시리아와 이집트 등 각 나라에 흩어진 하나님의 백성들이 큰 나팔(*sowpar*, trumpet) 소리를 듣고 예루살렘으로 돌아와 거룩한 산에서 하나님께 예배를 드리게 될 것이다.

이사야서 28장

에브라임에 대한 심판, 유다 지도자들에 대한 경고

1. 에브라임에 대한 심판(1-4절)

에브라임은 북이스라엘의 대표적인 지파이다. 이 지파의 이름으로, 북이스라엘의 교만과 불의함을 꾸짖고 수도 사마리아가 침략을 받아 짓밟히게 될 것을 예언하고 있다.

에브라임의 술 취한 자들, 곧 사치하고 방탕한 북이스라엘의 교만한 면류관인 너 사마리아에게 재앙이 임할 것이다. 기름진 평야의 높은 언덕에, 화려한 왕관처럼 우뚝 솟은 사마리아야, 시들어 가는 꽃 같은 너에게 재앙이 임할 것이다(1절). 하나님께서 강한 군대를 보내시리니 그들이 우박, 광풍, 홍수처럼 밀려들어 네 면류관을 땅에 던질 것이다(2절). 너희들이 그토록 자랑스럽게 생각하는 교만한 면류관, 너 사마리아는 그들의 발에 무참하게 짓밟힐 것이다(3절). 여름이 오기 전 처음 익은 무화과를 잽싸게 따서 먹듯이 아시리아 사람들이 너를 보자마자 얼른 따 먹을 것이다(4절). 사마리아가 아시리아의 침략을 받아 짓밟히고, 그 영화가 사라질 것을 예고하고 있다.

2. 유다 지도자들에 대한 경고(5-22절)

그 날에 교만한 면류관 사마리아와는 달리 하나님께서 남은 자들에게 영화로운 면류관, 아름다운 화관이 될 것이라 하였다(5절). 재판관들에게는 공평의 영을 주시어 판결을 잘하게 하시고, 용사들에게는 용기를 주시어 성문으로 쳐들어오는 적을 막게 하신다(6절).

그렇게 하시는 데도 불구하고 유다 사람들은 술독에 빠졌다. 제사장과 선지자들까지도 술을 마시고 비틀거리며 재판할 때 실수하거나 환상을 제대로 보지 못하고 있다. 어리석게 과오와 실수를 저지른다(7절). 그들이 앉았던 상에는 온통 토한 것으로 가득하다. 깨끗한 곳이 한군데도 없을 만큼 타락이 극심하다(8절).

이사야에게 지적을 받은 유다 지도자들은 오히려 그를 조롱한다. "이 사람이 누구를 가르치려 하는가? 우리를 어떻게 보고 그렇게 가르치는가? 우리가 뭐 젖 뗀 아이인가? 그는 아주 간단하고 단순한 것을 가르치고 계속 같은 말만 되풀이하고 있다."(9, 10절). 겸손하게 하나님의 말씀을 듣기는커녕 자기 파멸을 자초하는 말을 쏟아낸다.

그러므로 하나님께서 더듬는 입술(알아들을 수 없는 말씨, 곧 아시리아어)과 다른 방언(다른 나라 말)으로 이 백성에게 말씀하시리라(11절). 하나님께서 유다 사람들이 아시리아의 포로가 되게 하시고 그 사람들이 사용하는 언어를 듣게 하실 것이라는 말이다. 실로 엄한 경고다.

하나님께서 그들에게 안식과 평안을 주겠다고 말씀하셨다. 하지만 그들은 하나님의 말씀을 듣지 않았다(12절). 그래서 하나님께서 다시 그들에게 아주 간단하고 쉬운 말로 경계와 교훈이 되는 말을 하나하나 되풀이해서 가르치실 것이다. 그러나 그들은 간단하고 단순한 말씀에도 걸려 넘어지고 부러지고 덫에 걸려 사로잡힐 것이다(13절).

14-22절은 유다 지도자들의 타락한 모습을 지적하고 그들이 멸망할 것을 예언하면서 하나님께 돌아올 것을 촉구하고 있다.

그러므로 예루살렘에서 이 백성을 다스리는 너희 오만한 자들아, 하나님의 말씀을 들어라(14절). 너희는 자랑하기를 "우리는 죽음과 언약을 맺었고 스올(무덤)과 협약을 맺었다. 거짓말을 하여 위기를 모면할 수도 있고, 속임수를 써서 몸을 감출 수도 있으니, 재난이 닥쳐와도 우리에게는 절대로 미치지 않는다."(15절) 유대지도자들은 자신들은 죽지 않으며 어떤 재난이 온다 해도 자신들에게는 영향을 주지 않을 것이라 말한다. 이사야는 그들이 거짓과 속임수를 쓴다고 말함으로써 그것들을 의지하는 것은 참된 것이 아님을 역설적으로 보여주고 있다.

그러나 하나님은 말씀하신다. "내가 시온에 한 돌을 놓아 기초를 삼았으니 곧 시험한 돌이요 귀한 모퉁이 돌이요 견고한 기초 돌이다. 그를 믿는 사람은 놀라 당황하지 않을 것이다."(16절) "한 돌"(*aben*, a stone), 귀한 "모퉁이 돌"(*pinnat*, a cornerstone), 견고한(확실한) "기초돌"(*musad*, a foundation)은 그리스도를 가리킨다. 헛된 것을 믿을 것이 아니라 그리스도를 믿어야 한다는 말씀이다.

17-22절은 이 기초 돌을 믿지 않는 자들에 대한 유다 지도자들에 대한 심판이 선언되고 있다. 하나님은 믿지 않는 자들을 공평의 줄자와 공의의 저울로 엄격하게 심판하신다. 거짓말로 위기를 모면한 사람은 우박이 휩쓸어 가고, 속임수로 몸을 감춘 사람은 물에 떠내려 갈 것이다. 하나님은 원수들을 보내 너희가 의지하던 거짓의 은신처를 부숴 버릴 것이다(17절). 너희가 죽음과 맺은 계약은 무효가 되고 너희가 무덤과 맺은 조약은 아무 소용이 없을 것이다. 재앙이 덮칠 때 너희는 쓰러지고 말 것이다(18절). 재난이 퍼질 때 너희는 피하지 못할 것이다. 그 재난이 아침마다, 밤낮을 가리지 않고 너희를 엄습할 것이다. 그 소문만 들어도 두려움이 일어날 것이다(19절). 너희는 마치 침대가 짧아서 다리를 펴지 못하는 것 같이 되고, 이불이 작아서 몸을 덮지 못하는 것 같이 될 것이다(20절). 아시리아가 침략해올 때 대책을 강구하겠지만 상황

이 너무 엄청나 별 소용이 없을 것이라는 말이다.

하나님은 브라심산과 기브온 골짜기에서처럼 분기하셔서 신기하고 기이하게, 특별한 방법으로 자기 백성을 벌하실 것이다(21절). 부라심(Perazim) 산은 예루살렘과 베들레헴 사이에 있으며 바알브라심이라고도 한다. 다윗이 블레셋을 친 곳이다. 기브온(Gibeon) 골짜기는 여호수아가 아모리 사람과 싸울 때 태양이 중천에 머문 곳이다.

그러므로 너희는 더 이상 오만한 자가 되지 말라. 그렇지 않으면 너희가 더 벗어나기 어려운 속박을 당하게 될 것이다. 나는 하나님께서 온 땅 멸망시키기로 작정하셨다는 말을 분명히 들었다(22절). 기초 돌을 믿으라. 빨리 하나님께 돌아오라.

3. 농부에게 배우라(23-29절)

이 단락에서는 농부가 파종하는 일과 타작하는 일에 비유하여 유다 백성을 다스리는 하나님의 지혜가 얼마나 놀라운가를 말하고 있다.

너희는 나의 말에 귀를 기울이라(23절). 밭을 갈아놓고 씨를 뿌리지 않을 농부가 어디 있고, 밭의 흙을 부드럽게 하는 일만 계속 할 농부가 어디 있겠느냐? 밭을 갈아 땅을 고르게 하고 나면 그곳에 회향이나 밀, 보리, 귀리와 같은 여러 씨를 뿌리기 마련이다(24, 25절).

밭농사를 이렇게 짓도록 가르쳐 주신 분은 하나님이시다. 소회향을 도리깨로 쳐서 떨지 않는다. 대회향 위로는 수레바퀴를 굴리지 않는다. 소회향은 작대기로, 대회향도 막대기로 가볍게 두드려서 떤다. 곡식을 떨지만, 낟알이 바스러지도록 떨지는 않는다. 수레바퀴를 곡식 위에 굴릴 때도 말발굽이 그것을 으깨지는 않는다. 이것도 하나님께서 가르쳐 주신 것이다. 마찬가지로 유다를 향한 주님의 계획과 경영은 놀랍고, 지혜는 끝없이 넓다(26-29절).

이사야서 29장

아리엘의 징계와 그 원수들의 파멸, 징계의 원인, 징계 후에 있을 은총의 날

1. 아리엘의 징계와 그 원수들의 파멸(1-8절)

1-8절은 예루살렘에 대한 재앙과 구원을 말하고 있다. 1-4절에서 예루살렘은 공격을 받아 심히 낮아진다.

"슬프다 아리엘이여." 아리엘(Ariel)은 문자적으로 '하나님의 사자', '하나님의 난로(네 귀에 뿔이 있는 네모반듯한 번제단)' 이라는 뜻으로, 예루살렘을 암시한다. 하나님께서 아리엘을 괴롭게 하신다. 징계하신다는 말이다. 그곳이 피로 얼룩지자 슬픔과 애곡이 넘친다. 대적이 예루살렘을 포위하고 공격하면 성 사람들은 기가 죽는다. 그들의 목소리가 마치 땅속에서 들려오는 유령의 목소리, 먼지 바닥에서 중얼거림과 같다. 기가 질려 목소리조차 제대로 나오지 않는다. 이것은 예루살렘이 적의 공격을 받아 아주 낮아지고 연약해질 것을 말한다.

5-8절은 하나님의 간섭하심으로 예루살렘을 침략한 아시리아 군이 패망할 것을 말하고 있다. 그러나 예루살렘을 치는 잔인한 대적들은 바람에 날아가는 겨나 티끌처럼 될 것이다. 하나님께서 예기치 않은 때에 갑자기 뇌성과 지진과 큰소리와 회오리바람과 폭풍과 무서운 불꽃을 일으켜 그들을 벌하시기 때문이다. 예루살렘과 싸우는 모든 나라는 밤에 환상을 보는 듯 헛수고를

할 것이다. 굶주린 자와 목마른 자가 먹고 마시는 꿈을 꾸어도 깨고 나면 여전히 배가 고프고, 갈증을 느끼는 것처럼 예루살렘을 치는 자들도 승리를 꿈꾸지만 실패하고 말 것이다. 하나님의 간섭으로 패배하고 만다는 말씀이다.

2. 하나님을 무시함이 징계의 원인(9-16절)

9-16절에서 이사야는 예루살렘이 왜 또 다시 심판을 받을 수밖에 없게 되었는가를 말하고 있다. 9-12절은 유다 백성들이 하나님의 말씀을 전혀 알아듣지 못하기 때문임을 밝히고 있다.

놀랄 일이 발생한다. 유다가 눈이 멀고 앞 못 보는 사람이 될 것이기 때문이다. 포도주나 독주도 마시지 않았는데 취하고 비틀거린다. 하나님께서 깊이 잠들게 하는 영(the spirit of deep sleep)을 보내셔서 너희를 깊은 잠에 빠지게 하셨다. 그로 인해 하나님의 말씀을 대언하는 선지자들도, 계시를 보는 선견자들(the seers)도 눈이 멀어 제 구실을 하지 못한다.

그러므로 모든 예언의 계시가 너희에게는 봉해진 책, 곧 밀봉된 두루마리의 책과 같을 것이다. 그것을 글을 읽을 줄 아는 자에게 주어 읽어 보라고 해도 밀봉되어 있어 읽을 수 없다고 말할 것이고, 글을 모르는 자에게 주어 읽으라 하면 나는 읽을 줄 모른다 할 것이다.

13, 14절은, 하나님의 뜻이 이처럼 가리어진 것은 유다 백성들의 형식적인 신앙 때문임을 밝히고 있다.

주께서 말씀하신다. "이 백성이 입으로는 나를 가까이 하며 입술로는 나를 공경하나 그들의 마음은 내게서 멀리 떠났나니 그들이 나를 경외함은 사람의 계명으로 가르침을 받았을 뿐이라." (13절) "사람의 계명" (commandment of men)은 하나님의 계명과는 달리 인간의 전통적 교훈과 관습을 말한다. 그들의 신앙은 사람의 가르침이나 규정, 곧 형식적인 신앙에 얽매여 있다는 말이다. 그러므로 내가 다시 한 번 놀랍고 기이한 일로 이 백성을 놀라게 할 것이다. 지혜로운 사람들에게서 지혜가 없어지고, 총명한 사람들에게서 총명이 사라질 것이다(14절). 무서운 심판으로 그들이 의지하던 인간의 지혜는 쓸모없는 것이 되고 말 것이다.

자기 계획을 하나님께 숨기려 하는 자들에게는 화가 있을 것이다. 그들은 어두운 곳에서 남 몰래 음모를 꾸미는 자들이다. 그러면서 "누가 우리를 보랴. 누가 우리를 알랴." 한다(15절). 하나님은 다 보고 계신다. 누가 하나님을 속일 것인가.

너희의 어리석음이 아주 심하다. 토기장이를 어찌 진흙과 같은 것으로 생각할 수 있느냐? 어떤 물건이 그것을 만든 사람을 보고 "너는 나를 만들지 않았다", "너는 아무것도 모른다." 하고 말할 수 있느냐?(16절) 몰래 창조주와 피조물을 나란히 놓으려는 것은 어리석은 일이다. 마찬가지로 하나님과 인간의 자리를 몰래 바꾸려 하는 것도 어리석은 일이다.

3. 징계 후에 있을 은총의 날(17-24절)

17-24절은 심판 이후 회복에 관한 예언이다. 전체적으로 변혁이 있을 것을 말하고 있다.

17절은 오래지 않아 레바논, 곧 울창한 숲이 기름진 밭(경작지)으로 변하고, 기름진 밭이 다시 숲(밀림)으로 변할 것을 말하고 있다. 아시리아가 무너지고 유다가 곧 강한 민족이 될 것으로 해석하는 학자도 있지만 앞으로 다음과 같은 큰 변혁이 일어나는 것으로 해석한다.

변혁의 첫째는, 그때 귀머거리가 책 읽는 소리를 들을 것이고, 어둡고 캄캄한 데 사는 소경들이 눈을 떠서 보게 될 것이다(18절). 이것은 9-12절의 예언을 염두에 둔 것으로 이사야 31:5, 61:1에 다시 나타난다. 백성들이 하나님의 뜻을 깨닫고 하나님의 말씀을 지키게 되리라는 것이다. 예수님도 병을 고치신 사건에서 이 예언이 이루어졌음을 말씀하였다(마 11:5).

둘째, 가난하고 겸손한 자들이 이스라엘의 거룩하신 하나님께서 주시는 기쁨을 다시 누리게 된다(19절). 가난하고 겸손한 자는 스스로 설 힘이 없어 자신의 모든 것을 하나님께 맡기는 자를 가리킨다.

셋째, 악한 자, 특히 악한 지도자가 멸망당한다. 사람을 괴롭히는 포악한 자들이 사라지고, 오만한 자들이 자취를 감추며, 죄 지을 기회를 엿보던 자들은 모두 끝장이 난다(20절). 그들은 중상모략으로 다른 사람에게 죄를 뒤집어씌우고, 성문에서 시비를 가리는 재판관을 올가미로 걸어 넘어뜨리고, 거짓증언과 같은 헛된(*battohu*, empty) 말로 의로운 사람을 억울하게 하는 자들이다(21절).

변혁의 마지막은, 이스라엘이 소외와 수치에서 회복되는 것이다. 아브라함을 구속하신 하나님께서 말씀하신다. "야곱이 이제는 부끄러워하지 아니하겠고 그의 얼굴이 이제는 창백해지지 아니할 것이다."(22절) 더 이상 하나님을 섬김으로 인해 조롱이나 멸시를 받을 두려움이나 부끄러움을 당하지 않는다. 하나님께서 놀라운 방법으로 그들을 구원하시기 때문이다.

"그의 자손은 내 손이 그 가운데에서 행한 것을 볼 때에 내 이름을 거룩하다 하며 야곱의 거룩한 이를 거룩하다 하며 이스라엘의 하나님을 경외할 것이며"(23절) 구원함을 입은 하나님의 백성은 두려운 마음으로 하나님을 찬양하고 경외하게 된다.

"마음이 혼미하던 자들도 총명하게 되며 원망하던 자들도 교훈을 받으리라."(24절) 하나님의 거룩하신 능력이 놀랍게 드러나자 그동안 마음에 의혹이 있던 자나 하나님을 원망하던 자도 모두 돌이켜 하나님의 말씀을 받게 된다.

이사야서 30장

이집트를 의뢰하는 유다에 대한 경고, 그의 백성을 돌보시는 하나님, 아시리아에 임할 심판

1. 이집트를 의뢰하는 유다에 대한 경고(1-17절)

1-7절은 하나님께 의존하기보다 이집트와 동맹을 맺어 아시리아에 맞서려는 유다의 죄와 어리석음을 지적하고 있다.

하나님은 자신의 뜻과 달리 이집트와 동맹을 맺는 것은 죄를 더하는 것이며 이 죄를 짓는 자들에게 화가 있으리라 경고하셨다. 그들은 하나님에게 물어 보지도 않고 이집트의 그늘에 피하고자 했다. 그러나 바로는 유다를 도울 힘이 없을 것이고, 그의 보호를 받으려 하는 자들은 수치를 당하리라. 유다의 대신들이 제25왕조의 북부 수도 소안(Zoan)에 가 있고, 사신들이 이미 이집트 성읍 하네스(Hanes)에 이르렀지만 무슨 소용이 있겠는가. 도움은커녕 수치와 모욕 밖에 받을 것이 없고 결국 후회하게 될 것이다.

하나님은 네게브 짐승, 곧 군사적 도움을 받기 위해 각종 예물을 싣고 남방(네게브)을 지나가는 나귀와 약대에 대해 말씀하신다. 유다 사신들이 이 짐승 등에 예물을 잔뜩 싣고 사자와 독사와 뱀이 우글거리는 위험한 땅을 지나 아무 도움이 되지 못하는 이집트로 갔다. 이집트의 도움은 아무 쓸모가 없다. 그래서 내가 이집트를 '가만히 앉은 라합' 이라 했다. 라합(Rahab)은 '떠벌리는 자', '자랑하는 자', '힘' 이라는 뜻을 가지고 있다. 믿을 게 못되는 힘, 곧 종이 호랑이라는 말이다. 라합은 혼돈을 지배하는 전설상의 괴물 이름이다. 전설에 따르면 라합은 창조주에게 반항했다가 패망하여 무력하게 되었다. '가만히 앉은' 이란 무기력하게 되었다는 뜻이다. 따라서 이집트가 힘을 쓰지 못하고 유다에 도움이 되지 못할 것을 말한다. 유다의 도움은 오직 하나님께만 있다.

8-14절은 유다가 하나님을 불신하고 인간을 의지하게 되면 패망을 당할 것을 말씀하고 있다.

하나님은 유다 백성의 악한 소행을 서판과 책에 기록하여 그것을 후세에 영원히 남기도록 하셨다. 유다의 불순종을 드러내기 위한 것이다. 하나님은 이 백성을 하나님을 거역하는 패역한 백성, 거짓말 하는 자식들, 여호와의 법(가르침)을 듣기 싫어하는 자식들이라 하셨다. 그들은 선견자들에게 "계시를 보지 마라" 하고, 선지자들에게 "우리에게 진실을 예언하지 마라." 하며, 부드러운 말(솔깃한 말)이나 거짓된 것(터무니없는 이야기)이나 하도록 요구한다.

그들은 하나님의 길에서 돌아서고 하나님에 대해 더 이상 듣고 싶지 않다고 한다(11절). 하나님은 그들의 죄악에 대해 철저히 응징하시겠다고 하신다. 하나님의 말씀을 무시하고 오히려 억압과 거짓말을 믿고 따르니 이 죄를 물어 갈라진 높은 담이 순식간에 무너지는 것처럼 무너지고 (13절) 토기장이가 그릇을 산산이 깨뜨리는 것처럼 유다를 박살 낼 것이라(14절) 하셨다.

하나님은 유다가 회개하고 하나님께 돌아와 말없이 하나님을 신뢰할 때 구원을 얻고 힘을 얻을 수 있을 터인데(15절) 오히려 말 타고 빨리 도망하리라 호언한다. 이집트라는 말을 타고 위험을 벗어나겠다는 말이다. 하나님은 이런 생각을 비웃으신다. 원수들의 말이 더 빠르게 추격해올 것이고, 또 적 한 사람이 위협하면 너희 천명이 달아날 것이며, 적 다섯 명만 나타나도 너희는 다 달아나 남은 자는 산꼭대기의 외로운 깃대와 같을 것이라(16, 17절) 하셨다. 혼비백산하여 도망하기 바쁠 것이란 말이다.

2. 그의 백성을 돌보시는 하나님(18-26절)

그럼에도 불구하고 하나님은 그들을 기다리고 일어서신다. 불쌍히 여겨 그들에게 은혜를 베풀기 위함이다. 이사야는 하나님을 기다리는 자는 복이 있다고 말한다(18절).

기다리는 자는 더 이상 인간을 의지하지 않고 하나님을 바라보며 그의 자비를 구하며 하나님의 은혜를 기다리는 자다. 그들이 하나님께 부르짖을 때 들으시고 응답하시며 은혜를 베푸신다(19절). 이사야는 주실 은혜의 모습을 다양하게 제시하고 있다.

1) 유다가 잘못할 때 환난의 떡과 고생의 물을 주시지만 그가 직접 스승이 되어 너희를 가르치실 것이다(20절). 바른 길에서 벗어나 방황하면 바른 길이 여기 있다 말씀해주신다(21절). 너희는 우상을 때려 부수고 불결한 물건을 집어 던지듯 내 던지며 "사라져라" 외칠 것이다(22절).

2) 풍요를 가져다주신다. 농작물이 잘 자라도록 비를 주시고 수확이 풍성하게 하신다. 가축도 넓은 목장에서 마음껏 풀을 뜯어먹게 하신다(23절). 가축도 제일 맛있는 사료를 먹을 것이다(24절). 하나님께서 유다를 괴롭혔던 원수들을 치시는 날에는 모든 산과 골짜기에 물이 넘쳐흐를 것이다(25절). 자연도 회복된다.

3) 치유와 회복이 일어난다. 하나님께서 자기 백성이 아시리아로부터 받은 상처를 싸매시고 고치시는 날에는 달이 해처럼 밝을 것이고, 햇빛은 7배나 더 밝아 7일 동안의 광량에 맞먹는 빛을 낼 것이다(26절). 유대백성들이 환난과 고통의 어두운 터널을 지나고 나면 그들에게 광명의 날이 올 것이라는 말씀이다.

3. 아시리아에 임할 심판(27-33절)

이 단락에서는 이사야가 유다를 침입한 아시리아에 대해 하나님께서 심판하실 것을 예언하고 있다.

하나님께서 크게 분노하셔서 빽빽한 구름에 둘러싸여 멀리서 오신다. 그가 말씀하시니 그 말이 맹렬한 불길과 같다(27절). 분노를 홍수처럼 쏟아 교만한 민족들을 쓸어버리시고, 그들의 입에 파멸의 재갈을 물리신다(28절). 하지만 하나님의 백성들은 거룩한 절기의 밤을 즐기듯이 노래를 부를 것이며 피리 소리에 맞춰 이스라엘의 반석 되시는 여호와의 성전으로 올라가는 자들처럼 마음이 즐거울 것이다(29절). 하나님께서 모든 사람들에게 그의 장엄한 목소리를 듣게 하시고 무서운 화염과 폭우와 폭풍과 우박으로 그의 분노를 느끼게 하실 것이다(30절).

하나님이 벌하실 때 아시리아 사람들은 여호와의 음성을 듣고 두려워 떨 것이고, 하나님의 백성들은 소고를 치고 수금을 타며 기뻐할 것이다(31, 32절). 오래 전에 큰 불로 아시리아 왕을 태울 화장터, 도벳(Tophet)이 마련되었으니 그것은 나무를 잔뜩 쌓아 올린 깊고 넓은 장소이다. 하나님께서 유황불과 같은 불을 토해 그곳을 완전히 태워 버릴 것이다(33절). 도벳은 몰렉에게 어린 아이를 희생 제물로 바쳤던 예루살렘 외곽지역이다. 산 사람을 불사르는 곳이다. 도벳이 마련되었다는 것은 아시리아 왕을 산채로 태울 준비를 마쳤다는 것이다.

이사야서 31장

하나님을 의지하지 않는 자의 멸망

1. 너희가 믿는 이집트는 망한다(1-3절)

31장에서 이사야는 유다가 아시리아의 침략을 두려워하여 이집트의 도움을 받으려 한 것에 대해 책망을 하고 있다.

이사야는 유다가 이집트의 군사력, 곧 군마와 병거 그리고 강한 기마병을 의지하고 하나님을 바라지도 찾지도 않은 것을 지적했다(1절). 그것은 하나님을 불신하는 것이기 때문이다.

그러나 주님께서는 지혜로우셔서(*hakam*, wise), 재앙을 내리실 것이다. 주님은 마음을 바꾸지 않으시고, 일어나셔서 악을 일삼는 자의 집을 치시며, 악한 일을 돕는 자를 치실 것이다(2절). 이사야 29:11-16에 따르면 유다 백성이 하나님의 지혜에 대해 의심한 것을 볼 수 있다. 이사야는 유다가 하나님을 의심하며 이집트와의 동맹 맺은 것을 책망하고 있다.

이집트 사람들은 인간에 불과할 뿐 하나님이 아니다. 그들의 군마도 고기 덩어리일 뿐 영이 아니다. 하나님께서 손을 들어 치시면 돕는 자도 넘어지고 도움을 받는 자도 쓰러져 다 함께 멸망할 것이다(3절). 이집트는 하나님과 비교될 수 없음을 말해주고 있다. 눈에 보이는 이집트가 전부가 아니다. 보이지 않는 하나님의 무한하신 지혜와 권능을 보라는 말이다.

2. 시온은 구원받고 아시리아는 망한다(4-9절)

4, 5절은 유다를 위해 싸우시고 보호하시는 하나님의 모습을 두 가지로 표현하고 있다.

하나는, 사자의 모습이다. 먹이를 움키고 있는 사자가 목자들의 대드는 소리에 굴복하지 않고 끝까지 먹이를 지키는 사자처럼 하나님이 시온 산과 그 언덕에서 유다를 위해 싸우신다(4절).

다른 하나는, 자기 새끼를 보호하는 어미 새의 모습이다. 새가 자기 새끼를 보호하는 것처럼 하나님은 예루살렘을 안전하게 보호하실 것이다. 감싸주고 건져주며 다치지 않게 뛰어넘어 예루살렘을 구원하신다(5절).

6, 7절에서 이사야는 하나님께서 이스라엘을 지키실 것이므로 그에게 돌아오라 호소한다. 이스라엘이 지금까지 거역하고 죄를 범했지만 이제는 그분께 돌아오라는 것이다(6절). 왜냐하면 그 날이 오면 너희 각 사람이 너희 손으로 직접 만든 우상들을 다 내던져야 하기 때문이다(7절).

그뿐 아니다. 유다를 괴롭힌 아시리아는 멸망한다. 사람의 칼이 아니라 여호와의 칼에 망하고 만다. 아시리아 사람들은 그 칼 앞에서 도망하고 그 젊은 이들은 노예로 잡혀간다(8절). 하나님에 의해 아시리아가 멸망할 것을 예언하고 있다.

그의 반석, 곧 아시리아 왕은 두려워서 달아나고, 겁에 질린 그의 지휘관들은 기를 버리고 도망한다. 하나님께서 그리 말씀하셨으니 그대로 이뤄질 것이다. "여호와의 불은 시온에 있고 여호와의 풀무는 예루살렘에 있느니라."(9절) 여호와의 불(*ur*, fire)과 풀무(*tannur*, furnace)는 제단에서 타오르는 거룩한 불과 하나님 앞에서 타오르는 불을 말한다. 시온에 있는 하나님의 제단에서 늘 타고 있다. 하나님이 진노하시면 그 불이 아시리아 군대를 태울 것이다. 불과 풀무는 아시리아 군대에 대한 하나님의 심판을 상징한다.

이사야서 32장

장차 올 의의 나라와 메시야의 통치

1. 장차 올 의의 나라(1-8절)

1-8절은 앞으로 올 의의 나라를 묘사하고 있다. 이 나라가 메시야의 왕국인가에 대해서는 여러 의견이 있다. 악한 왕 아하스 때와는 달리 의를 베풀 히스기야 왕이 등장하게 될 것이며, 그의 통치가 바로 장차 올 메시야 왕국의 그림자라는 주장이 강하다.

장차 공의로 통치할 한 왕이 나오고 그의 통치자들도 정의로 다스릴 것이다(1절). '한 왕' (*melek*, a king)은 가까이는 히스기야를, 멀리는 메시야를 가리킨다. 그 왕은 광풍을 피할 수 있는 피신처, 사막에 흐르는 물, 메마른 땅에 큰 바위 그늘과 같을 것이다(2절). 우리의 피난처가 되신다.

그 때 사람들은 이사야 6:9과는 달리 하나님을 보는 눈이 열리고, 그의 음성을 듣게 될 것이다(3절). 성급한 자들, 곧 앞뒤 생각지 않고 분별력 없이 행동하는 자도 진리를 깨닫게 되고, 말을 더듬는 자, 곧 신령한 일을 경시하거나 무지한 자도 분명하게 그 진리를 말하게 될 것이다(4절). 그 때에는 백성들의 영적인 눈이 열려 어리석은 자(*lenabal*, foolish person, 기회만 되면 자기의 권위를 내세우는 자)나 우둔한 자(*lekilay*, miser, 간교하고 인색한 자)를 존귀하다 하지 않을 것이다(5절).

어리석은 자와 간교한 자가 왜 존중을 받지 못할까. 어리석은 자는 어리석은 것을 말하고 악한 것을 생각하며 말과 행동으로 하나님을 모독하고 굶주린 자에게 먹을 것을 주지 않으며 목마른 자에게 마실 것을 주지 않기 때문이다(6절). 우둔한 자는 악해서 간계를 꾸미며 가난한 자가 바른 말로 정당한 권리를 주장해도 거짓말로 그들을 파멸시키기 때문이다(7절).

그러나 존귀한 자(*nadib*, the noble), 곧 생각이 바르고 경건한 자는 다르다. 존귀한 사람은 고귀한 일을 계획하고, 그 고귀한 뜻을 펼치며 산다(8절). 의의 나라는 바로 고귀한 것을 도모하는 존귀한 자에게서 나타난다.

2. 안일한 여인들에 대한 경고(9-14절)

9-14절에서 이사야는 안일한 예루살렘 여인들을 향해 자신의 목소리를 들으라 한다. 유다가 몰락하고 예루살렘이 황폐하게 되기 때문이다.

아무 걱정 없이 사는 예루살렘 여인들아. 내 말에 귀를 기울이라. 내년 이 맘때에는 수확할 포도와 열매가 없어 근심으로 사로잡히게 될 것이다(9, 10절). 곧 재난이 닥쳐올 것이라는 말씀이다. 염려 없이 안일하게 사는 자들아, 이제는 두려움으로 떨며 너희 옷을 벗고 베를 허리에 동이라(11절). 이제 안일한 마음을 버리고 회개의 자리로 나아가라는 것이다.

이제 가슴 칠 일이 발생한다. 좋은 밭이었는데 밭농사와 포도농사를 망칠 것이다. 가슴을 쳐라. 나의 백성이 사는 땅에 가시덤불과 찔레나무가 자랄 것이다. 가슴을 쳐라. 기쁨이 넘치던 모든 집과 흥겨운 소리 그치지 않던 성읍이 기쁨이 사라졌다. 가슴을 쳐라(12, 13절).

여인들이 가슴을 쳐야할 이유가 있다. 궁전은 폐허가 되고, 붐비던 도성은 텅 비고, 요새(*opel*, forts)와 탑이 영원히 돌무더기가 되어서, 들 나귀들이 뛰놀고 양 떼가 풀을 뜯는 곳이 될 것이기 때문이다(14절). 14절은 13절에 대한 부연설명이기도 하다.

3. 정의와 평화를 내리시는 주(15-20절)

15-20절은 아시리아의 침략이 지난 다음 유다에 임할 평화를 보여주고 있다. 아울러 이것은 성령이 역사하시면 어떻게 달라지는가를 보여준다.

예루살렘이 황폐된다 해도 하나님께서 저 높은 곳에서부터 우리에게 성령(*ruah*, the Spirit)을 부어 주시면 황무지는 아름다운 밭, 곧 기름진 땅이 되고 그 밭을 숲으로 여기게 되리라. 황무지가 온갖 곡식을 풍성하게 내는 곡창지대가 된다(15절). 성령이 부어지면 개혁이 선변적으로 일어난다. 땅이 회복되어 제 기능을 발휘하고 우리도 달라진다.

그때 광야에 정의(justice)가 자리 잡고 아름다운 밭에 공의(righteousness)가 머문다(16절). 정의와 공의가 새 시대의 키워드가 된다. 온 땅에 정의가 실현되는 것이다.

공의의 열매(*maaseh*, the work)는 평화이고, 공의의 결실(*abodat*, the effect)은 영원한 평안과 안전이다(17절). 하나님의 백성은 평화로운 집에서 살며 안전한 거처, 평온히 쉴 수 있는 곳에서 살 것이다(18절). 비록 삼림이 우박에 쓰러지고 성읍이 완전히 무너져 내린다 해도(19절) 씨를 뿌리는 곳마다 물이 넉넉하고, 어디에서나 안심하고 소와 나귀를 키울 수 있으리라. 하나님 안에 거하는 너희는 복이 있다(20절).

이사야서 33장

구원을 비는 기도, 일어나시는 주님, 영광스러운 예루살렘의 내일

1. 구원을 비는 기도: 여호와여 우리에게 은혜를 베푸소서(1-6절)

33장은 전체적으로 아시리아는 패망하지만 예루살렘은 안전하리라는 것을 말씀하고 있다. 1-6절은, 아시리아가 머지않아 하나님의 절대적인 간섭으로 패망할 것을 예언하고 있다.

약탈 한 번 당하지 않고, 남을 약탈하기만 한 아시리아, 늘 속이기만 한 너, 곧 유다로부터 은과 금을 받고 화평을 약속하고도 계속 침략을 일삼은 너에게 재앙이 닥칠 것이다. 너의 약탈이 끝나면 네가 바로 약탈을 당할 것이며 너의 배반이 끝나면 네가 배반을 당할 것이다(1절).

하나님, 우리에게 은혜를 베푸소서. 우리가 주를 사모합니다. 주는 매일 우리의 힘이 되시고 우리가 환난을 당할 때 우리를 구원하소서(2절). 이사야는 기도하며 하나님만이 유다의 힘이요 구원자가 되신다고 아뢴다.

주님의 우렁찬 음성을 들으면 원수들이 달아나고 주께서 일어나시면 모든 민족이 흩어지리라(3절). 메뚜기 떼가 들판을 덮치듯이 예루살렘 사람들이 아시리아 군대를 덮쳐 원수들이 약탈한 전리품을 빼앗으리라(4절). 하나님은 높은 곳에 계시는 지극히 존귀하신 분이시라 그가 예루살렘을 정의와 공의의 고장이 되게 하실 것이다(5절).

"네 시대에 평안함이 있으며 구원과 지혜와 지식이 풍성할 것이니 여호와를 경외함이 네 보배니라."(6절). 주님은 언제나 자기 백성에게 풍성한 구원을 베풀며 그들에게 지혜와 지식과 안정을 주실 것이다. 그러므로 성도들의 가장 큰 보화는 두려운 마음으로 주님을 섬기는 것이다.

2. 대적들에 대한 하나님의 경고: 주께서 일어나신다(7-16절)

아시리아의 침략을 받을 때 유다는 아시리아에 사신을 보내 화친을 청했었다. 하지만 아시리아는 침략을 중단하지 않았다. 결국 유다의 용사들이 거리에서 살려 달라고 울부짖고, 화친에 에 나섰넌 사절이 슬피 운다(7절). 대로가 황폐하고 행인이 끊어졌다. 교통이 막히고 상거래조차 끊어졌다. 아시리아 왕 산헤립은 히스기야가 보낸 재물을 받고 화친을 약속했지만 약속과는 달리 예루살렘을 함락시키려고 군대를 보냈다. 대적이 조약을 파하고 성읍들을 멸시하며 사람을 생각하지 아니한다는 것은 이런 상태를 표현하고 있다(8절). 땅이 슬퍼하고 쇠잔하다. 침략으로 인해 농장과 목장이 황폐하게 되었다는 말이다. 좋은 나무로 뒤덮인 산지 레바논도, 비옥한 평야지대인 사론도, 과일이 많이 나는 바산과 갈멜도 예외가 아니다(9절).

하나님께서 말씀하신다. "내가 이제 일어나서 내 능력과 힘을 보이겠다."(10절) 더 이상 지체하지 않고 간섭하시겠다는 말씀이다. "너희는 겨를 잉태하여 지푸라기를 낳는다." 이 말은 아시리아가 유다를 침략하기 위해 악한 계교(겨)를 품고 실행에 옮긴다는 것이다. 하지만 "너희의 호흡은 불이 되어 너희를 삼킬 것이다." 악한 계교로 인해 스스로 멸망할 것이다. 아시리아는 제 꾀에 속아 넘어간다는 말씀이다(11절).

아시리아 군대는 불에 가열하면 잘 부서지는 횟돌(석회)처럼 되고, 불에 쉽게 타는 가시나무처럼 될 것이다(12절). 강한 아시리아 군이 속히 패전하게 된다는 말씀이다. 그러므로 먼 곳에 있는 자들은 내가 무슨 일을 하였는지 들어 보고, 가까운 곳에 있는 자들은 나의 권능을 깨달으라(13절). 어느 곳에 있던 하나님의 힘이 얼마나 강한가를 알라는 것이다.

하나님의 진노가 적군에게 내리는 것을 본 시온의 죄인들과 경건하지 않은 자들이 두려움에 사로잡혀 말한다. "우리 가운데 누가 사르는 불을 견디어 내고, 꺼지지 않는 불덩이를 견디어 내겠는가?"(14절). 하나님의 심판 앞에서 죄인은 결코 살아남지 못하겠다는 것을 스스로 깨닫게 된다. 악인은 심판을 견디지 못한다.

하지만 의롭게 사는 자, 정직하게 말하는 자, 권세를 부려 가난한 사람의 재산을 착취하는 일은 아예 생각하지도 않는 사람, 절대로 뇌물을 받지 않는 자, 살인 음모에 귀를 기울이지 않는 자, 눈을 감아 악을 보지 않는 자(15절), 이런 자들은 다 하나님의 심판의 불 앞에서도 살아남을 수 있을 것이다. 적군이 쳐들어와도 그들은 튼튼한 요새 안에 있는 것처럼 안전한 보호를 받을 것이며, 먹을 것과 마실 것이 그들에게서 떨어지지 않을 것이다. 비축된 양식을 공급받게 된다(16절). 15절은 의인이 어떤 사람들인가를 보여준다. 죄악에 단호히 대처하는 사람들이다. 16절은 그들의 행위가 보상받을 것임을 보여준다.

3. 영광이 회복된 예루살렘: 네 눈이 그의 영광을 보리라(17-24절)

"네 눈은 왕을 그의 아름다운 가운데에서 보며 광활한 땅을 눈으로 보겠고."(17절) 하나님이 침략군을 치심으로 유다의 왕권은 회복된다. 또한 그동안 예루살렘 성에 갇혀있던 백성들이 자유를 얻어 너른 땅을 보게 된다.

아시리아 군대가 너희 성 밖에서 너희 망대를 세며 너희 성에서 거둬들일 조공이 얼마나 될지 계산하던 공포의 시절은 이제 지나간 추억이 될 것이다(18절). 지난날 무서웠던 일들을 돌이켜보며 격세지감을 느끼게 된다는 말이다.

네가 알아들을 수도 없는 언어로 강포를 일삼던 악한 이방인들을, 다시는 더 보지 않을 것이다(19절). 이것은 하나님의 구원이 유다에 확실히 임할 것임을 보여준다.

20-22절은 아시리아 군대가 물러간 뒤 예루살렘에 평화가 임하고 안전하게 될 것을 예언한다.

이제 백성들은 예루살렘에서 마음껏 절기를 지킬 수 있게 된다. 예루살렘은 옮겨지지 않을 장막과 같다. 장막의 말뚝이 영원히 뽑히지 않을 것이고, 그 줄이 하나도 끊어지지 않을 것이다(20절). 예루살렘이 안정되고 일상을 회복하게 된다. 질기도 마음껏 지킬 수 있다.

하나님은 우리의 능력이 되신다. 그러므로 예루살렘은 대적의 배나 적군의 군함이 감히 접근할 수 없는 넓은 강으로 둘러싸인 피난처와 같을 것이다(21절). 예루살렘이 강으로 둘러싸인 요새지와 같을 것이라는 말씀이다. 이 모두 하나님께서 보호하시기에 가능한 일이다.

예루살렘이 견고한 이유가 있다. 하나님은 우리의 재판장이시고, 율법을 주신 분이시며, 우리의 왕이시기 때문이다. 그분이 우리를 구원하신다(22절).

적의 배 돛대가 부러지고 돛 줄이 풀려 그 용구들이 쓸모없게 되면, 즉 아시리아가 패배당하여 완전히 무력해지면 하나님의 백성들이 그들의 재물을 약탈하여 나눌 것이다. 절름발이도 자기 몫을 얻을 것이다(23절). 이것은 아시리아가 완전히, 그리고 철저히 패배 당하게 된다는 말이다.

시온에 사는 사람들은 아무도 병들었다고 말하지 않을 것이며 그들은 자기들이 지은 죄에 대하여 다 용서받을 것이다(24절). 유다 백성은 하나님의 이크신 구원을 보고 하나님을 더 의지하는 자가 되지 불신하는 병에 걸리지 않을 것이다. 하나님을 의지하는 백성은 죄를 용서받는다.

이사야서 34장

열국에 대한 하나님의 심판과 에돔의 최후

1. 모든 민족들아 나와서 들으라(1-17절)

34장은 열국(nations), 곧 하나님을 대적하고 그의 백성을 압박하는 모든 나라와 민족에 대한 경고의 메시지다. 1-4절은 열국, 곧 모든 대적에 대한 경고이다.

하나님과 그의 백성을 대적하는 나라와 민족은 들으라. 땅과 세상과 그 안에 있는 모든 것들, 곧 모든 피조물들은 들으라(1절). 여호와께서 세상 나라들과 그 모든 군대에게 분노하셨다. 그들을 진멸하고, 무참하게 죽임을 당하도록 하실 것이다(2절). 죽임을 당한 그들의 시체가 매장되지 못한 채 그대로 썩어 악취가 나고, 산들이 온통 그들의 피로 물들어 황폐하게 될 것이다(3절). 그때 해와 달과 별들이 녹아지고(shall be dissolved) 하늘이 두루마리처럼 말리며 하늘의 모든 별들이 마른 나뭇잎이나 익은 과일이 떨어지듯 떨어질 것이다(4절). 이것은 하나님의 심판이 아주 무섭고 강하게 전개될 것을 시적으로 표현한 것이다.

5-15절은 열국 중에서 특히 에돔을 들어 하나님의 심판을 선언하고 있다. 에돔을 하나님의 백성을 대적한 대표적인 나라로 지칭하고 있다. 에서의 후손인 에돔은 유다와 친족관계임에도 불구하고 유다를 괴롭혔고, 예루살렘의 멸망을 기뻐했다.

나의 칼이 하늘에서 흡족하게 마셨으니, 그 칼이 이제 에돔을 칠 것이다(5절). 열방을 심판하는 가운데 에돔에 대한 심판도 잊지 않을 것임을 말한다. 여호와의 칼이 어린 양이나 염소 등 희생제물을 죽일 때처럼 에돔 사람들의 피와 기름으로 흠뻑 젖을 것이다. 에돔에서 난공불락의 성으로 알려진 보스라에서 많은 사람이 죽을 것이다(6절). 들소와 송아지와 수소가 함께 도살장에 내려간다. 에돔의 각계각층의 사람들이 죽임을 당한다는 말이다. 그로 인해 그 땅이 피로 물든다. 흙이 기름으로 뒤덮인다. 무덤에도 묻히지 못할 만큼 치욕을 당한다(7절).

이 때가 바로 하나님께서 복수하시는 날이다. 시온을 구하여 주시고 대적을 파멸시키심으로 유다의 억울함을 풀어주시는 해이다(8절).

에돔의 강들은 역청으로 변할 것이다. 그 흙은 유황이 되고 그 온 땅은 역청으로 불이 붙어 밤낮으로 꺼지지 않고 그 연기가 끊임없이 치솟는다. 그 땅은 대대로 황폐하여 그리로 지나가는 자가 없을 것이다(9절). 에돔이 소돔과 고모라처럼 멸망한다는 말이다.

에돔 땅은 황폐하게 된다. 하나님께서 그 땅을 쑥밭으로 만들자 당아새(*qaat*, pelican), 고슴도치, 부엉이, 까마귀 등 온갖 부정한 새들이 그 땅을 차지한다. 하나님께서 그 위에 혼란(confusion)의 줄과 공허(emptiness)의 추를 드리우신다. 의와 공평의 척도는 없고 파멸의 척도만 있어 나라를 재건하기 어렵다(10절). 에돔을 다스릴 왕이 없을 것이고, 지도자들도 모두 사라져 없으리라(11절). 통치자가 없어 나라는 혼란에 빠진다. 그리고 궁과 요새화된 성에는 가시나무와 엉겅퀴가 무성하게 자라 이리와 타조가 살고, 들짐승, 밤의 괴물, 부엉이, 솔개의 터로 변한다(12절). 에돔에 주민이 없고, 무서운 짐승들만이 살 정도로 폐허가 될 것이라는 예언이다.

16, 17절은 이 예언이 그대로 이뤄질 것을 강조하고 있다. 너희는 에돔이

멸망한 후 여호와의 책(*seper*, the book), 곧 이 예언의 책을 읽게 될 것이다. 그 때 하나님이 앞서 말씀하신 이 짐승들 가운데서 어느 것 하나 빠지는 것이 없으리라. 하나님은 이 짐승들에게 에돔 땅을 분깃으로 주기 위해 친히 제비를 뽑고 줄을 띠시리라. 그리고 그 짐승들이 영원히 그 땅에서 살 것이다. 하나님을 대적한 에돔 사람들에게 줄 몫은 하나도 없다는 말씀이다.

이사야서 35장

택한 백성이 누릴 구원의 축복

1. 메마른 땅이 여호와의 영광을 보리라(1-10절)

34장이 에돔 땅이 하나님의 진노로 황무지로 변하게 될 것을 예언하였다. 35장은 이와는 대조적으로 하나님의 은혜로 황무지가 풍요의 땅이 될 것을 예언하고 있다. 곤경에 처한 하나님의 백성들에게 위로와 소망, 그리고 용기를 주시는 메시지로, 고난 가운데서도 하나님의 선하신 손길을 의지하고 구원을 바라보게 한다. 이것은 택한 백성이 누릴 구원의 축복을 나타낸 것으로 영광스러운 메시야의 시대를 나타낸 것이기도 하다. 1, 2절에서 소망이 없는 황무지가 크게 기뻐한다. 무성하게 꽃이 피기 때문이다.

광야와 메마른 땅이 기뻐하며 사막(*arabah*, desert)에도 꽃이 필 것이다(1절). 황무지에 꽃이 피는 것은 하나님의 은혜 때문이다. 하나님께서 은혜를 주시어 죄로 물든 사회, 황폐해진 인간을 회복시키실 때 우리는 달라진다.

사막이 기쁜 노래로 즐거워하며 레바논 산처럼 푸르고 갈멜과 사론의 목장처럼 아름다울 것이며 모든 사람이 여호와의 영광(glory)과 우리 하나님의 위대하심(*hadar*, excellency, majesty)을 보게 될 것이다(2절). 33:9에서 레바논, 갈멜과 사론은 황폐화되었다. 하지만 이제 하나님은 그곳을 풍요의 곳으로 바꿔주신다. 완전한 회복을 통해 하나님의 영광과 그의 위대하심을 본다.

3, 4절은 이처럼 영광스러운 변화를 바라보면서 자신뿐 아니라 서로를 격

려할 것을 주문한다.

너희는 약하고 힘없는 자들을 격려하고 붙들어 주라(3절). 그리고 두려워하는 자들에게 이렇게 말하라. "용기를 가져라. 두려워하지 말라. 하나님이 복수하시고 너희를 구원하실 것이다."(4절) 하나님께서 저들을 심판하실 것이라는 말씀이다. 하나님의 심판이 믿는 자에게는 격려가 된다.

5-7절은 눈, 귀, 다리, 혀가 회복될 것을 말한다. 또한 광야, 사막, 뜨거운 모래밭, 메마른 땅도 변한다. 이것은 하나님이 은혜를 주실 때 비로소 가능하다.

그때 소경의 눈이 뜨이고 귀머거리의 귀가 열릴 것이며 절름발이가 사슴처럼 뛰고 벙어리가 기뻐 외칠 것이다(5, 6a절). 예수님은 이 말씀을 인용하시며 메시야 시대가 도래 했다고 하셨다(마 11:5, 눅 7:22). 메시야가 임하면 인간에게 어떤 변화가 일어나고 기쁨이 충만하게 되는가를 보여준다.

자연도 변한다. 광야에서 물이 솟구치고 사막에도 시내가 흐른다(6b). 뜨거운 모래밭이 못(a pool)이 되고 메마른 땅에 샘물이 솟고, 승냥이(jackals) 떼가 살던 곳에 갈대와 골풀이 자랄 것이다(7절). 승냥이는 황폐한 곳에 사는 들짐승이다. 생명체가 살 수 없는 곳이 축복의 땅으로 변한다.

8, 9절은 하나님의 백성에게 대로가 열릴 것을 예언하고 있다.

거기에 대로(*maslul*, a highway)가 열린다. 그 길은 '거룩한 길' (the Highway of Holiness)로 아무나 다닐 수 없다. 그 길은 깨끗하지 못한 자가 다닐 수 있는 길이 아니다. 그 길은 하나님께서 구원하신 자들(the redeemed)만이 다닐 수 있다. 그 길을 걷는 자는 하나님께서 함께 하시기 때문에 거기서 길을 잃어 방황할 일도 없다.

그곳에는 사자도 없고, 사나운 짐승도 올라가지 못한다. 오직 하나님께서 구원하신 자들만이 그 길을 노래하며 시온에 이를 것이다. 들에게는 슬픔과 탄식이 사라지고 오직 영원한 기쁨(everlasting joy)과 즐거움만이 있으리라.

이사야서 36장

아시리아의 유다 침공과 랍사게의 망언

36:1-38:8절은 역사적인 것으로 열왕기하 18:13-20:19와 같은 내용을 담고 있다.

36장은 아시리아의 유다 침공을 다루고 있다. 1절은 히스기야 왕 14년에 아시리아 왕 산헤립이 침략해 유다의 견고한 모든 성들을 취했다. 이것은 아시리아의 첫 번째 침공이다.

2절부터는 두 번째 침공사건을 기록하고 있다. 2, 3절은 36-37장에 기록된 역사적 사건의 도입부이다. 산헤립은 반 아시리아 동맹군을 격파하러 팔레스타인 원정을 개시했다. 페니키아를 점령하고 블레셋을 함락시킨 그는 유다에 대한 공격에 들어갔다. 유다 왕국은 예루살렘을 제외하고 모두 함락되었다. 산헤립은 자기의 특사 세 명을 보냈다(왕하 18:17). 그 대표가 아시리아의 군대 장관 랍사게(Rabshakeh)였다. 그는 원래 이스라엘 사람인데 조국을 배반하고 아시리아에 충성한 자라는 설도 있다.

랍사게가 예루살렘 서쪽, 곧 윗못 수도 곁 세탁자의 밭 큰 길에 서자 히스기야가 보낸 대표단이 그를 맞았다. 대표단은 힐기야의 아들인 궁중대신 엘리야김, 서기관 셉나, 그리고 아삽의 아들인 역사관 요아였다. 랍사게는 조롱과 모욕적인 언사로 항복을 종용했다.

랍사게는 이집트를 의지하는 유대인들을 향해 히브리어로 "누구를 믿고 반역하느냐? 싸울 전략과 용맹은 가지고 있는 것이냐? 이집트는 상한 갈대 지팡이처럼 아무 쓸모없고 손이 찔릴 뿐이다." 하며 항복할 것을 요구했다.

히스기야의 대표단은 백성들이 듣지 못하도록 아람 방언으로 말해줄 것을 요청했다. 하지만 랍사게는 오히려 더 모욕적인 언사를 사용해가면서 히브리어로 여호와 하나님도 그의 손에서 유다를 건져내지 못할 것이므로 항복하라고 요구했다.

"너희는 너희 하나님 여호와를 의지한다고 말할지 모르지만 그의 산당과 제단을 헐고 유다와 예루살렘 사람들에게 예루살렘에 있는 그 단에서만 예배하라고 말한 자가 바로 히스기야가 아니냐? 내가 여호와의 도움 없이 너희 나라를 치러 온 줄 아느냐? 여호와께서는 나에게 직접 이 땅을 쳐서 멸망시키라고 말씀하셨다."

"너희는 히스기야의 말에 넘어가지 말라. 그는 여호와가 너희를 구하고 우리 아시리아 군을 막아 너희 성을 점령하지 못하게 할 것이라고 말하고 있다. 세상 어느 나라의 신이 이 아시리아 왕의 손에서 그 백성을 구출한 적이 있느냐? 하맛과 아르밧(시리아)의 신들, 스발와임(북부 아람)의 신들은 어디에 있느냐? 그들이 사마리아를 나의 손에서 건져내었느냐? 너희는 어째서 너희는 여호와가 예루살렘을 구할 수 있다고 생각하느냐? 히스기야의 말을 듣지 말고, 나에게 항복하라."

랍사게는 역사의 주인이신 하나님을 모독하는 세상 권세의 교만함을 단적으로 보여주었다.

랍사게는 유다의 능력도 비하했다. "만일 너희가 말 탈 사람 2,000명을 구할 수 있으면 내가 그만한 말을 너희에게 주겠다. 아시리아의 제일 하급 장교 한 사람도 당해 내지 못할 너희들에게 이집트가 전차와 마병을 지원해 준들 무슨 소용이 있겠느냐?" 싸울 능력도 없다는 것이다.

그는 항복을 종용하며 항복하면 유대인들을 다른 지방, 곧 곡식과 포도주와 빵과 포도밭이 많은 땅으로 옮겨 살게 하겠다고 했다. 사실상 포로로 삼겠다는 말이다. 항복하지 않으면 유대인들은 자기 똥을 먹고 자기 오줌을 마셔야 할 것이라 했다.

유다 백성들은 이 말을 듣고도 한 마디 대꾸도 하지 않고 침묵을 지켰다. 히스기야 왕이 그들에게 아무 말도 하지 말라고 지시했기 때문이다. 히스기야가 보낸 대표단은 비통한 나머지 자기들의 옷을 찢고 왕에게 가서 랍사게의 말을 그대로 전했다.

이사야서 37장

하나님께 호소한 히스기야와 아시리아의 파멸

37장은 열왕기하 19장과 내용이 같다. 아시리아가 다시 위협을 가해오지만 하나님을 모욕한 그들은 결국 참패한다는 내용이다.

1-20절은 히스기야 왕의 신앙을 잘 보여주고 있다. 민족 존망의 기로에 선 왕은 세상 권세보다 역사의 주관자이신 하나님께 모든 것을 맡긴다.

1-7절은 회개와 이사야 선지자에 대한 중보요청에 이어 히스기야는 이사야로부터 아시리아의 패배와 산헤립의 죽을 것에 대한 예언을 받는다.

히스기야와 주요 대신들은 슬픔과 환난의 표시로 옷을 찢고 굵은 베옷을 입었다. 그리고 성전에 나아가 기도했다. 또한 왕은 이사야에게 사자를 보내 기도해 줄 것을 요청했다.

이사야는 사자들에게 두려워하지 말라고 한다. "너희가 들은 바 아시리아 왕의 종들이 나를 능욕한 말로 말미암아 두려워하지 말라." 아시리아 왕이 한 소문을 듣고 본국으로 돌아갈 것이며 자기 나라에 돌아가 칼에 찔려 죽게 될 것이라는 것이었다. 한 소문은 이집트 왕의 침공 소식이었을 것으로 보인다.

8-13절에서는 하나님을 대적하는 산헤립의 발언이 소개되고 있다. 이집트 왕 디르하가(Tirhakah)가 출병했다는 소식을 들은 산헤립은 히스기야에 사신을 보내 랍사게가 한 어조로 항복할 것을 강요했다. 이것은 이집트와 싸우기 전에 먼저 위험을 줄여보려는 것이었다. 산헤립이 립나를 친 것은 디르하가에

대한 소문과 관계가 있었을 것이다.

14-20절에서는 히스기야가 하나님을 향해 간절히 기도하는 모습이 소개되어 있다. "여호와여 귀를 기울여 들으시옵소서. 여호와여 눈을 뜨고 보시옵소서. 산헤립이 사람을 보내어 살아 계시는 하나님을 훼방한 모든 말을 들으시옵소서. 우리 하나님 여호와여 이제 우리를 그의 손에서 구원하사 천하만국이 주만이 여호와이신 줄을 알게 하옵소서."

21-38절은 히스기야의 기도가 어떻게 응답을 받았는지 기록하고 있다. 이사야가 예언한 대로 아시리아는 하나님의 기적적인 개입으로 패망한다. 오만한 산헤립을 우상 제단 앞에서 그의 두 아들에게 살해된다. 이사야의 예언이 적중된 것이다.

21-29절은 이사야를 통해 히스기야에 들려주시는 하나님의 응답이다. 산헤립은 자신의 권력과 군사력을 믿고 교만하였다. 그는 수많은 나라를 정복하고, 이집트까지도 초토화시키겠다고 자신하였다. 하지만 이사야는 이 모든 것이 하나님께서 처음부터 정하신 것이지 산헤립 자신의 힘만으로 되는 것이 아니라 했다. 교만한 산헤립은 하나님까지도 이길 수 있다고 말하지만 그는 아무 소득도 없이 부끄럽게 퇴군하게 되리라.

30-35절은 아시리아 군대는 결코 예루살렘을 함락시키지 못할 것을 말하고 있다. 전쟁으로 황폐해진 밭에서는 소출이 없어 야생 식물을 먹게 되지만 평화가 정착되므로 3년 째 되는 때는 농사를 지어 거둔 곡식으로 먹을 수 있게 되리라 한다. 이사야는 남은 자(remnant) 사상을 강조하며 하나님께서 다윗의 집을 지켜 주시리라 했다.

36-38절은 예언의 성취를 기록하고 있다. 여호와의 사자가 산헤립 군대를 쳐 십팔만 오천인을 죽임으로 한 번도 싸워보지도 못하고 하루아침에 멸망했다. 산헤립은 니느웨로 돌아갔지만 왕위 계승을 둘러싼 권력 투쟁 와중에서

자기 두 아들에게 칼로 죽임을 당하게 되었다. 에살하돈(Esarhaddon)이 그 뒤를 이어 왕이 되었다. 결국 36, 37장은 역사적 실증을 통해 하나님이 역사의 주인이심과 이사야를 통해 하신 예언이 정확히 성취되었음을 보여주고 있다.

이사야서 38장

히스기야의 기도와 병 고침

38장은 히스기야 왕이 병들어 죽게 되자 기도함으로 생명이 연장된 사건을 기록하고 있다. 이 내용은 열왕기하 20:1-11에도 기록되어 있다.

1-8절은 히스기야의 발병과 기도, 그리고 회복을 담고 있다. 1-3절은 질병에 걸린 히스기야를 향한 사망선고 내용이다.

"그 때에"는 아시리아가 침공하던 때를 말한다. 국가의 운명이 위태롭고 그의 뒤를 이을 자식이 없던 때다. 왕이 병들어 죽게 되자 이사야가 하나님의 말씀을 전했다. "유언을 남기라. 네가 죽고 살지 못하리라."

왕은 얼굴을 벽으로 향하고 기도했다. "내가 주 앞에서 진실과 전심으로 행하며 주의 목전에서 선하게 행한 것을 기억하옵소서." 하며 통곡했다. 결사적으로 하나님께 매달린 것이다.

4-6절은 왕의 기도에 대한 하나님의 응답을 담고 있다. 하나님은 그의 기도를 듣고 눈물을 보셨다. 그리고 그의 생명을 15년 더 연장하셨다. 나아가 아시리아로부터 예루살렘을 보호하실 것도 약속하셨다.

7, 8, 21, 22절은 표적과 치유과정을 담고 있다. 7, 8절은 하나님은 그 징표로서 히스기야가 원하는 바에 따라, 아하스 왕이 만들어 시간을 재던 해시계에 해 그림자가 10도(10계단) 뒤로 물러가게 하겠다고 하셨고, 그 말씀대로 그 일이 기적적으로 일어났다.

21절은 치료방법을 기록하고 있다. 생명연장을 받은 히스기야는 환부만 치료하면 되었다. 그래서 이사야는 치료제로 무화과를 사용하도록 했다.

22절은 문맥상 해석이 어려운 부분이다. 하지만 이 절을 6절과 7절 사이에 넣어 해석하면 쉽게 이해할 수 있다. 히스기야는 다시 살아서 성전에 올라갈 수 있는 징조를 구했고, 해시계의 후퇴는 히스기야가 요구한 징조에 대한 응답으로 해석할 수 있다.

표적을 구하라 했지만 이를 기피한 아하스와는 달리 히스기야는 징조를 구했다. 그는 하나님의 주권을 믿고 하나님 앞에 겸손과 눈물로 나아갔다. 이것은 우리가 한계상황에 직면했을 때 어떻게 해야 하는가를 보여준다. 이런 점에서 히스기야는 하나님 앞에서 겸비했고, 하나님은 그의 기도를 들으셨다.

9-20절은 사망과 질병에서 벗어난 히스기야의 찬양을 담고 있다. 이것은 감사예물을 성전에 바치는 예배의식을 위해 지어진 것으로, 히스기야는 죽음의 문턱에서 겪었던 고통을 회고하고 있다. 그는 죽음으로 인한 무력함을 말하고 전심을 다해 하나님을 바라보며 생명을 구해주실 것을 기도하였고, 하나님이 그의 기도에 응답해 주셨음을 감사했다.

10-16절은 생사의 기로에서 하나님께 드린 왕의 피땀 어린 간구가 담겨 있다.

"나는 제비 같이, 학 같이 지저귀며 비둘기 같이 슬피 울며 내 눈이 쇠하도록 앙망하나이다."(14절) "주여 사람이 사는 것이 이에 있고 내 심령의 생명도 온전히 거기에 있사오니 원하건대 나를 치료하시며 나를 살려 주옵소서."(16절)

17-20절은 치유의 약속을 받은 것에 대한 감격을 노래하였다.

"보옵소서 내게 큰 고통을 더하신 것은 내게 평안을 주려 하심이라 주께서 내 영혼을 사랑하사 멸망의 구덩이에서 건지셨고 내 모든 죄를 주의 등 뒤에

던지셨나이다." (17절)

히스기야는 극한의 환난과 고통 가운데서도 하나님의 주권적 섭리에 의탁하고자 했고, 그러한 고통을 연단의 과정으로 파악했다. 이런 점에서 그의 신앙이 얼마나 성숙되었는가를 알 수 있다.

이사야서 39장

히스기야의 자만과 하나님의 책망

39장은 열왕기하 20:12-19에 소개되는 내용과 일치한다.

반 아시리아 동맹을 꾀하던 바벨론 왕 므로닥발라단(Merodach-Baladan)은 히스기야가 병이 들었다가 나았다는 소식을 듣고 축하사절단을 보낸다(1절). 사절단은 왕의 친서와 예물을 히스기야에게 전했다.

히스기야는 그 사절들을 환영하고 그들에게 자기 보물 창고에 있는 은과 금과 향품과 값진 기름과 그리고 무기고에 있는 모든 것을 다 보여 주었다. 궁전과 나라 안에 있는 소중한 것 중에 보여 주지 않은 것이 하나도 없었다(2절). 히스기야는 자랑삼아 유다의 모든 재화를 그 사신들에게 보여주었다. 하나님의 크심과 영광을 자랑하기보다 자신의 부귀와 영화, 유다의 부강함을 자랑한 것이다. 아시리아를 물리친 것은 자신의 군사력이 아니라 전적으로 하나님의 개입 때문이 아니던가.

그때 이사야가 히스기야 왕에게 가서 물었다.

"이 사람들이 왕에게 무슨 말을 했습니까? 또 이들은 어디서 왔습니까?"

"그들은 먼 나라 바빌로니아에서 왔습니다."

"그들이 궁궐에서 무엇을 보았습니까?"

"그들은 궁궐 안에 있는 모든 것을 다 보았습니다. 나의 창고에 있는 것 중에서 내가 그들에게 보여 주지 않은 것은 하나도 없습니다."

그때 이사야가 히스기야 왕에게 말하였다.

"왕은 여호와의 말씀을 들으십시오. 여호와께서는 왕의 조상들이 오늘날까지 궁전 창고에 쌓아 둔 그 모든 것이 바빌로니아로 옮겨지고 하나도 남지 않을 것입니다. 또 왕의 아들 중 몇 사람이 끌려가 바빌로니아 왕의 궁전에서 내시가 될 것이라고 하셨습니다."

이사야는 그를 책망하며 이에 대한 징벌로 유다가 바벨론에게 완전히 멸망당할 것이며 왕의 후손 가운데 몇 사람이 끌려가 바벨론 왕의 환관이 될 것이라고 예언했다. 훗날 히스기야의 아들 므낫세(대하 33:11), 여호야긴(왕하 25:15), 시드기야(왕하 25:7) 등이 바벨론 포로로 잡혀갔다.

그러자 히스기야는 적어도 자기 시대에는 평화와 안전이 있을 것을 알고 다음과 같이 대답했다.

"당신이 말한 여호와의 말씀은 다 지당하십니다."

자신의 잘못을 뉘우치고 이사야의 말에 승복한 것이다. 하지만 자기가 살아 있는 동안만이라도 평화와 안정이 계속되면 다행이라고 생각한 것은 백년대계를 생각해야 할 왕으로서 처신은 아니었다.

39장은 역사적 사건의 종결부분이다. 39장은 한 때 전적 헌신을 다짐하며 신앙의 열정을 보였던 히스기야가 안타깝게 무너지는 모습을 보여준다.

이사야서 40장

하나님의 위로, 하나님의 절대주권, 새 힘을 주시는 하나님

1. 내 백성을 위로하라(1-11절)

이사야는 39장에서 히스기야의 죄와 연관해 바벨론 포로를 예언했다. 그러나 40장에서는 역사에 대한 기술을 마치고 하나님으로 인한 위로와 소망의 메시지를 선포했다. 이러한 메시지 기조는 66장까지 이어간다. 그러므로 40장부터는 메시지의 내용이 전혀 다르다. 40장에서 이사야는 포로생활이 끝나고, 세례 요한의 활동, 여호와의 영광의 나타남을 예언했다.

1-11절은 바벨론 포로 생활에서 해방될 유다의 대한 위로의 예언이다. 해방의 아름다운 소식이다. 이 말씀은 그리스도의 구원사역과 연결된다.

하나님이 말씀하신다. "너희는 위로하라(*nahamu*, comfort). 내 백성을 위로하라."(1절) 이제 유다가 위로를 받을 때가 되었다는 말이다. 하나님의 심판을 받고 포로가 되었다 해도 유다는 하나님의 백성들이다. 예루살렘 사람들을 격려하되 그들에게 고난의 날들이 끝나고 그들의 죄가 용서되었다고 말해주어라. 그들은 자기들의 죄에 비해 갑절이나 무거운 형벌을 받았다(2절). 유다가 받아야 할 벌을 충분히 받았다는 말이다.

어떤 사람이 외치는 소리가 들린다. "너희는 광야에서 여호와의 길을 예비하라 사막에서 우리 하나님의 대로를 평탄하게 하라 골짜기마다 돋우어지며 산마다, 언덕마다 낮아지며 고르지 아니한 곳이 평탄하게 되며 험한 곳이 평지가 될 것이요 여호와의 영광이 나타나고 모든 육체가 그것을 함께 보리라 이는 여호와의 입이 말씀하셨느니라."(3-5절)

광야에서 외치는 자의 소리다. 여호와의 오심을 준비하기 위해 길을 준비하라는 것이다. 이 길은 여호와의 길(*derek*, the way)이요 하나님의 대로(*mesillah*, a highway)이다. 이 길은 가까이는 유다 백성이 포로에서 해방되어 귀환하는 것을, 멀리는 그리스도의 구원사역을 상징한다. 이 길의 장애요소는 모두 제거된다. 그리고 마침내 여호와의 영광이 나타난다. 이것은 유다 백성의 귀환을 뜻하지만 그리스도의 구원사역을 예표하고 있다. 모든 육체가 그리스도 안에 나타난 영광을 보게 된다. 이것은 하나님이 말씀하셨으므로, 그대로 이루어진다. 이 예언은 예수 그리스도의 오심을 예비한 세례 요한의 사역으로 성취된다(마 3:3, 막 1:3, 눅 3:4, 요 1:23).

한 음성이 다시 들린다. "너는 외쳐라(*qera*, cry out)." "내가 무엇을 외쳐야 합니까?" "모든 육체는 풀이요 그의 모든 아름다움은 들의 꽃과 같으니 풀은 마르고 꽃이 시듦은 여호와의 기운이 그 위에 붊이라 이 백성은 실로 풀이로다 풀은 마르고 꽃은 시드나 우리 하나님의 말씀은 영원히 서리라 하라."(6-8절)

인간은 참으로 연약하고 유한하지만 하나님의 말씀은 영원하다. 인간의 말과는 달리 하나님이 앞서 말씀하신 것은 그대로 이루어진다는 것이다.

"아름다운 소식(good tidings)을 시온에 전하는 자여 너는 높은 산에 오르라 아름다운 소식을 예루살렘에 전하는 자여 너는 힘써 소리를 높이라 두려워하지 말고 소리를 높여 유다의 성읍들에게 이르기를 너희의 하나님을 보라(*hinneh*, behold) 하라."(9절)

예루살렘아, 높은 산에 올라가서 좋은 소식을 전하라. 시온아, 너는 두려워하지 말고 큰 소리로 유다 성들에게 외쳐라. "너희 하나님이 오신다." 구원자 하나님께서 유다에 임하시니 그 하나님을 보라는 말이다. 오실 그리스도, 구원자 그리스도를 기쁨으로 보라는 것이다.

장차 주 여호와께서 강한 자로 오셔서 능력으로 다스리실 것이며 모든 사람에게 당연히 받을 상벌을 주실 것이다(10절). 하나님은 절망적인 상황에서 강한 자로 오셔서 능력으로 다스린다.

그는 목자와 같이 그의 양 떼를 먹이시며, 어린 양들을 팔로 모으시고, 품에 안으시며, 젖을 먹이는 어미 양들을 부드럽게 이끄신다(11절). 주님은 자기 양 무리를 목자처럼 돌보신다.

2. 하나님의 절대주권(12-26절)

12-31절에서 이사야는 하나님께서 우리의 절대주권자이심을 언급하였다. 그가 여기서 이것을 강조하는 것은 하나님께서는 약속을 어기는 인간과는 달리 말씀하신 모든 것을 이루신다는 확신을 담고 있다.

12-17절은 하나님의 위대하심을 다양하게 표현하고 있다. 하나님은 이런 분이시므로 자기 백성을 능히 구원할 수 있다는 것이다.

누가 바닷물을 손바닥으로 떠서 헤아려 보았으며, 언덕들을 손저울로 달아 보았느냐? 어느 누구도 하나님이 만드신 창조물을 측량한 자가 없다(12절). 누가 주님의 조언자가 되어 그를 가르칠 수 있겠느냐? 누가 공평의 도리를 가르쳐 드리는가? 어느 누구도 하나님의 지혜에 도움을 준 자도 없다(13, 14절). 하나님은 어느 개인의 능력이나 지혜에 비교될 수 없는 위대한 분이시다.

그에게는 뭇 나라가 고작 두레박에서 떨어지는 한 방울 물이나 저울 위의 티끌과 같을 뿐이다. 섬들도 먼지를 들어 올리듯 가볍게 들어 올리신다(15절). 하나님은 너무 위대하셔서 레바논의 모든 짐승을 다 번제로 드린다 해도 오히려 부족하고, 그 모든 삼림을 베어 번제단의 불을 때는 화목으로 쓴다 해도 부족하다(16절). 세상 어떤 나라도 하나님과 비교할 수 없을 만큼 미미한 존재일 뿐이다(17절). 하나님은 세상 나라의 어떤 권세와도 비교될 수 없는 위대한 분이시다.

18-20절은, 하나님은 우상과 비교될 수 없는 위대한 분이심을 말하고 있다. 그렇다면 너희가 하나님을 누구와 비교할 수 있으랴. 그를 우상과 비교할 수 있겠는가. 우상은 기능공이 주조하여 금세공업자가 금을 입히고 은사슬로 장식한 것일 뿐이다. 가난해서 금이나 은으로 된 우상을 만들지 못하는 자들은 나무 우상을 만들어 섬긴다. 하나님은 우상과 비교되는 분이 아니시다.

21, 22절은, 하나님은 창조주이심을 밝히고 있다. 하나님은 사람이 만든 우상과는 다르다. 그는 땅 위 하늘 높이 앉아 계신 분, 곧 하늘 보좌에 앉으셔서, 이 세상을 만드시고, 지금도 전 우주를 주관하고 계신다. 그에게는 하늘 아래 사는 사람들이 메뚜기처럼 보인다. 그는 하늘을 휘장처럼 드리우시고 천막처럼 펴시는 분이시다.

23, 24절은, 하나님은 세상의 권세자들의 운명을 쥐고 계시는 분임을 밝히고 있다. 그들이 권세를 든든히 붙잡았다고 생각할지 모르지만 그들은 겨우 이식되어 이제 막 뿌리를 내린 묘목과 같다. 하나님이 불어버리시면 단번에 날아간다.

거룩하신 하나님이 말씀하신다. "그런즉 너희가 나를 누구와 비교할 수 있느냐? 나와 같은 자가 어디 있느냐?"(25절). 하늘을 바라보아라. 누가 이 모든 별을 창조하였느냐? 바로 그분께서 별무리를 이끌어내시고 하나하나 이름을 부르신다. 그 수가 얼마나 되는지 다 헤아리고 계시니 그의 능력이 크시므로 그 중에 하나도 빠진 것이 없다(26절). 하나님은 우상과 비교할 수 없고, 그 어느 것과도 비교할 수 없는 위대하신 분이시라는 말씀이다. 그분은 모든 것을 지으신 창조주시오 지금도 개체 하나하나에 대해 통치하시는 우리의 주권자이시다.

3. 여호와를 앙망하는 자는 새 힘을 얻으리라(27-31절)

"야곱아, 네가 어찌하여 불평하며, 이스라엘아, 네가 어찌하여 불만을 토로하느냐? 어찌하여 주님께서는 지금 포로가 된 나의 사정을 모르시고, 하나님께서는 나의 원통함도 들어 주시지 않는다 하느냐."(27절)

이것은 앞으로 있을 바벨론 포로생활을 염두에 두고 한 말이다. 바벨론에서 포로가 되어 불평할 것이라는 것이다. 이사야는 하나님의 백성이 처한 현실에 대해 불평하며 그 위대하신 하나님을 신뢰하지 않게 되는 것에 대해 미리 질책을 하고 있다.

28-31절은 27절과는 아주 다른 장면이다. 바벨론 포로에서 고국으로 돌아오는 장면을 상정하고 있다. 그들이 고국으로 돌아오는 길은 너무 먼 길이라 장정이라도 피곤하다. 하지만 하나님은 새 힘을 주시어 피곤치 않게 하신다.

"너는 알지 못하였느냐 듣지 못하였느냐 영원하신 하나님 여호와, 땅 끝까지 창조하신 이는 피곤하지 않으시며 곤비하지 않으시며 명철이 한이 없으시며."(28절)

28절은 하나님의 속성을 네 가지로 묘사하고 있다. 첫째, 영원하신 하나님(the everlasting God) 여호와이시다. 하나님은 '스스로 있는 자'로서 영원자존하신 분이시다. 영원히 살아계신 분이기 때문에 그들의 상태를 모르는 분이 아니시다. 둘째, 땅 끝까지 창조하신 자(the Creator of the ends of the earth)이다. 세상 모든 것을 창조하신 분이시다. 그러므로 하나님은 모든 것을 다 아신다. 셋째, 피곤치 아니하시며 곤비치 아니하시는(not grow tired or weary) 분이시다. 인간은 피곤하고 넘어지지만 하나님은 피곤치 아니하시며 곤비치 아니하시다. 넷째, 지혜와 명철이 한이 없으시다(his inscrutable understanding). 즉 모든 것을 다 아는 분이시다.

"피곤한 자에게는 능력을 주시며 무능한 자에게는 힘을 더하시나니."(29절)

하나님은 피곤한 자에게 능력(power, strength)을 주시고 무능한 자, 곧 힘없는 자(the weak)에게 힘(strength)을 더해 주신다(increase). 하나님을 믿고 신뢰하는 모든 사람들에게 이 능력과 힘을 주신다. 자기 속성 중의 중요한 일부를 우리에게 할애함으로써 우리의 몸과 영혼이 살게 하신다.

"소년이라도 피곤하며 곤비하며 장정이라도 넘어지며 쓰러지되."(30절)

여기서 소년은 youths로, 그리고 장정은 vigorous young men을 가리킨다. 인간적으로 볼 때 육체적으로 힘이 제일 강한 시기를 말한다. 이들도 결국 피곤하고 넘어진다.

"오직 여호와를 앙망하는 자는 새 힘을 얻으리니 독수리가 날개 치며 올라감 같을 것이요 달음박질하여도 곤비하지 아니하겠고 걸어가도 피곤하지 아니하리로다."(31절)

여호와를 앙망하는 자만큼은 새 힘, 곧 하나님이 주시는 힘을 얻게 된다(renew their strength, gain new strength). 하나님에 대한 무한한 기대와 희망을 가지고 오직 그분만을 바라보는 자(those who hope in the Lord), 하나님께서 손을 펴 도와주실 것을 확신하며 기다리는(wait) 자, 그리고 주님을 갈망하고 사모하는(crave) 자에게 새 힘을 주신다.

31절은 하나님이 주시는 새 힘을 3가지 형태로 설명하고 있다. 독수리의 날개 치며 올라감 같은 힘, 달음박질해도 곤비치 아니한 힘, 그리고 걸어가도 피곤치 아니한 힘이다. 주님이 주시는 힘은 이처럼 다이내믹하다.

이사야서 41장

하나님의 궁극적인 구원과 회복, 우상의 무력함, 내가 일으킨 한 사람

1. 하나님의 궁극적인 구원과 회복(1-16절)

1-7절은 페르시아 제국과 고레스 등장에 대한 예언이다. 새로운 정복자가 나온 것이다.

하나님께서 지중해 연안 도시국가들, 섬나라들, 곧 이방 나라들을 향해 잠잠하고 가까이 나아와 시비를 가려보자 하신다(1절). 동방에서 한 정복자, 곧 페르시아 왕 고레스(Kyrus, Cyrus)를 일으켜 그가 가는 곳마다 승리하게 한 자가 누구인가? 누가 그 앞에 열강들과 왕들을 굴복시켰는가?(2절). 누가 이런 일이 일어나게 하고, 누가 역사의 과정을 정하였는가. 바로 하나님이시다(4절). 고레스의 정복 사업도 하나님이 정하신 일이라는 것이다.

고레스를 본 그들은 두려움을 느끼고 떤다. 그들이 함께 모여 서로 힘을 내라고 격려한다. 그들은 자신들이 섬기는 우상을 의지해 필사적으로 곤경을 피해보려 한다(5-7절). 그러나 그것이 무슨 도움이 되겠는가. 하나님이 정하신 일은 아무도 막을 수 없다.

8-10절은, 이방나라들과는 대조적으로 이스라엘은 두려워할 필요가 없다고 한다. 하나님은 이스라엘을 가리켜 "나의 종(My servant) 너 이스라엘", "내가 택한(chosen) 야곱", "나의 벗(My friend) 아브라함의 자손"이라 부르시

며 두려워하지 말 것을 당부하신다(8절).

"내가 땅 끝에서부터 너를 붙들며 땅 모퉁이에서부터 너를 부르고 네게 이르기를 너는 나의 종이라 내가 너를 택하고 싫어하여 버리지 아니하였다 하였노라"(9절) "두려워하지 말라 내가 너와 함께 함이라 놀라지 말라 나는 네 하나님이 됨이라 내가 너를 굳세게 하리라 참으로 너를 도와주리라 참으로 나의 의로운 오른손(my righteous right hand, 구원과 능력의 손)으로 너를 붙들리라."(10절) 하나님께서 그들을 강하게 붙들어 주시겠다고 하신다.

11, 12절은, 유다를 반대하던 나라들은 멸망할 것을 예언한다. 그들은 수치를 당하고 멸망할 것이고 아무것도 아닌 것처럼 허무하게 된다. 이런 결과가 일어난 것은 바로 하나님의 도우심, 곧 하나님이 네 오른손을 붙들고 너를 도우시기 때문이다(13절).

14, 15절은, 하나님께서 버러지 같은 이스라엘을 날카로운 새 타작기로 삼겠다고 하신다.

"버러지(*towlaat*, worm) 같은 너 야곱아." 이것은 이스라엘 백성들이 포로로서 벌레처럼 연약하고 멸시받았음을 나타낸다. 바벨론 포로들이 무슨 힘이 있었겠는가. 그러나 하나님은 더 이상 두려워하지 말라시며 이스라엘을 돕는 구속자가 되리라 하신다. 포로에서 구해 주시겠다는 말씀이다(14절).

그리고 이스라엘을 날카로운 새 타작기(threshing sledge)로 삼겠다고 선언하신다. 하나님께서 이스라엘에게 힘을 주셔서 원수들을 멸망시키는 도구로 삼겠다는 말씀이다. 그러면 산들과 작은 산들, 곧 이스라엘의 대적들은 부스러지고 겨처럼 된다(15절). 박살이 난다는 말이다. 이스라엘이 산들(대적들)을 까불면, 바람이 그 가루를 날려 버리고, 회오리바람이 그것들을 흩을 것이다. 그러나 이스라엘만은 하나님으로 인해 기뻐하며, 하나님을 찬양하게 될 것이다(16절).

2. 복된 회복의 길(17-20절)

17-19절은 포로생활로 고통 받는 이스라엘을 버리지 않고 회복시킬 것을 말하고 있다.

17절에서 이스라엘은 "가련하고 가난한 자"(the poor and needy)로 나온다. 포로생활로 고통을 받고 있기 때문이다. 그들이 물이 없어 갈증으로 그들의 혀가 마를 때에 그들의 기도에 응답하신다. 하나님은 그의 자녀들을 버리지 아니하시고 구원하신다.

"내가 헐벗은 산에 강을 내며 골짜기 가운데에 샘이 나게 하며 광야가 못이 되게 하며 마른 땅이 샘 근원이 되게 할 것이며."(18절) 물이 날 수 없는 곳에 물이 나게 하신다. "내가 광야에는 백향목(cedar)과 싯딤 나무(acasia)와 화석류(martle)와 들감람 나무(olive)를 심고 사막에는 잣나무와 소나무와 황양목(cypress)을 함께 두리니."(19절) 광야와 사막이 울창한 삼림으로 변한다. 이것은 인간으로서는 생각조차 할 수 없는 일이다. 오직 하나님의 전적인 은혜로 이스라엘이 복된 나라로 회복된다는 것이다.

사람들은 이 모든 것을 보고 이것은 전적으로 하나님께서 하신 일이며 이스라엘의 거룩한 하나님이 그렇게 하신 것임을 깨닫게 되리라(20절).

3. 우상의 무력함(21-24절)

야곱의 왕이신 하나님께서 이방의 우상들을 향해 소송을 제기하여 보라며 그들이 참 신이라는 확실한 증거를 보이라 하신다(21절).

하나님께서 제시하라는 증거는 22, 23절에 나타나 있다. 첫째, 무엇보다 앞으로 일어날 일을 말해보라. 그것이 언제 일어날 것인지 우리가 알 수 있도록 하라. 둘째, 과거에 있었던 일도 설명해 보아라. 그러면 우리가 그것들을 살펴 그 결과를 알아보겠다. 셋째, 복을 내리든지 재난을 내리든지 해보라. 그래야 우리가 함께 보고 놀라지 않겠는가. 최소한 이런 증거들을 제시해야 너희들이 참 신인지 아닌지 알 수 있을 것이다. 하지만 우상은 아무것도 아니며 우상이 하는 일도 헛것이니 너희를 섬겨 예배하는 자들은 다 가증한 자들, 곧 혐오스러운 자들이다(24절).

4. 내가 한 사람을 일으키리라: 고레스의 승리 예언(25-29절)

내가 동방에 사는 한 사람, 곧 페르시아의 고레스를 일으키고 그를 북방에서 이끌어내어 여러 나라를 치게 할 것이다. 북방은 바벨론 북쪽에 있는 메데 지방으로 고레스가 바벨론을 정복하기 위해 거했던 곳을 가리킨다. 내 이름을 부르는 고레스에게 내가 큰 승리를 주어 토기장이가 진흙을 밟듯이 그가 왕들을 짓밟도록 하겠다(25절). 고레스는 바벨론을 정복한 후 유대인 포로들을 고국으로 귀환시켰다. 그 때 고레스는 하나님을 참신으로 고백했다(스 1:2-4).

너희 우상들 가운데 누가 이런 일이 일어날 것이라고 예언하여 우리가 "그것이 옳다"고 말하게 하였느냐? 너희 우상들 가운데는 아무도 그런 말을 일러준 자도 없고, 들려준 자도 없었다. 우리는 너희 말을 들어본 일이 전혀 없다(26절). 우상은 전혀 믿을 것이 못 된다는 말씀이다.

도울 자가 온다고 예루살렘에 제일 처음으로 기쁜 소식(good tidings)을 전한 자는 바로 나 여호와이다(27절). 시온에 구원의 소식을 알려주신 분은 하나님 한 분이었다. 우상들은 아무 것도 알려주지 않았다. 우상 가운데 그런 말을 한 자는 하나도 없고, 내가 묻는 말에 대답할 우상은 하나도 없다(28절). 보라. 모든 우상은 쓸모가 없고, 그것들은 아무것도 할 수 없다. 부어 만든 우상은 바람이요 헛것일 뿐이다(29절). 우상을 신뢰하지 말고 여호와 하나님을 믿으라.

이사야서 42장

여호와의 종에 대한 예언, 구원의 새 노래, 소경과 귀머거리가 된 이스라엘

1. 여호와의 종에 대한 예언(1-9절)

1-25절은 여호와의 종, 곧 그리스도에 대해 소개하고 있다. 1-9절은 종에 대한 첫 번째 노래이다. 두 번째는 49:1-7에 소개된다.

이 종은 "내가 붙드는 나의 종(*abdi*, My Servant)", "내 마음에 기뻐하는 자", "내가 택한 사람"(*behiri*, My Chosen One), "내가 나의 영(*napsi*, My soul)을 그에게 준 사람", "이방에 정의(*mispat*, justice)를 베풀 사람"으로 소개되고 있다(1절). 하나님께서 늘 그와 함께 하여 구원을 성취하실 특별한 종이다. 그 종은 성령을 한 없이 받으신 분이시다.

2-4절은, 그 종은 한없이 겸손하고 부드러운 분이심을 보여준다.

"그는 외치지 아니하며 목소리를 높이지 아니하며 그 소리를 거리에 들리게 하지 아니하며"(2절) "상한 갈대를 꺾지 아니하며 꺼져가는 등불을 끄지 아니하고 진실로 정의를 시행할 것이며"(3절) 상한 갈대와 꺼져가는 등불은 죄악에 빠져 영원히 죽을 수밖에 없는 무력한 자를 가리킨다. 하나님은 무한한 은혜를 베푸셔서 이런 인간을 버리지 않으시고 구원하신다. "그는 쇠하지 아니하며 낙담하지 아니하고 세상에 정의를 세우기에 이르리니 섬들이 그 교훈을 앙망하리라."(4절) 그 종은 지치지 않고 끊임없이 세상에 공의를 세우실 것이고, 이방 사람들도 그의 교훈, 곧 복음을 간절히 기다릴 것이다.

세상을 창조하시고 세상 모든 사람들에게 생명과 호흡을 주시는 하나님께서 자기 종에게 말씀하신다. 6-9절은 말씀의 내용이다.

나 여호와가 의(*sedeq*, righteousness)를 나타내려고 너를 불렀으니 내가 너를 보호하고 지킬 것이며 너를 통해 내 백성과 새로운 언약(covenant)을 맺고 너를 세워 이방 민족들의 빛(a light)이 되게 하겠다(6절). 하나님께서 의로운 목적을 위해 자기의 종, 그리스도를 세우셨다는 것이다. 그는 하나님의 백성에 대한 언약을 성취하며 이방에게 빛을 비쳐 주실 분이시다.

네가 소경의 눈을 뜨게 하고 캄캄한 감옥에 갇혀 있는 자들을 끌어내어 자유롭게 할 것이다(7절). 그의 사역은 소경의 눈을 뜨게 하고 갇혀있는 자를 자유롭게 하는 것이다. 영적으로 눈 먼 자와 죄에 갇힌 자는 더욱 더 주님이 필요하다.

나는 여호와이니 이것이 내 이름이다. 나는 내 영광을 다른 신에게 주지 않을 것이며 내 찬송을 우상과 나누지 않을 것이다(8절). 하나님께서 그의 이름을 걸고 말씀하신 것, 약속하신 것은 기필코 이루신다. 여호와는 스스로 있는 분이시다. 이 일에 우상이 들어올 자리는 없다.

내가 전에 예언한 일(*harisonowt*, former things)이 이미 이루어졌으니 내가 이제 새로운 일(*hadasowt*, new things)을 예언할 것이다. 그 일이 시작되기도 전에 내가 그것을 너희에게 말한다(9절). 전에 예언한 일이 모두 이루어졌음을 밝히며 이제 예언할 새 일, 곧 메시야의 구원사역도 반드시 이루어진다는 말씀이다.

2. 새 노래로 여호와의 구원을 노래함(10-17절)

10-12절은 앞으로 이뤄질 새 일, 곧 그리스도의 구원사역을 바라보며 새

노래를 부르라 한다.

항해하는 자들아, 바다와 그 안에 있는 모든 것들아, 섬들과 거기에 사는 민족들아, 너희는 여호와께 새 노래를 부르며 그를 찬양하라(10절). 새 노래(*hadas sir*, new song)를 부른다는 것은 하나님의 능력과 선하심이 새롭게 나타나 새 은혜를 받았기에 하나님을 찬양한다는 뜻이다. 세상의 모든 거민들아, 하나님을 찬양하라. 아라비아 광야와 거기에 있는 성읍들, 게달(Kedar, 이스마엘 후손) 사람이 사는 마을들, 셀라(Sela, 에돔 족속)의 주민들은 찬양하라(11절). 모든 이방 민족도 찬양하라는 말씀이다.

해안 지역에 사는 자들도 하나님께 찬양과 영광을 돌려라(12절). 하나님께서 용사처럼 나가 싸우시며 크게 분발하여 함성을 지르고 자기 원수들을 쳐서 이기시리라(13절). 하나님께서 홍해에서 싸우셨던 것처럼 싸워 이기실 것이다.

14-16절은 하나님의 말씀이다. "내가 오랫동안 침묵을 지키고 말없이 참았으나 이제는 해산하는 여자처럼 내가 부르짖고 숨이 차서 헐떡이는구나."(14절) 하나님이 오래 참고 기다리셨지만 우주적 구속 사역은 꼭 이루시겠다는 말씀이다. 여인이 아기를 낳기 위한 수고를 아끼지 않는 것처럼 이제 택한 백성을 위해 온 힘을 다하시겠다는 것이다.

"내가 높은 산과 낮은 산을 다 황폐하게 하며 풀과 나무를 마르게 하고 강과 연못을 말려 버릴 것이다."(15절) 하나님께서 열국을 멸하시고 유다 백성들을 해방시키실 것이라는 말씀이다. 이것은 영적으로 그리스도의 승리를 예표 한다.

"내가 소경을 그들이 알지 못하는 길로 인도하며 그들 앞에서 흑암을 광명으로 바꾸고 거친 길을 평탄하게 할 것이다. 나는 반드시 이 일을 행하고 그들을 버리지 않을 것이다."(16절) 하나님께서 간섭하심으로 죄로 말미암아 소경된 이스라엘을 바벨론 포로에서 해방시키실 것임을 나타낸다. 아울러 그리스도의 구원사역이 기필코 이루어질 것을 예표 한다.

그러나 예외가 있다. 우상을 신뢰하며 그들을 신이라고 부르는 자들은 배척과 수치를 당할 것이다(17절). 포로 기간 중 사람들의 눈에 그 땅의 우상이 커보였을 것이다. 하지만 우상을 숭배하던 자들에게는 구원이 없다. 지금도 예외가 아니다.

3. 소경과 귀머거리가 된 이스라엘(18-25절)

18-20절에서 하나님은 유다 백성들의 우매함과 부패를 꾸짖는다.

하나님은 그들을 귀머거리들, 소경들이라 하시며 귀를 열어 듣고, 눈을 떠서 보라 하신다(18절). 하나님의 심판을 받아 포로가 되었지만 전혀 깨닫지 못하는 것이 안타깝다.

하나님은 이스라엘을 "내 종", "내가 보내는 내 사자", "내게 충성된 자"라 부르면서 하나님이 맡기신 특별한 사명을 수행하고 하나님의 영광을 드러내야 할 귀한 존재인데 귀머거리와 소경으로 변했다고 하신다(19절). 그들은 많은 것을 보면서도 그것에 관심을 가지지 않으며 들을 귀가 있으면서도 아무것도 듣지 않는구나(20절). 하나님의 말씀에 관심을 두지 않고 무시한다.

21-22절에서는 백성들이 하나님의 말씀을 듣지 않아 심판을 받게 될 것을 예언하고 있다. 하나님은 그들에게 교훈, 곧 율법을 주시고 그것을 통해 세상을 빛내고자 했지만 실패했다(21절). 하나님은 종의 책임을 물어 유다 백성을 바벨론 포로로 잡혀가게 하시겠다고 하신다(22절).

23-25절에서 하나님은 유다 백성의 강퍅함을 탄식하신다. 유다 백성들은 하나님의 맹렬한 진노, 곧 바벨론으로 끌려가 극심한 환난을 당하면서도 자신의 죄를 깨닫지 못하리라 예언하신다. 하나님의 말씀을 마음에 두지 않는 민족은 화를 당하리라.

이사야서 43장

이스라엘의 구속자이신 여호와

1. 이스라엘의 구속자 여호와(1-13절)

43장은 이스라엘, 곧 유다 백성이 하나님의 은혜로 회복될 것을 예언하고 있다.

이스라엘을 지으신 하나님께서 말씀하신다. "너는 두려워하지 말라 내가 너를 구속하였고 내가 너를 지명하여 불렀나니 너는 내 것이라."(1절) "구속하였고"(*geal*, redeemed)는 문자적으로 "무르다", 곧 값을 치루고 원래 소유주에게 다시 환원시킨다는 뜻을 가지고 있다. 바벨론의 소유가 된 포로들을 값을 치루고 구원해 내신다는 것이다. 지명하여 부른다(*qara*, called)는 것은 많은 백성들 가운데 유독 그들을 택하시고 그들을 사랑하신다는 말씀이다.

"네가 물 가운데로 지날 때에 내가 너와 함께 할 것이라 강을 건널 때에 물이 너를 침몰하지 못할 것이며 네가 불 가운데로 지날 때에 타지도 아니할 것이요 불꽃이 너를 사르지도 못하리니"(2절) 물이나 불은 재난과 위험을 상징한다. 하나님께서 어떤 위험에서도 이스라엘을 보호하시겠다는 것이다. 하나님은 우리의 피난처요 환난 중에 만날 큰 도움이시다(시 46:1).

하나님은 이스라엘의 하나님, 이스라엘의 거룩한 이, 구원자이시다. 하나님은 유다 백성을 구속할 속량 물(값), 곧 바벨론에서 해방시켜주는 대신 페르시아에게 이집트, 구스, 스바를 주겠다고 하셨다(3절). 이 사건은 고레스 아들

캄비세스 때 이루어졌다. 이 땅들이 그의 영토로 편입되었기 때문이다.

"네가 내 눈에 보배롭고 존귀하며 내가 너를 사랑하였은즉 내가 네 대신 사람들을 내어 주며 백성들이 네 생명을 대신하리니." 4절은 3절의 반복이다. 하나님께서 유다 백성을 구원하신 것은 그들을 사랑하셨기 때문임을 밝히고 있다.

5-7절은 하나님께서 자기 백성이 동서남북 어디에 있든지 그들을 찾아내 그들의 땅으로 돌아오게 할 것을 말씀하고 있다. 하나님께서 그들과 함께 하여 동(아시리아와 바벨론)과 서(바다 섬들)에서 너를 모으고(5절), 북쪽(하맛)을 향해 자기 백성을 내놓으라 하시고, 남쪽(이집트)을 향해 가두어 두지 말라 명령하신다. 하나님은 자기 자녀들을 땅 끝에서 오게 한다(6절). "내 이름으로 불려지는 모든 자", 곧 나의 이름을 부르는 자, 하나님께 속한 자는 다 내 백성이며 내 영광을 위하여 내가 창조한 자들이다(7절). 유다 백성들은 하나님의 은혜로 바벨론에서 귀환할 것이다. 이것은 미래에 있을 그리스도의 구원사역을 예표 한 것이기도 하다.

8-13절은 41장의 내용과 비슷하다. "눈이 있어도 보지 못하고 귀가 있어도 듣지 못하는 백성을 이끌어 내라"(8절) 깨닫지 못하는 이스라엘 백성을 법정으로 불러내신다. 세상의 모든 민족도 불러내신다. 그리고 그들이 섬기는 어느 신이 미래를 예언할 수 있는지, 그들이 전에 예언한 일 중에 성취된 것이 있는지 증인을 세워 그들의 말이 사실임을 입증해보라 하신다(9절). 이방 신, 곧 우상은 그럴 능력이 전혀 없고, 오직 참 신이신 하나님만이 이 일을 할 수 있다는 말씀이다.

하나님은 이스라엘 백성을 증인으로 세우신다. 주님이 이스라엘을 종으로 삼은 것은 하나님을 알고 믿으며 하나님만이 유일한 하나님이신 것을 깨닫게 하기 위해서이다. 하나님 외에 다른 신은 없다. 전에도 없었고 앞으로도 없을 것이다(10절). 그들이 증인이 될 수 있는 것은 18, 19절의 말씀처럼 하나님께서 그들을 위해 새 일, 곧 새로운 구원을 일으키실 것이기 때문이다.

하나님 외에는 구원자가 아무도 없다(11절). 하나님은 일어날 일을 미리 말하고 너희를 구원하였다. 이방 우상 중에 이런 일을 행한 자는 아무도 없다. 너희가 내 증인이다(12절). 영원 전부터 하나님이니 아무도 내 손에서 피할 자 없고 내가 하는 일을 막을 수 없다(13절).

2. 바벨론에서 풀려나온 이스라엘(14-21절)

이스라엘의 구속자요 거룩하신 하나님이 말씀하신다. "내가 너희를 위해 바벨론에 한 군대를 보내 그 백성을 쳐서 다 달아나게 하겠다. 그들의 즐거워하던 소리가 통곡소리로 바뀔 것이다."(14절) 갈대아인들이 탈출하느라 혼란에 빠진다. 하나님은 "너희의 거룩한 이", "이스라엘의 창조자", "너희의 왕"이신 하나님께서 말씀하신다. 하나님은 바벨론 포로의 귀환을 출애굽 때 홍해의 구원사건에 비유하여 말씀하신다. 바다 가운데 길을 내고, 병거와 말과 병력과 용사들을 모두 바다 속으로 끌어들여 송두리째 엎어버리고 다시는 일어나지 못하게 하고, 그들을 꺼져 가는 등잔 심지처럼 꺼버렸다(16, 17절)

"너희는 이전 일을 기억하지 말며 옛날 일을 생각하지 말라."(18절) 이전 일, 옛날 일은 출애굽 때의 구원 사건을 말한다. 왜 그런 말씀을 하실까. 하나님이 새 일, 곧 바벨론에서 유다를 구원하시기 때문이다. "보라 내가 새 일을 행하리니 이제 나타낼 것이라 너희가 그것을 알지 못하겠느냐 반드시 내가 광야에 길을 사막에 강을 내리니 장차 들짐승 곧 승냥이와 타조도 나를 존경할 것은 내가 광야에 물을, 사막에 강들을 내어 내 백성, 내가 택한 자에게 마시게 할 것임이라"(19, 20절) 광야에 길을 내고 사막에 강을 내는 것은 신적 구원, 곧 유다 백성들의 포로귀환을 나타내는 비유적인 표현이다. 하나님 외에 어느 누구도 할 수 없는 일이다.

하나님께서 그들을 구원하신 목적이 있다. "이 백성은 내가 나를 위하여 지었나니 나를 찬송하게 하려 함이니라"(21절). 하나님의 위대하심과 은혜로 우심을 찬양하도록 하기 위함이다. 하나님은 우리의 찬양을 받으시기에 합당하신 분이시다. 하나님은 자기 백성이 드리는 예배를 기뻐 받으신다. 이 구절은 우리의 정체성이 무엇인가를 가르쳐 준다.

3. 은혜를 저버린 이스라엘(22-28절)

22-28절은 지금 이스라엘의 타락한 모습을 보시고 질책하시는 장면이다. 22-24절에서 하나님은 이스라엘이 가나안의 풍요의 신에 눈이 어두워 하나님을 버리고 죄악으로 하나님을 괴롭게 했으므로 포로생활을 할 수밖에 없음을 말씀하셨다.

그러나 이스라엘 백성들은 하나님을 부르지 않았고 그에게 싫증을 느끼고 있다(22절). 백성들이 드리는 제사는 형식적이다. 제사를 드린다 해도 하나님을 공경하지 않는다. 그들은 하나님이 명하신 제물을 무거운 짐으로 생각했다. 제사를 통해 하나님을 기쁘게도 하지 않았다. 오히려 죄를 지어 하나님의 마음을 괴롭혔다(23, 24절).

그럼에도 불구하고 하나님은 그 자신을 위하여 그들의 죄를 도말하여 다시는 그 죄를 기억하지 않을 것이라 하셨다(25절) 하나님의 자비는 한없다. 하지만 이스라엘이 하나님께 대해 갖는 불평이 정당한지 함께 판가름해보자 하신다(26절). 네 시조(first father) 아브라함도 하나님 앞에서 죄를 범했고 하나님과 백성들 사이에서 중재역할을 하는 너의 교사들(mediators), 곧 지도자와 제사장들도 나를 배반했다(27절). 그러므로 내가 성소의 어른들(*sare*, princes, 곧 제사장들이 욕을 당하게 하고 이스라엘을 멸망시켜 내 백성이 수치를 당하게 할 것이라 하셨다(28절).

이사야서 44장

이스라엘의 왕이신 여호와, 우상 숭배의 어리석음, 이스라엘의 해방자 여호와

1. 이스라엘의 왕이신 여호와(1-8절)

44장은 하나님이 이스라엘을 절대적으로 보호하실 것을 약속하는 내용을 담고 있다. 이 보호는 고레스 때 포로에서 돌아올 것을 예언한 내용이다. 이 예언은 150-200년을 앞선 것이다.

1-5절은 43장에 언급된 사건들이 분명히 일어나지만 하나님이 그들의 주인이 되어 보호하실 것이므로 두려워 말라 하신다.

하나님은 이스라엘을 나의 종, 내가 택한 자라 부르시면서 이제 들으라 하신다. 하나님의 종으로서의 역할, 선택된 백성으로서의 역할을 하라는 말씀이다(1절). "이제 들으라"(*sema*, hear)는 것은 이제 하나님의 말씀을 의미 있게 잘 들으라는 명령이다.

하나님은 모태에서부터 너를 지어내었다 하셨다. 이스라엘이 한 나라로 세워지는 시초부터 간섭하셨다는 말씀이다. 하나님은 이스라엘을 "내가 택한 여수룬"이라 부르며 두려워하지 말라 하신다(2절). 여수룬(*wisurun*, Jeshurun)은 "의로운 자"라는 뜻으로, 이스라엘을 가리키는 시적 표현이다.

하나님은 목마른 자에게 물을 주고, 마른 땅에 시내가 흐르게 하며, 성령과 복을 네 후손들에게 부어 주어 무성하게 자라는 풀처럼 시냇가의 버들처럼 번성하게 할 것이다(3, 4절). 바벨론 포로 상태에 있는 유다 백성들에게 구원을 베푸시리라는 말씀이다. 그들에게 성령과 복을 부어 번창 하게 하신다.

5-7절은 유다 백성들이 하나님의 은혜로 바벨론 포로에서 귀환할 것을 말하고 있다. 이것은 그리스도의 구원사역을 예언한 것이기도 한다.

성령과 복을 부으신 결과 사람들은 너도 나도 자기는 하나님께 속한 자라 고백한다(5절). 하나님은 "나는 처음(*risown*, the First)이요 마지막(*aharown*, the Last)이니 나 외에는 다른 신이 없다."(하나님의 영원성과 유일성) 하시고, "내가 영원한 백성을 세운 이후로, 곧 내가 인류를 창조한 이후로 나처럼 외치고 말한 자가 있느냐? 만일 있으면 앞으로 있을 일과 장차 일어날 사건을 말하게 하라." 하셨다(6, 7절). 하나님 외에 다른 신은 없다는 말씀이다. 이 일에 관해 너희는 나의 증인이라 하시고, 자신만이 유일한 반석임을 강조하였다(8절).

2. 우상 숭배의 어리석음(9-20절)

9-20절은 우상을 만들거나 숭배하는 것은 어리석고 무익한 것임을 강조하고 있다.

우상을 만드는 자들은 다 어리석고 그들이 소중히 여기는 신들도 무익하다. 우상을 만들어 신으로 섬겨도 아무 소용이 없다. 우상을 섬기는 자들은 하나님 앞에서 수치를 당할 것이다(9-11절).

12-20절은 철제 우상과 목제 우상에 대해 말하고 있다. 그것들은 철공과 목공이 만든 것이다. 12절은 철제 우상은 만드는 철공에 대해, 13-20절은 목제 우상을 만드는 목공과 나무 재료들에 관해 언급하고 있다. 백향목(cedars)을 베고, 디르사 나무(*tirzah*, cypress, 잣나무)와 상수리나무(oak), 어떤 때는

전나무(pine, 전나무도 소나무과에 속한다)를 사용한다. 일상에서 연료가 되는 나무들이 경배할 신상으로 바뀐다. 그것을 우상으로 만들어 그 앞에서 절하고 숭배한다. 심지어 그것에게 기도하며 "너는 나의 신이니 나를 구원하라" 한다.

그들이 우상을 섬기는 것은 마음이 어두워져서 깨닫지 못하기 때문이다. 어리석고 무식하여 자기들이 하는 짓을 깨닫지 못하며 진리에 대한 눈과 마음이 어두워져 있다. 그는 거짓에 미혹되어 자신을 구할 수도 없고 자기 손에 들고 있는 우상이 신이 아니라고 말하지도 못한다. 우둔한 자여, 그것은 나무 토막에 불과하다. 그러니 우상 숭배에서 벗어나라는 말씀이다.

3. 이스라엘의 해방자 여호와(21-28절)

하나님께서 말씀하신다. "이스라엘아, 이 일을 기억하라. 너는 내 종이다. 내가 너를 창조하여 내 종으로 삼았으니 내가 결코 너를 잊지 않겠다"(21절). "이 일"(*elle*, these)은 문자적으로 "이것들"이다. 너는 나의 종이고, 나는 너의 주인이다. 나는 너를 창조했다. 그런 너를 내가 어찌 잊을 수 있겠느냐.

이스라엘의 허물이 빽빽한 구름 같이 많을지라도 네 죄를 아침 햇빛에 안개가 사라짐 같이 없이하였다. 그러므로 너는 내게로 돌아오라 내가 너를 구속하였음이니라(22절). 하나님은 자기 백성의 허물을 용서하실 뿐 아니라 자기에게 돌아오도록 하신다. 죄의 용서와 구원의 약속이다.

구원의 약속은 감사와 기쁨을 넘치게 한다. 하늘과 땅, 산과 숲속의 모든 나무까지도 찬양에 참가시킨다. 하나님께서 이스라엘을 위해 놀라운 일을 행하셨다. 하나님께서 이스라엘을 구원하심으로 자기 영광을 나타내셨다(23절). 이 구원은 바벨론 포로 생활로부터의 구원이기도 하지만 궁극적으로는 그리스도의 구원사역을 의미한다.

24-28절에서는 하나님의 전능하신 사역가운데 세 가지가 선포된다.

첫째, 하나님은 창조주이시다. "나는 너의 구원자이자 너를 만들고 만물을 창조한 하나님이다. 내가 혼자 하늘을 펴고 땅을 만들었다."(24절) 하나님은 누구 도움을 받지 않고 홀로 천지를 창조하신 분이시다.

둘째, 하나님은 모든 거짓 예언자들을 정죄하는 분이시다. 하나님은 거짓 예언자들과 점쟁이들의 예언이 틀리게 하여 그들을 어리석은 자로 만들고, 지혜로운 자들로 오히려 지혜롭지 못한 말을 하게 함으로써 그들을 어리석게 만드는 분이시다(25절).

끝으로, 하나님은 그의 종들을 통해 말씀하신 예언을 모두 이루게 하는 분이시다. 하나님은 25절의 경우와는 달리 자기 종들이 예언할 때나 사자를 보내 자신의 계획을 알릴 때에는 그 계획과 예언을 성취시킨다. 하나님은 예루살렘에 대해서는 앞으로 그곳에 사람이 다시 살게 될 것이고, 유다 성들이 재건될 것이고, 폐허가 된 곳들은 복구될 것이라고 말씀하셨다(26절). 그 말씀은 그대로 이루어진다.

하나님은 바벨론 포로에서의 해방과 관련된 예언의 말씀을 직접 하셨다. "나는 말 한 마디로 강과 바다를 말리는 전능하신 하나님이시다. 고레스(*kowres*, Cyrus)에 대해 말하겠다. 그는 내 목자이므로 그를 통해 내가 원하는 일을 이룰 것이다. 그가 예루살렘의 재건과 성전 기초 공사를 명령할 것이다."(27, 28절) 하나님은 미래의 계시자이심을 보여준다. 이 일은 우상이 할 수 없는 일이다. 하나님만이 참 신이며 예언을 이루신다. 이 예언대로 고레스는 조서를 내려 성전을 재건하도록 했다. 하나님은 우리의 해방자이시다. 유다를 포로상태에서 구하시고, 우리를 죄 가운데서 구원하신다.

이사야서 45장

고레스를 세우신 목적, 토기장이이신 하나님, 이스라엘의 영원한 구원자 하나님, 열방에 대한 구원의 초청

1. 고레스를 세우신 목적(1-7절)

이 단락은 하나님께서 역사에 개입하셔서 페르시아 왕 고레스를 역사에 등장시키시고, 그를 통하여 황폐된 이스라엘 성읍을 건설하게 하신다는 내용을 담고 있다.

하나님께서 기름 부어 세운 고레스에게 말씀하신다. 내가 너의 오른손을 굳게 잡아, 열방을 네 앞에 굴복시키고, 왕들의 허리띠를 풀어 놓겠다. 네가 가는 곳마다 한 번 열린 성문은 닫히지 않게 하겠다(1절). 고레스가 기름 부어(anointed) 세움을 받았다는 것은 고레스가 하나님의 심판 도구가 되도록 하나님께서 인준하셔서 열방을 정복하게 된다는 말씀이다. 왕들의 허리띠를 푼다는 것은 정복당한 왕들의 갑옷을 벗기는 것으로, 그들을 무력하게 만든다는 말이다.

내가 너보다 앞서 가서 산들(crooked places)을 평지로 만들겠다(make straight). 하나님께서 앞서 가서 그들을 무너뜨리겠다는 것이다. 놋쇠 성문을 부수며, 쇠빗장을 부러뜨리겠다(2절). 놋쇠 성문(bronze gates)은 바벨론의 도시들을 가리킨다. 성문에 쳐진 쇠빗장(iron bars)을 부러뜨려 여시겠다는 말씀이다.

안 보이는 곳에 있는 보화와 감추어 둔 보물을 너에게 주겠다. 그 때에 너는, 내가 주인 줄을 알게 될 것이고, 이스라엘의 하나님이 너를 지명하여 불렀다는 것을 알게 될 것이다(3절). 고레스가 정복 전쟁에서 많은 탈취 물을 얻게 될 것을 예언한 것으로, 실제 그렇게 되었다. 너를 지명하여 불렀다는 것은 하나님께서 그를 불러 세우셨다는 말씀이다.

하나님께서 자신이 택한 종 이스라엘을 위하여 고레스를 지명하여 불렀다. 그가 비록 나, 하나님을 알지 못하였지만 내가 너에게 영광스러운 칭호를 주었다(4절). 고레스는 원래 하나님을 알지 못하는 자였지만 하나님께서 그를 정복자로 택하여 일하게 하셨다는 것이다. 하나님은 자신의 뜻을 이루시기 위해 이방을 도구로 사용하신다.

나는 여호와이다. 나 외에는 다른 신은 없다. 네가 비록 나를 알지 못한다 해도 나는 네 띠를 동일 것이다. 즉 네가 필요로 하는 힘을 너에게 주겠다는 말씀이다(5절). 띠를 동이는(gird) 것은 2절의 왕의 허리를 푸는 것과 대조된다.

그리하여 해 뜨는 곳에서든지 지는 곳에서든지, 즉 세상 모든 사람들이 나는 여호와이며 나 외에는 다른 신이 없는 것을 알게 할 것이다(6절). "나는 빛도 짓고 어둠도 창조하며 나는 평안(*salowm*, peace)도 짓고 환난(*ra*, calamity)도 창조하나니 나는 여호와라 이 모든 일들을 행하는 자니라." (7절) 하나님은 우주의 모든 것을 창조하시고 주관하신다. 순종하면 축복을 주어 번성케도 하시고, 불순종하면 재난을 주기도 하신다.

2. 토기장이이신 하나님(8-13절)

하늘은 문을 열고 창공은 공의(*sedeq*, righteousness)의 비를 뿌리라. 하나님께서 고레스를 통해 의로운 일을 이루시게 하겠다는 것이다. 그러면 땅에서는 구원과 의가 함께 움이 돋아 열매를 맺을 것이다. 이스라엘(유다)이 바벨론으로부터 해방되어 복된 사회를 이룰 것이라는 것이다. 이 모든 것은 하나님께서 하신 일이다(8절).

깨어진 질그릇의 한 조각에 불과한 자가 창조자와 다툰다면 화를 면치 못할 것이다. 진흙이 토기장이에게 "너는 도대체 무엇을 만드느냐?"하고, 질그릇이 그것을 만든 자에게 "너는 기술이 없다." 말할 수 있느냐?(9절). 아버지에게 "왜 나를 낳았습니까?" 하고, 어머니에게 "무슨 해산의 고생을 했다는 것입니까?" 하고 말하는 자식에게 화가 있으리라(10절). 하나님의 계획에 대해 이스라엘은 비판할 수 없다는 말이다.

하나님께서 말씀하신다. "너희가 무슨 권리로 내 자녀들에 대해서 앞으로 될 일을 물으며 너희가 누군데 내가 하는 일에 대하여 나에게 감히 명령하려느냐?"(11절). 내가 이 땅을 만들었고, 그 위에 인류를 창조하였다. 내가 손수 하늘을 폈으며, 하늘 군대, 곧 모든 별에게 명령을 내렸다(12절). 내가 나의 의로운 목적을 이루기 위해서 고레스를 일으켰다. 내가 그의 모든 길을 평탄하게 할 것이다. 고레스가 그 목적을 이루도록 힘을 주시겠다는 말씀이다. 그가 나의 성 예루살렘을 재건하고 포로로 잡혀 있는 내 백성을 거저 놓아 줄 것이다. 이것은 나 여호와의 말씀이므로 그대로 이루어진다(13절).

3. 이스라엘의 영원한 구원자 하나님(14-17절)

하나님께서 이스라엘을 향해 말씀하신다. "이집트와 구스의 재물이 네 것이 될 것이다. 구스에 인접한 스바 사람들(the Sabeans)이 네 종이 되어 너를 따를 것이다. 그들이 네 앞에 엎드려 '과연 하나님이 너와 함께 하시고 그분 외에는 다른 신이 없다.'고 고백할 것이다."(14절) 그리고 "이스라엘의 하나님은 자신을 숨기시는(hide) 하나님이시다."라고 고백한다. 이것은 개종자들이 전에는 진리의 하나님을 발견하지 못했지만 이제야 비로소 진리의 하나님이심을 깨닫게 되었다는 말이다(15절). 우상을 만드는 자는 다 부끄러움과 수치를 당하리라. 하지만 이스라엘은 영원히 여호와의 구원을 받아 수치나 부끄러움을 당하는 일이 없을 것이다(16, 17절).

4. 열방에 대한 구원의 초청: 인류의 유일한 구원자 하나님(18-25절)

하늘과 땅을 창조하신 하나님께서 열방을 향해 하신 말씀이다. 하나님은 땅을 혼돈 상태로(*tohu*, in vain) 창조하신 것이 아니라, 사람이 살 수 있게 만드신 분이다. 하나님 외에 다른 신은 없다(18절). 하나님은 은밀한 곳이나 어두운 곳에서 말하지 않았고, 이스라엘 백성에게 나를 황폐한 곳에서 찾으라고 하지 않았다. 나는 진리를 말하고 옳은 일을 알리는 하나님이다(19절).

이방 나라에서 살아남은 자들아, 다 가까이 오라. 나무 우상을 들고 다니는 자들과 구원하지도 못하는 신에게 기도하는 자들은 무지한 자들이다(20절). 나는 장차 일어날 일을 오래 전에 예언한 자요 자기 백성을 구원하는 의로운 하나님이다. 나 외에 다른 신은 없다(21절).

땅 끝(*apse*, ends)까지 흩어져 있는 사람들아. 모두 나에게 돌아와 구원을 얻으라. 나 외에 다른 신은 없기 때문이다(22절). 내 입에서 공의로운 말이 나갔으니, 그 말이 거저 되돌아오지 않는다. 모두가 내 앞에 무릎 꿇고 충성을 맹세할 것이다(23절). 사람들은 여호와에게만 공의와 능력(*oz*, strength)이 있다 고백할 것이고, 나를 미워하는 자들은 다 수치를 당할 것이다. 모든 이스라엘 자손들은 나 여호와에게 의롭다는 인정을 받고 자랑스럽게 여길 것이다(24절).

이사야서 46장

유일하신 하나님과 바벨론 우상들의 몰락,
고레스를 부르실 하나님

1. 유일하신 참 하나님과 바벨론 우상들의 몰락(1-7절)

46장은 바벨론의 멸망과 유다 백성들의 구원을 예언하고 있다.

1, 2절은 바벨론이 페르시아에 망하여 그곳의 대표적인 우상인 벨(Bel)과 느보(Nebo)가 외국으로 실려 갈 것을 예언하고 있다. 벨은 바벨론의 최고신으로 원래 '마르둑' (Marduk)이라 불리었다. 벨은 '주' (lord)라는 뜻으로 가나안의 바알과 같다. 느보는 벨의 아들이다. 바벨론 왕들은 느보 신을 좋아하여 자기의 이름에 '느보' 를 붙여 사용했다. 느부갓네살, 나보니두스 등이 그 보기이다. 사람들이 섬기던 우상들이 이젠 짐 덩어리가 되었다. 바벨론 신들도 자신을 구하지 못하고 바벨론 사람들과 함께 페르시아로 사로잡혀 간다.

3, 4절에서 하나님은 이스라엘을 향해 과거에도 그랬지만 앞으로도 계속 돌보실 것을 선언하신다. 너희는 태에서 태어날 때부터 내게 업힌 자들이다. 내가 네가 백발노인이 될 때까지 너를 품고 구하여 내리라.

5-7절에서 하나님은 우상과는 본질적으로 다른 분이심을 말하고 있다. 도대체 나와 같은 자가 어디에 있는가? 너희가 나를 누구와 비교할 수 있겠는가? 하나님을 이방 우상들과는 절대 비교하지 말라는 말씀이다. 우상은 사람들이 만든 것들이다. 사람들이 우상을 만들기 위해 자기 주머니에서 금을 쏟

아내고 은을 저울에 달아 도금장이들에게 준다. 도금장이는 그것으로 신상을 만들고, 사람들은 우상 앞에 엎드려 경배한다. 참 어리석다는 말씀이다.

우상은 아무 생명도 없고 힘이 없다. 사람들이 우상을 어깨에 메고, 우상을 둘 자리에 내려놓는다. 우상은 내려놓은 그 곳에서 움직이지 않고 그대로 서 있다. 생명이 없다. 사람들이 우상을 향해 아무리 부르짖어도 아무 답도 주지 못한다. 어디 그뿐이랴 고난당하는 사람을 구원하지도 못 한다. 아무 능력이 없다.

2. 내가 고레스를 불러 이스라엘을 구원하리라(8-13절)

8-13절은 하나님께서 이스라엘(유다)을 바벨론으로부터 구원하실 것을 예언하고 있다.

8-11절에서, 하나님은 미래의 일을 아시고 그 일을 주관하시는 분이시며, 앞으로 고레스를 일으키시겠다고 하신다. 하나님은 이스라엘을 패역한 자들(transgressors), 곧 죄인이라 하시고, 이 일을 기억하고 마음에 새기라 하신다. 하나님께서 그들을 구원하셨기 때문이다. 기억해야 할 것은 옛일(former things), 곧 출애굽을 비롯해 하나님께서 이스라엘을 위해 하신 일들이다. 그로 인해 하나님 외에는 다른 신이 없음을 알아야 한다. 하나님은 처음부터 장차 일어날 일들을 예고하셨고 이미 오래 전에 아직 이루어지지 않은 일들을 미리 알려주었다. 그리고 나의 뜻이 반드시 성취될 것이며, 내가 하고자 하는 것은 내가 반드시 이룬다고 하였다. 하나님은 멀리 동방에서 내 뜻을 이룰 독수리 같은 자 고레스를 불러 자신의 뜻을 이룰 것이라 하셨다.

12, 13절에서 하나님은 의에서 멀리 떠난 악하고 고집스런 이스라엘을 향해 말씀하신다. 나의 의로운 구원이 멀지 않다. 내가 지체하지 않고 시온에 나의 의, 곧 구원을 베풀고, 이스라엘 안에 내 영광을 나타낼 것이다. 하나님은 그의 자녀들을 향해 늘 자비하시다.

이사야서 47장

바벨론에 대한 심판 예언

47장은 바벨론에 대한 심판을 예언하신 말씀이다.

1-3절은 바벨론의 몰락을 처녀가 당할 치욕에 비유하여 묘사하고 있다. "처녀(*betulat*, virgin) 딸 바벨론이여 내려와서 티끌에 앉으라." 처녀처럼 한 번도 정복당해 보지 않은 바벨론아, 네 보좌에서 내려와 땅에 앉으라. 이제는 네가 다시는 곱고 아름답다는 말을 듣지 못할 것이다. 바벨론이 망하여 너의 화려하던 시절이 끝났다는 말이다(1절). "맷돌을 잡고 가루를 빻아라." 그 성이 몰락하여 여종의 신세로 전락했다는 말이다. "얼굴을 가린 너울을 벗고, 치마를 걷어 올려 다리를 드러내고 강을 건너라." 이것은 바벨론이 포로로 잡혀간다는 말이다. 너울(veil)은 상류계층의 부녀자들이 햇볕을 피하기 위해 쓰던 것인데 이젠 그것마저 쓸 신세가 아니다(2절). 네 속살이 드러나고, 네 부끄러운 곳까지도 드러낸다. 하나님이 이처럼 바벨론을 보복해도 어느 누구도 하나님을 막지 못할 것이다(3절).

"우리의 구원자는 그의 이름이 만군의 여호와 이스라엘의 거룩한 이시니라."(4절) 이사야는 바벨론을 멸망시키시고 이스라엘을 구원하실 분은 하나님이심을 천명한다. 5절은 바벨론이 그동안 많은 나라를 속국으로 거느려 "여러 왕국의 여주인"(the Lady of the Kingdoms)이라 불렸지만 이제는 잠잠히 앉아 있다가 어둠 속으로 사라지라 한다. 이것은 바벨론의 몰락을 뜻한다.

6, 7절에서는 바벨론이 왜 심판을 받게 되었는가를 보여준다. 첫째 이유는, 하나님께서 이스라엘을 바벨론에 넘겨주었는데, 그들을 불쌍히 않은 죄이다. 노인들까지도 가혹하게 다루었다. 둘째 이유는, 바벨론이 속국을 영구히 지배할 제국으로 자처하고 교만했기 때문이다. 자신이 영영히 여주인이 되리라 하고 그 교만이 가져올 자신의 종말도 생각하지 않았다. 이 두 큰 이유로 바벨론은 심판을 자초했다.

8절은 이런 죄에도 불구하고 바벨론이 얼마나 안일하게 처신했는가를 보여준다. 사치하고 평안히 지내며 마음으로는 "나는 신이며 나 외에 다른 신이 없다. 나는 과부로 지내지도 아니하며 자녀를 잃어버리는 일도 모르리라." 자기만 최고라 생각하였다. 이런 교만한 바벨론을 향해 하나님을 말씀하신다. "너는 이제 들으라."

9절 이하는 바벨론에 대한 심판 선언이다.

네가 과부가 되고 자녀를 잃는 이 두 가지 일이 단 하루 만에 갑자기 일어날 것이다. 네가 아무리 마술을 행하고 주문을 외워도 심판을 피할 수 없다(9절).

너는 악을 행하고도 안전하리라고 생각하며 너를 보는 자가 아무도 없다고 말한다. 심지어 "나 외에는 아무도 없다."고 했다. 네 지혜와 지식이 너를 유혹하여 죄의 길로 인도하였다(10절). 11절은 9절의 반복이다. 그로 인해 너에게 재앙이 임할 것이다. 아무리 주문을 외워도 그것을 쫓아 내지 못하고, 예상치 못한 파멸이 너를 덮칠 것이다. 심판을 피할 방법은 없다.

네가 어렸을 때부터, 즉 나라가 시작했을 때부터 사용해 온 마술과 주문으로 버텨 보아라. 어쩌면 그것이 도움이 되어 네 원수들에게 공포를 일으킬지도 모른다. 하지만 하나님에게는 통하지 않는다(12절). 너는 점성가들과 달과 별을 보고 예언하는 자들의 조언을 지치도록 받지 않았느냐. 그들의 조언으로 네가 당할 재앙에서 너를 구해보라만 점성가들은 다 지푸라기처럼 불에 타고 말 것이다. 자신을 구하지도 못한다. 그들은 곁에 앉아서 몸을 따뜻하게 할 숯불이 아니다(13, 14절). 네가 어렸을 때부터 함께 수고하고 무역하던 자들도 너에게 도움이 되지 않을 것이다. 그들이 다 너를 버리고 자기 길로 갈 것이다. 너를 구원해 줄 자는 아무도 없다(15절).

이사야서 48장

새 일을 약속하신 하나님, 귀환의 기쁨

1. 새 일을 약속하신 하나님(1-19절)

이사야는 바벨론의 멸망을 예언한 다음 48장에서는 하나님이 하시는 새 일, 곧 바벨론 포로에서의 귀환, 이스라엘(유다)의 구원에 대해 언급한다. 선지자는 하나님께서 이스라엘을 구원하시는 것은 그들이 구원받을 만한 자격이 있기 때문이 아니라고 말한다.

이스라엘 백성들아, 유다의 후손들아. 너희가 여호와의 이름으로 맹세하고 이스라엘의 하나님을 섬긴다고 말하지만 진실도 없고 공의도 없다(1절). 신앙과 생활이 전혀 일치하지 않음을 지적하고 있다. 어떻게 하나님으로부터 축복을 받겠느냐는 것이다. 그런데도 너희는 거룩한 성(예루살렘)의 백성이며 전능하신 하나님, 이스라엘의 하나님을 의지한다고 자랑스럽게 말하고 있다(2절). 그것이 말이 되느냐는 말씀이다.

하나님께서는 오래 전에 처음 일들(former things), 곧 장래의 일을 예언하였고 갑자기 그 일이 이루어지게 하셨다(3절). 고레스에 의해 이스라엘이 해방 될 것도 말씀하셨는데, 그 일도 말씀대로 이루어질 것임을 말한다.

내가 알기로 너는 고집이 세다. 네 목의 힘줄은 무쇠와 같고 네 이마는 놋과 같다(4절). 이것은 이스라엘이 얼마나 교만한가를 보여준다. 그래서 내가 오래 전에 장래 일을 예언하였고 그 일이 일어나기도 전에 그것을 너에게 알려 주었다. 이것은 네 우상과 신상이 그런 일을 행하며 그런 일이 일어나게 했다고 네가 말하지 못하게 하기 위해서였다(5절). 어찌 하나님이 하시는 일을 헛된 우상과 비교할 수 있겠는가. 우상을 신뢰함으로 하나님을 헛되게 하지 말라. 하나님은 그런 존재가 아니다.

너는 내 예언이 이루어진 것을 이미 보고 들었다. 그런데도 그 사실을 인정하려고 하지 않는다. 얼마나 완고한가. 이제부터 내가 너에게 알려지지 않은 새 일(*hadasowt*, new things)을 말하겠다(6절). 이것은 바벨론 포로에서 귀환하는 일로, 지금까지 들어보지 못한, 너도 알지 못하는 전혀 새로운 일이다(7절). 나는 네가 성실하지 못할 것임을 이미 잘 알고 있었다. 네 귀가 옛날부터 열리지 못하였는데, 이것은 네가 태어날 때부터 반역자(transgressor)라 불러 마땅한 자가 되었기 때문이다(8절). 그러기에 내가 너를 듣지도 못하게 하였고, 알지도 못하게 하였으며, 옛적부터 네 귀가 열리지 못하게 했다는 말씀이다. 이것은 이처럼 불성실한 세대에 이어 새로운 이스라엘의 출현을 은연 중 알리는 말씀으로 이해되기도 한다.

하지만 이제는 내 이름을 위해, 그리고 나의 영광을 위해 내가 분노를 참고, 너를 파멸시키지 않겠다(9절). 이스라엘을 향해 자비를 보이시겠다는 것이다. 노하기를 더디 하시는 주님이시다. 나는 너를 연단하였다. 하지만 은처럼 하지는 않고 고난의 풀무 불로 너를 시험하였다. 은처럼 정련하려면 불순물을 모두 제거해야 한다. 그렇게 되면 의가 없는 이스라엘은 완전히 멸망할 수밖에 없다. 그래서 고난(*oni*, affliction)의 불로 그들을 시험하였다. 바벨론 포로라는 고난을 통해 단련시켰다는 말씀이다(10절). 단련 과정을 거친 다음 바벨론 포로에서 해방시키겠다는 말씀이다. 내가 이렇게 하는 것은 바로 나를 위한 것이다. 내가 어떻게 내 이름을 더럽힐 수 있겠는가? 내 영광을 다른 자, 곧 우상에게 넘겨줄 수는 없다(11절). 하나님이 자기 백성을 바벨론으로부터 구원함으로써 모든 나라가 하나님의 영광을 보게 될 것이다.

이스라엘아, 들으라. 너는 내가 택한 백성이고, 나는 유일무이한 하나님이시다. 나는 처음과 마지막, 곧 알파와 오메가 되시는 하나님이다(12절). 내가 손으로 땅의 기초를 놓았고 오른 손으로 하늘을 폈다. 창조주 하나님이시다. 내가 부르면 하늘과 땅이 일제히 일어선다. 자연도 하나님의 명령에 복종한다(13절).

너희는 모두 와서 들어라. 내가 택한 사람 고레스가 바벨론을 칠 것이다. 이것을 어느 우상이 예언할 수 있겠느냐? 그가 내 뜻을 이룰 것이다(14절). 내가 그를 불러 그렇게 하도록 말하였고, 그를 오게 하였다. 내가 그 길을 형통하게 하겠다. 말씀한 대로 이루시겠다는 것이다(15절).

너희는 나에게 가까이 나아와 내가 하는 말을 들어라. 나는 처음부터 은밀하게 말하지 않고 공개적으로 말하여 언제나 내 말이 이루어지도록 하였다. 이 말씀은 45:19의 반복이다(16a절). 이제 주 여호와께서 그의 영, 곧 성령과 함께 나를 너희에게 보내셨다. 여기서 "나"는 이사야를 가리키지만 바벨론 해방보다 더 큰 구원을 성취할 자로 볼 경우 메시야를 가리킨다(16b절).

너희 구원자가 되시고 이스라엘의 거룩하신 하나님께서 말씀하신다. "나는 네게 유익이 되도록(*lehowil*, to profit) 너희를 가르치고 또 너희가 마땅히 가야 할 바른 길로 인도하는 하나님이시다."(17절). 만일 너희가 내 명령에 귀를 기울이기만 했어도 너희 평화가 강물 같고 너희 공의가 바다물결 같았을 것이다(18절). 주님의 말씀에 순종만 했어도 큰 축복을 받았을 것이라는 말씀이다. 그랬더라면 너희 인구가 바다의 모래알처럼 많았을 것이고 너희 또한 멸망당할 이유도 없었을 것이다(19절). 이스라엘이 갔어야 할 길이 무엇인가를 보여준다. 순종하면 축복이 따르고, 불순종하면 징계가 따른다.

2. 귀환의 기쁨(20-22절)

너희는 바벨론에서 나와 갈대아인(바빌로니아인)을 피하고 자유를 찾아라. 너희는 노래하며 하나님께서 자기 종, 야곱(이스라엘)을 구원하셨다고 온 세상에 선포하라(20절). 유대인들은 도망쳐 나온 것이 아니라 고레스의 해방 선언에 따라 귀환했다. 그럼에도 갈대아인을 피하라 한 것은 그곳에 주저앉지 말고 곧장 떠나오라는 것이다. 그리하여 하나님이 주시는 해방과 자유의 기쁨을 만끽하며, 주의 영광스런 구원을 땅 끝까지 전하라는 것이다. 사명을 주시는 말씀이다.

하나님은 자기 백성을 사막으로 지나가게 하실 때 그들이 목마르지 않게 하신다. 하나님은 바위를 쪼개 물이 솟구쳐 나오게 하시고, 그들로 그 생수를 마시게 하셨다(21절). 하나님은 출애굽 사건을 회상시키면서 유다 백성들이 바벨론으로부터 귀환할 때 도움 주실 것을 확신시키신다. 하나님은 자기 백성을 끝까지 보호하신다.

하지만 하나님은 말씀하신다. "악인에게는 평강이 없다."(22절). 위에서 내려주는 평화는 하나님의 백성에게 주어지는 특권이다. "샬롬 라켐"(*salowm lakem*, peace to you)은 악인들에게 허락되지 않는다. 악인에게는 평강이 없다(*en salowm laresaim*, no peace for the wicked).

이사야서 49장

여호와의 종의 임무, 이스라엘의 재건과 회복

1. 여호와의 종의 임무: 여호와의 종에 대한 두 번째 노래(1-7절)

1-7절은 여호와의 종, 곧 메시야에 대한 두 번째 노래로 시작된다. 첫 번째 노래는 42:1-9로, 하나님께서 부르신 것이다. 하지만 두 번째 노래는 메시야 자신이 부른 것으로, 이스라엘뿐 아니라 온 세상의 구주로서의 사명을 보여준다.

여호와의 종은 특별한 사명을 가지고 있다. 그 사명은 6절에 잘 나타나 있다. 그 종은 섬들과 먼 곳 백성, 곧 모든 이방민족을 향해 자신의 말을 경청하도록 한다(*simu*, listen). 자신은 "태어나기도 전에 여호와께서 나를 부르시고 내가 어머니 뱃속에 있을 때 내 이름을 말씀하셨다."고 하였다. 이것은 종의 사명이 전적으로 하나님으로부터 비롯된 것임을 보여준다(1절).

하나님이 세우실 메시야는 원수를 능히 쳐 이길 수 있는 예리한 칼(sharp sword)과 적의 심장을 뚫을 수 있도록 갈고 닦은 예리한 화살(polished shaft)로 비유되었다. 그리스도는 그만큼 권능이 있다는 말이다. 하나님은 칼을 그의 손 그늘에 숨기시고, 화살을 통에 감추신다(2절). 용사가 칼과 화살을 잘 보존했다가 필요할 때 사용한다. 마찬가지로 하나님은 자신의 종을 귀히 보호하시고 필요할 때 들어 세워 일하게 하신다. 그리스도는 이 땅에서 권세 있게 가르치셨고(마 7:29), 심판 때 불의한 자들을 멸하신다(살후 2:8).

하나님께서 내게 말씀하셨다. "너는 나의 종이요 내 영광을 네 속에 나타낼 이스라엘이라." (3절) 여기서 "이스라엘"은 "나와 종"과 같다. 여호와의 종을 이스라엘이라 한 것은 메시야가 이스라엘로부터 나오고 이스라엘을 대표하기 때문이다. 하나님은 그의 종을 통해 하나님의 영광을 드러내도록 하신다.

그러나 나는 "내가 공연히 수고하였으며 쓸데없이 내 힘을 다 쏟았다."고 말하였다. 그렇지만 하나님께서 나를 변호해 주실 것이며 내가 한 일에 대해서 상을 주실 것이다(4절). 그리스도는 지상 사역가운데 강한 원수를 만나 일시적으로 패배를 당한 것처럼 보인다. 그래서 헛된 일을 한 것은 아닐까 하는 생각마저 들게 한다. 이것은 메시야가 당할 고난을 두고 한 말이다. 하지만 모든 일을 판단하실 이는 하나님이시므로 하나님이 보응하시리라. 그리스도의 사역이 결코 헛되지 않을 것이라는 말씀이다.

5, 6절은 여호와의 종은 이스라엘뿐 아니라 이방을 구원하신다는 내용을 담고 있다.

하나님은 야곱, 곧 이스라엘 민족을 하나님께 돌아오게 하실 뿐 아니라 흩어진 이스라엘, 곧 하나님이 택한 이방 민족 모두를 돌아오게 하시려고 나를 종으로 택하셨다. 그래서 나는 하나님의 귀한 종이 되었고, 하나님은 내 힘(*uzzi*, my strength)이 되셨다(5절). 여기서 이스라엘은 하나님이 택한 모든 백성을 말한다. 메시야의 사역을 통해 이방민족에게도 구원의 복음이 선포되고 구원받게 된다는 것이다. 메시야는 이 귀한 사역을 담당한다. 이 일을 위해 하나님께서 힘을 주신다. 그리스도의 구원사역은 이처럼 넓고 우주적이다.

하나님께서 말씀하신다. "네가 나의 종이 되어 야곱의 지파들을 일으키며 이스라엘 중에 보전된 자를 돌아오게 할 것은 매우 쉬운 일이라 내가 또 너를 이방의 빛으로 삼아 나의 구원을 베풀어서 땅 끝까지 이르게 하리라." (6절)

여호와의 종은 야곱의 지파들을 일으키고 살아남은 이스라엘 백성을 회복시킬 것이다. 하지만 그에게는 이보다 더 큰 과업이 있다. 이방 민족의 빛이 되게 하여 온 세상을 구원하는 것이다. 이 구절은 창세기 12:1-3, 출애굽기 19:5-6과 함께 "구약의 대위임령"(the Great Commission)이라 한다.

이스라엘의 구원자가 되시는 거룩하신 하나님이 사람들의 멸시와 미움을 받고 통치자들의 종이 된 자에게 말씀하신다. "왕들이 너를 보고 일어설 것이며 대신들이 너를 보고 엎드려 절할 것이다. 이것은 신실하고 거룩한 이스라엘의 하나님 나 여호와가 너를 택하였기 때문이다."(7절)

메시야의 출현은 하나님께로 말미암았음을 명시하고 있다. 또한 이 구절은 메시야의 고난과 영광을 함축적으로 보여주고 있다. 그리스도가 고난을 받는 종으로 이 땅에 오신다. 그는 이방의 빛이 되기 위해 지극히 낮아진다. 멸시와 미움을 받고 종이 된 처지에 선다. 그러나 하나님께서 그를 지극히 높여 영광을 받게 하신다(빌 2:6-11). 왕들도, 고관들도 경배하게 된다. 하나님께서 그를 여호와의 종으로 택하시고, 구원 사역을 이루셨기 때문이다.

2. 이스라엘의 재건과 회복(8-26절)

하나님께서 말씀하신다. "내가 은혜의 때에 너에게 응답하고 구원의 날에 너를 도와주겠다. 내가 너를 보호하고 지키며 너를 통해서 백성들과 언약을 맺고 그 땅을 회복하여 황무지가 되었던 그 곳을 그들이 다시 기업으로 상속하도록 할 것이다."(8절)

희년이 되면 종 된 자가 자유롭게 해방된다. 은혜의 때와 구원의 날은 희년의 개념에서 유래한 것으로 보인다. 여기서는 그리스도를 통한 구원의 시기를 가리킨다. 너희를 구원해야 할 때가 되면 하나님께서 너희에게 은혜를 베풀겠고, 살려 달라고 부르짖으면 그 기도를 듣고 너희를 돕겠다. 또한 하나님께서 그리스도를 새로운 구원 언약의 중보자로 삼으시고, 황폐한 심령들이 그리스도를 통하여 회복되고 하나님 나라의 상속자가 되게 하겠다.

9-12절에서 포로 된 자들이 해방되어 귀환 길에 오른다. 하나님께서 자비의 손길을 펴 그들을 보호하고 인도하신다.

내가 사로잡힌 자들에게 나오라고 말할 것이며 흑암 가운데 있는 자들에게 자신을 나타내 보이라고 말할 것이다. 이것은 바벨론에 잡혀있는 유다 백성들을 해방시킬 것을 가리키지만 궁극적으로는 그리스도를 통해 영적 포로들이 죄에서 해방될 것을 말한다(9a절).

그들은 푸른 풀밭이나 산언덕에서 풀을 뜯어먹는 양과 같아서 굶주리거나 목마르지 않을 것이며 따가운 햇볕과 사막의 열풍이 그들을 해하지 못할 것이다. 그들을 불쌍히 여기는 자가 그들을 이끌어내어 샘물 근원으로 인도할 것이기 때문이다(9b, 10절). 이것은 하나님께서 유다 백성들을 불쌍히 여겨 그들이 귀환하는 길에서 만나는 어려움을 해결해주실 것을 말한다.

"내가 나의 모든 산을 길로 삼고 나의 대로를 돋우리니."(11절) 하나님께서 산에서 산으로 이어지는 길(a road)을 만들고, 내 백성이 자유스럽게 여행할 수 있는 대로(highways)를 닦겠다는 것이다. 그들이 편안히 귀환할 수 있도록 하시겠다는 말씀이다.

어떤 사람은 먼 곳에서, 어떤 사람은 북쪽과 서쪽에서, 어떤 사람은 시님 땅에서 오리라(12절). 내 백성이 동서남북 사방에서 몰려들 것이다. 시님(Sinim)은 정확히 알 수 없으나 이집트의 아스완 지역(NIV)이 유력하다.

13절은 44:23과 같다. 이사야는 여호와의 종이 담당할 귀한 사역들을 자연, 곧 하늘과 땅, 산들로 즐거이 노래하라 한다. 기쁘고 감사할 일이기 때문이다. 하나님께서 자기 백성을 위로하고 불쌍히 여기시리라.

그럼에도 불구하고 예루살렘 사람들은 "하나님께서 우리를 버리시고 잊으셨다." 한다. 어머니가 어떻게 젖 먹는 자기 자식을 잊을 수 있겠는가. 어머니가 자식을 잊을 수 있을지 몰라도 하나님은 결코 잊지 않으신다(14, 15절). 예루살렘아, 네 이름을 내 손바닥에 새겨 늘 기억하고 있고, 네 무너진 성벽을 늘 지켜보고 있다(16절). 시온을 생각하는 하나님의 마음은 깊고, 변함이 없다. 네 자녀들, 곧 너를 재건할 사람들이 곧 시온으로 돌아오고, 너를 파괴하던 자들, 너를 황폐케 한 자들은 곧 시온을 떠날 것이다(17절).

눈을 들어 사방을 둘러보아라. 네 백성들이 다 모여 너에게로 돌아오고 있다. 내가 분명히 말하지만 신부가 패물을 몸에 치장하고 다니면서 자랑하듯 네가 네 백성을 자랑스럽게 여길 것이다(18절). 예루살렘 성이 포로에서 돌아온 자녀들로 북적이고, 잃었던 영광이 회복된다.

예루살렘이 비록 파괴되어 황폐한 땅이 되었지만 이제는 네 백성을 수용하기에도 부족하다 할 것이다. 너를 삼킨 자들은 물론 멀리 떠난다(19절). 예루살렘 공간이 좁으니 확장을 해 달라 할 정도로 상황이 바뀌리라. 자식을 잃었을 때에 낳은 자녀, 곧 포로 시대에 태어난 네 백성이 언젠가는 너에게 말할 것이다. "이곳이 내게 좁으니 넓혀서 내가 거주하게 하라."(20절) 이것은 바벨론에서의 귀환이 성공적으로 성취될 것을 말한다. 이것은 또한 미래에 메시야가 임할 때 온전히 성취된다.

예루살렘이 적의 침략을 받았을 때 다시 재건될 수 있을까 의문이 들 정도로 황폐했다. 그런데 예루살렘이 재건되고 자녀들이 많아진 것을 보고 놀라지 않을 수 없다. 그래서 시온은 마음에 이렇게 말할 것이다. "누가 나를 위해 이들을 낳았는가? 내 자녀들은 대부분 죽임을 당하고 살아남은 자들은 포로로 잡혀갔으며 이 곳에는 나 혼자만 남았는데 도대체 누가 이 많은 사람들을 낳아 양육했으며 이들은 다 어디서 왔는가?"(21절). 여기서 시온은 의인화되어 있다. 시온이 사람이 없어 황폐했던 과거와 사람으로 가득한 현재의 모습을 비교하면서 놀라며 감탄하고 있다.

하나님께서 시온을 향하여 말씀하신다. "내가 뭇 민족을 손짓하여 부르고, 뭇 백성에게 신호를 보내면 그들이 네 아들을 안고 오며, 네 딸을 업고 올 것이다. 왕들은 너에게 양아버지와 같고 왕비들은 너에게 유모와 같을 것이다. 그들이 얼굴을 땅에 대며 네 앞에 절하고 네 발의 티끌을 핥을 것이니 그때 너는 내가 여호와임을 알 것이다. 내 도움을 기다리는 자는 수치를 당하지 않을 것이다."(22, 23절) 시온에 거민이 많게 된 것은 하나님께서 양육자들을 두었기 때문이다. 하나님께서 신호를 보내면 그들은 시온의 후손들을 시온으로 업고 온다. 이렇게 되면 시온은 하나님께서 다 하셨다는 것을 알게 되고, 감사하게 되리라. 하나님을 바라는 자에게 하나님은 수치가 아니라 영광을 주시는 분이시다.

24-26절은 바벨론을 치고 이스라엘을 건지실 것을 예언하고 있다.

용사가 빼앗은 것을 어떻게 그 용사로부터 도로 빼앗을 수 있겠는가? 폭군에게 사로잡힌 자를 어떻게 구출해낼 수 있겠는가?(24절). 그 모두 어려운 일이다. 유다를 바벨론으로부터 건져내는 일은 참으로 어려운 일임을 말하고 있다. 여기서 용사나 폭군은 바벨론을 가리킨다.

그러나 하나님께서 말씀하신다. "용사에게 사로잡힌 자도 다시 뺏을 것이고, 폭군이 약탈해간 물건도 되찾을 것이다. 내가 너를 대적하는 자와 싸워 네 자녀들을 구출할 것이다."(25절) 인간적으로 볼 때 불가능한 일을 하나님은 해낼 수 있다는 말씀이다.

내가 너를 괴롭히는 원수들에게 자기들의 살을 먹고 자기들의 피에 취하게 할 것이다. 자중지란을 일으켜 서로 자기편을 죽이는 일이 일어나게 하시겠다는 말씀이다. 이 일도 인간적으로 볼 때 불가능한 일이다. 그러나 하나님은 하실 수 있다. 이것을 보며 온 인류는 알게 될 것이다. 하나님은 이스라엘을 구원하시는 전능하신 하나님이시다(26절).

이사야서 50장

고난 받는 여호와의 종

1. 하나님은 주의 백성을 저버리지 않으신다(1-2절)

1절은 유다 백성들이 포로가 된 것을 깨어진 가족관계로 비유하고 있다. 하나님께서 말씀하신다. 너희는 남편이 자기 아내를 내쫓듯이 너희를 쫓아내고, 자기 자녀를 종으로 팔듯이 내가 너희를 팔았다고 생각하느냐? 그렇지 않다. 너희가 포로로 잡혀간 것은 너희 죄와 허물 때문이다.

2, 3절은 유다 백성을 구원할 수 있는 하나님의 능력에 대한 말씀이다. 내가 네 백성을 구원하려고 찾아 왔어도 반응을 보이는 자가 없었다. 선지자들을 보냈음에도 관심을 보이지 않았다. 불러도 그들은 왜 대답하지 않는가? 내가 힘이 부족하고 능력이 없어서 구원하지 못한다고 생각하는가? 내 명령 한 마디면 바다가 마르고 강이 사막이 되어 고기들이 죽고 악취가 난다. 나는 하늘을 흑암으로 덮어 버릴 수도 있다. 유다를 보호할 능력이 없어서가 아니다. 네 죄 때문이다.

2. 여호와의 종의 세 번째 노래(4-9절)

50:4-9는 여호와의 종의 노래가운데 세 번째에 속한다. 고난의 종에 관한 것이다. 여호와의 종은 독백처럼 말씀하신다. 그 독백은 애가 형식을 취하고 있다.

하나님께서 나에게 학자(*limmudim*, the learned)의 혀(*lesown*, tongue)와 깨닫는 귀(*ozen*, ear)를 주셨다. 학자의 혀는 다른 사람을 깨우칠 수 있도록 훈련된 혀다. 하나님께서 아침마다 종의 귀를 깨우쳐 알아듣게 하시고, 학자의 혀를 갖게 하신다. 그리하여 말씀을 그대로 가르쳐 피곤한 자를 격려하고 도와줄 수 있게 되었다(4절). 나의 귀를 열어 깨닫게 하시므로 나는 주님께 거역하지도 않았고 등을 돌리지도 않았다(5절).

나를 때리는 자들에게 내 등을 맡기고 내 수염을 뽑는 자들에게 내 뺨을 맡기며 그들이 침을 뱉고 모욕할 때에도 내가 얼굴을 가리지 않았다(6절). 여호와의 종이 능동적으로 고난에 참여했음을 보여준다. 예수님은 기꺼이 고난에 참여하셨다.

하나님께서 나를 도우시므로 그들이 나를 모욕하여도 내가 당황하지 않으리라. 오히려 내가 굳게 각오하고(얼굴을 부싯돌처럼 굳게 하여) 모든 어려움을 견디어 냈다. 내가 수치를 당하지 않을 것을 내가 아는 까닭은 나를 의롭다 하신 분이 가까이에 계시기 때문이다. 누가 감히 나와 다투고, 나를 고소하겠는가(7, 8절). 하나님께서 나를 도우시는데 나를 죄인으로 단정할 자가 누구냐? 나의 모든 원수들은 좀먹은 옷처럼 해어져 없어지리라. 원수들을 멸망당한다(9절).

3. 권면과 경고(10, 11절)

너희 중에 여호와를 경외하며 그의 종의 목소리를 청종하는 자가 누구냐? 빛 없이 흑암 가운데 사는 자들도 여호와를 신뢰하며 자기 하나님을 의지하게 하라(10절). 불을 피우고 횃불을 둘러 띤 자, 곧 하나님께 불충한 자여, 너희는 결국 그 불에 탈 것이다. 너희 꾀에 스스로 망하고 형벌을 받아 고통을 받으리라(11절).

이사야서 51장

이스라엘에 대한 위로, 정의로운 구원자 여호와, 여호와의 팔과 그 능력, 위로의 하나님, 분노의 잔을 거두리라

1. 이스라엘에 대한 위로(1-3절)

1-8절은 바벨론 아래서 신음하는 백성을 향한 하나님의 위로가 담긴 메시지이다. 1, 2절은, 하나님께서 의를 좇는 자를 결코 잊지 않으시고 창성케 하신 것을 말하고 있다. 그 보기로 아브라함을 들었다.

의를 추구하며 나 여호와를 찾는 너희는 들어라. 너희를 떠낸 반석과 너희를 파낸 채석장을 생각해 보아라. 이것은 이스라엘의 조상인 아브라함을 수많은 사람들 가운데서 택하여 자기 백성으로 삼으신 것을 비유적으로 나타낸 것이다(1절). 너희 조상 아브라함과 너희를 낳은 사라를 생각해 보라. 내가 아브라함을 부를 때 그에게는 자식이 없었다. 하지만 내가 그를 축복하여 그에게 자식을 주고 그 후손들을 번성하게 하였다. 아브라함과 맺은 언약을 생각하여 그 약속을 지키셨다는 말씀이다(2절).

3절은 아브라함을 축복하신 하나님께서 이스라엘에게도 동일하게 축복이 임할 것을 말하고 있다. 바벨론 침략으로 황폐한 땅, 이스라엘(유다)를 다시 축복하여 에덴처럼, 여호와의 동산처럼 만드신다. 그 땅에 기쁨과 즐거움이 있고 감사와 찬송이 넘치리라.

2. 정의로운 구원자 여호와(4-8절)

4-8절은 불의한 세상이 하나님의 의의 심판을 받게 될 것을 명시하고 있다. 이것은 성도로 하여금 현세의 핍박을 견디고 영원하신 하나님의 의와 사랑을 바라보게 한다.

내 백성아, 나에게 귀를 기울이고 내 말을 들어라. 율법이 나에게서 나올 것이며 나의 의로운 진리가 만민의 빛이 될 것이다. 여기서 율법은 모세 율법을 가리키기보다 하나님의 백성으로서 살아야 할 삶의 규정, 진리의 말씀 모두를 포함한다. 그리스도의 복음을 가리키기도 한다. 구원의 복음이 만민의 빛으로 세워질 것이다(4절).

구원의 때가 가까웠다. 내가 속히 가서 그들을 구원하겠다. 내가 만민을 심판할 것이니 모든 민족이 나를 바라보며 내가 구원해 주기를 기다릴 것이다. 이것은 유다의 회복과 바벨론에 대한 심판을 의미하기도 하지만 그리스도로 말미암은 구원이 모든 나라에 이를 것임을 말해준다(5절).

6절은 주님이 심판하실 때 천지가 없어지고 사람들이 하루살이처럼 죽어갈지라도 하나님의 구원과 그의 의는 영원할 것을 말하고 있다. 그러므로 하나님의 의를 알고, 마음속에 하나님의 법을 간직한 백성들은 하나님의 백성을 훼방하고 비방하는 자들을 두려워하거나 그들의 비방에 놀랄 이유가 없다(7절). 그들은 파멸당하기 때문이다. 그들은 옷처럼 좀에게 먹히고 양털처럼 벌레에게 먹힌다. 하지만 하나님의 의와 구원만이 영원하다(8절).

3. 여호와의 팔과 그 능력(9-11절)

9-11절에서 이사야는 지금까지 제시한 메시지에 대한 확실한 응답을 위해 간구한다.

"여호와의 팔이여 깨소서, 깨소서 능력을 베푸소서." 하나님이어, 깨어 우리를 도와달라는 탄원의 기도다. 옛날처럼 주의 능력으로 우리를 구하소서. 라합(Rahab), 곧 이집트를 토막 내시고, 나일 강의 용을 찌르신 분이 주가 아니십니까. 바닷물을 말리시고 바다 깊은 곳에 길을 만들어 구출하신 자들을 건너가게 하신 분도 주가 아니었습니까. 그 옛날 하나님께서 이집트를 치시고 이스라엘로 홍해를 건너게 하셨듯이 우리를 구원해달라는 것이다(9, 10절).

하나님으로부터 구원을 얻은 자들이 노래하며 예루살렘으로 돌아와 영원한 기쁨과 즐거움을 누리리라. 슬픔과 탄식은 사라질 것이다(11절). 선지자는 구원의 확신을 가지고 선포한다. 포로 된 자가 시온으로 돌아오고, 시온에는 기쁨이 가득하리라.

4. 위로의 하나님(12-16절)

12-16절은 탄원의 기도에 대한 하나님의 응답이다.

하나님은 너희를 위로하는(comfort) 자요 하늘과 땅을 창조한 분이시다. 그런데 너희는 어찌하여 하나님을 잊어버리고 풀잎에 불과한 죽을 인간, 너희를 파멸시키려 한 자들의 분노를 두려워하느냐며 나무라신다. 그리고 사로잡힌 자들이 곧 풀려나고, 지하 감옥에서 죽거나 양식이 없어 굶어죽는 일은 다시는 없으리라 하신다(12-14절). 유다가 포로 기간 중 멸망당하지 않을 것임을 예언하신 것이다.

나는 바다를 휘저어 물결을 일으키는 전능한 여호와이다. 내가 너희에게 내 교훈을 가르치고 내 손으로 너희를 보호하였다. 나는 하늘을 펼치고 땅의 기초를 놓았으며 시온을 향해 "너는 내 백성이다."라고 말하는 자이다(15, 16절). 하나님은 자기 백성을 보호하신다.

5. 분노의 잔을 거두리라(17-23절)

17-23절은 탄원 기도에 대한 하나님의 두 번째 응답이다.

하나님은 예루살렘을 향해 깨어나도록 명령하신다. 하나님께서 주신 진노의 잔을 그 찌꺼기까지 다 마시고 비틀거리고 있는데, 이젠 깰 때라는 말씀이다. 이스라엘이 하나님께 받을 형벌을 다 받았기 때문이다(17절).

그런데 지금 네 백성 가운데 너를 인도할 자가 아무도 없다. 이것은 예루살렘을 보호하거나 인도할 만큼 능력을 가진 자가 없다는 것으로, 유다가 인간의 힘으로 도저히 그 큰 고난에서 벗어날 수 없다는 말씀이다(18절). 특히 두 가지 재난, 곧 전쟁으로 인한 땅의 황폐와 기근으로 인한 굶주림으로 힘들어하고 있다. 예루살렘이 포위 공략 당하여 백성들은 사냥꾼의 그물에 걸린 사슴처럼 거리 모퉁이에 쓰러져 있다. 굶주려 죽어가고 있는 것이다. 하나님께서 진노를 그들에게 쏟은 것이니 누구에게 위로를 받을 수도 없다(19, 20절).

하나님의 진노로 고통당하는 예루살렘아, 들으라. 이제 너를 향한 진노의 잔을 거두겠다. 그러나 너희를 괴롭히고 너희를 땅에 짓밟아 등을 밟고 걸어간 너희 원수들에게 내가 그 잔을 마시게 할 것이다(21-23절). 하나님의 진노를 유다를 극도로 압제한 바벨론에게 쏟아 부으시겠다는 말씀이다.

이사야서 52장

시온을 향한 구원의 선포,
여호와의 종이 받을 고난과 영광

1. 시온을 향한 구원의 선포(1-12절)

52:1-6은 탄원 기도에 대한 세 번째 응답이다.

1, 2절은 구원받게 될 예루살렘을 묘사함으로써 포로 상태에 있는 유다 백성들에게 용기와 희망을 안겨준다.

시온아, 힘을 내라. 거룩한 성 예루살렘아, 아름다운 옷을 입어라. 하나님을 모르는 이방인들이 다시는 네 성문으로 들어가지 못할 것이다. 이것은 예루살렘이 새 힘과 새 영광으로 덧입게 될 것을 말하고 있다(1절).

예루살렘아, 너는 티끌을 떨치고 일어나 네 보좌에 앉아라. 이것은 멸망할 바벨론과 대조되는 것으로, 예루살렘이 노예 상태를 벗어나 통치의 자리로 복귀할 것을 말한다. 사로잡힌 시온 사람들아 너희를 묶고 있는 사슬을 풀어 버려라. 이것은 예루살렘이 자유를 얻게 될 것을 말한다. 이것은 그리스도를 통해 죄에서 자유하게 될 것을 예표 한다(2절).

하나님이 말씀하신다. "너희가 값없이 팔렸으니 자유를 되찾는 데도 돈이 필요치 않을 것이다"(3절). 너희가 바벨론에 팔렸을 때 그들이 너에게 돈을 지불한 것이 아니니 이제 너희가 나에게 돌아올 때에도 그들에게 대속 금을 지불할 필요가 없다는 말이다.

너희는 바벨론 포로 이전에 이집트에서 노예생활을 했고, 그 다음에는 아시리아의 압박을 받았다(4절). 그런데 지금 바벨론에서 같은 일이 일어나고 있다. 너희는 이유 없이 잡혀갔으며 너희를 다스리는 자들은 거만을 피우고 항상 내 이름을 더럽히고 있다. 그들은 너희의 신 하나님이 예루살렘을 돕지 못한다며 하나님을 경멸하기까지 했다(5절).

그러나 바벨론으로부터 해방되는 때가 되면 너희는 내가 하나님이라는 것과 이 모든 것을 미리 말한 자가 나인 것을 알게 될 것이다(6절). 그 때 유다가 포로 생활을 청산하고 돌아올 것을 예언하신 분이 하나님이심을 알고 하나님을 향한 믿음을 더욱 굳게 하리라.

"좋은 소식을 전하며 평화를 공포하며 복된 좋은 소식을 가져오며 구원을 공포하며 시온을 향하여 이르기를 네 하나님이 통치하신다 하는 자의 산을 넘는 발이 어찌 그리 아름다운가."(7절)

좋은 소식을 전하는 사자가 그 소식을 전하기 위해 산을 넘는다. 그가 전하는 소식은 두 가지다. 하나는, 구원에 관한 것이다. 이것은 바벨론으로부터의 해방하여 고국으로 귀환하는 것이지만 궁극적으로는 모든 죄로부터 인류를 구원하시는 그리스도의 복된 소식을 예표 한다. 다른 하나는, 하나님의 주권적 통치이다. 이것은 자기 백성이 예루살렘으로 돌아오는 것에서, 궁극적으로는 그리스도의 재림 때 더 뚜렷이 나타난다. 그 복된 소식을 전하는 자의 발이 어찌 아름답지 않겠는가.

성을 지키는 파수꾼들이 기뻐하며 외친다. 하나님께서 자기 백성을 통치하시기 위해 예루살렘으로 다시 돌아오시는 것을 직접 눈으로 보고 너무 기쁘기 때문이다(8절).

여기서 파수꾼은 선지자들을 가리킨다. "여호와께서 시온으로 돌아오실 때에," 원문에는 "여호와가 시온을 돌이키실 때(*besub*, bring back)"로 되어 있다. 선지자들이, 시온이 원상태로 돌아오는 것을 보고 직접 보고 기뻐한다는 말이다. 그러나 상당수 번역 성경에서는 하나님이 자기 백성에게 구원을 주시고 이제 직접 통치하시기 위해 시온으로 돌아오시는 것으로 번역했다. 예루살렘에 대한 자부심이 아무리 크다 해도 하나님이 그곳에 계시지 않으면 아무런 의미가 없다. 그러므로 하나님이 시온으로 오시는 일 자체만으로도 시온 백성의 기쁨이 크지 않을 수 없다. 하나님의 의가 회복되기 때문이다.

그러므로 이제는 예루살렘의 황폐한 곳들까지도 함께 기뻐하며 노래하라 한다. 하나님께서 자기 백성을 위로하시고 예루살렘을 구원하셨기 때문이다(9절).

"여호와께서 열방의 목전에서 그의 거룩한 팔을 나타내셨으므로 땅 끝까지도 모두 우리 하나님의 구원을 보았도다." (10절)

이 구절은, 하나님께서 이스라엘(유다) 백성을 바벨론으로부터 돌아오게 하신 사건은 얼마나 놀라운 것인가를 보여준다. 이 구원 사건은 세계적으로 이목을 받았다. 세상 사람들이 보기에 이스라엘 백성들이 자기 힘으로는 전혀 불가능한 일이었기 때문이다. 그런데 하나님께서 세상 모두가 보는 앞에서 그의 거룩한 팔(holy arm), 곧 하나님의 능력을 나타내셨다. 이스라엘 백성을 구원하시어 고향으로 돌아가게 하셨기 때문이다. 이 크신 구원 사건을 온 세계가 보았다. 하나님은 참 하나님이심을 본 것이다.

성전 기구를 운반하는 자들아, 너희는 바벨론을 떠나라. 너희는 더러운 것을 만지지 말고 너희 자신을 거룩하게 지켜 그곳을 떠나라(11절).

성전 기구 운반은 제사장들과 레위인들이 맡는다. 고레스는 느부갓네살이 탈취해간 성전의 기명들을 다시 가져가도록 허락했다. 11절은 제사장과 레위인 뿐 아니라 구원 받을 유다 백성들을 향한 말씀이다. 그들은 포로 기간 동안 이방 우상들에 노출되어 있었다. 하나님 보시기에 우상은 더러운 것이다. 하나님은 그것을 만지지도 말고, 그곳을 떠나라 하신다. 우상에게 눈도 돌리지 말고 자신을 거룩하게 지켜 하나님만을 섬기라는 말씀이다.

"여호와께서 너희 앞에서 행하시며 이스라엘의 하나님이 너희 뒤에서 호위하시리니 너희가 황급히 나오지 아니하며 도망하듯 다니지 아니하리라."(12절)

바벨론 포로에서 돌아오는 길을 하나님께서 보호하시겠다는 약속의 말씀이다. 이스라엘이 이집트를 떠날 때는 추격당하는 가운데 도망하듯 황급히 빠져나와야 했다. 하지만 바벨론에서는 상황이 다를 것임을 말씀하고 있다. 하나님의 적극적인 보호아래 보라는 듯 당당하게 나오게 된다.

2. 여호와의 종이 받을 고난과 영광(13-15절)

52:13-53:12는 여호와의 종의 노래 중 네 번째로, 종의 노래에서 가장 길다. 고난의 종, 그리스도에 관한 것으로 더 발전된 내용을 담고 있다. 13-15절은 그 서론 부분에 해당한다.

"보라 내 종이 형통하리니 받들어 높이 들려서 지극히 존귀하게 되리라."(13절) 여호와의 종이 그에게 맡겨진 구원 사역을 신중하게 잘 수행하여(*yaskil*, shall deal prudently) 높임을 받게 된다는 것이다. 그리스도의 부활과 승천, 그리고 하나님 우편에 앉으실 것을 예언한 것이다.

"전에는 그의 모양이 타인보다 상하였고 그의 모습이 사람들보다 상하였으므로 많은 사람이 그에 대하여 놀랐거니와."(14절) 이것은 그리스도가 높임을 받기 전에 고난을 받아야 함을 말하고 있다.

"그가 나라들을 놀라게 할 것이며 왕들은 그로 말미암아 그들의 입을 봉하리니 이는 그들이 아직 그들에게 전파되지 아니한 것을 볼 것이요 아직 듣지 못한 것을 깨달을 것임이라."(15절) 그리스도께서 흘리신 피의 구속 사역은 세상을 놀라게 할 것이며, 이로 인해 지금까지 듣지 못한 전혀 새로운 사실을 깨닫게 될 것이다.

이사야서 53장

고난 받는 종

53장은 이사야서 가운데 가장 중요한 장이다.

메시야, 곧 예수 그리스도의 사역을 가장 적나라하게 표현하고 있기 때문이다. 이사야서에는 여호와의 종의 노래가 여럿 소개되고 있다. 이 노래는 일관되게 메시야를 노래하고 있다. 그 내용이 점점 구체화되고 있는데, 53장에 이르러 절정을 이룬다.

53장은 여호와의 종, 곧 그리스도가 우리를 위해 고난 받으실 것을 예언하고 있다. 이 장은 구약가운데서 그리스도의 수난과 그에 따르는 영광, 그리고 고난의 이유를 가장 잘 드러내고 있다. 이사야는 그리스도께서 큰 고통을 당하실 것을 예고하면서 그 고통은 하나님 아버지의 뜻에 따른 것이며 자기의 죄 때문이 아니라 전적으로 인류의 죄를 위한 속죄 행위임을 밝히고 있다. 이 예언이 있은 지 700년 후에 예수님께서 이 땅에 오셨다.

1, 2절은 그리스도의 배경에 대해 언급한다. 그는 연한 순 같고, 마른 땅에서 나온 뿌리 같다.

"우리가 전한 것을 누가 믿었느냐 여호와의 팔이 누구에게 나타났느냐."(1절) "우리가 전한 것"은 선지자들은 메시야가 오셔서 이스라엘뿐 아니라 열방을 구원하실 것이라는 기쁜 소식을 말한다. 하나님께서 선지자를 보내 그렇게도 많이 전했지만 믿는 자들이 별로 없었다.

"그는 주 앞에서 자라나기를 연한 순(tender shoot) 같고 마른 땅에서 나온 뿌리(a root out of parched ground) 같아서 고운 모양도 없고 풍채도 없은즉 우리가 보기에 흠모할 만한 아름다운 것이 없도다."(2절)

이사야는 여호와의 종이 연약하고 볼품이 없어서 사람들에게 멸시를 당할 것이라 했다. 연한 순, 마른 땅에서 나온 줄기는 레바논의 백향목과 같지 않다. 이것은 메시야가 철저히 낮아지실 것을 예언한 것이다. 하나님이신 그가 인간의 몸을 입고, 그것도 말구유에서 태어나셨다. 그는 인간적으로 매력을 끌만한 외모를 가지지 못했으며 유대인들이 괄시하는 갈릴리 지방 출신이었다. 이런 여호와의 종이 과연 하나님의 구원 역사를 이룰 수 있을까? 그런데 1절에서 "여호와의 팔이 누구에게 나타났느냐"고 했다. 바로 여호와의 종에게 나타났다. 이것은 참으로 놀라운 일이 아닐 수 없다.

3, 4절은 그가 멸시를 당하고 버림받게 될 것을 예언하고 있다.

"그는 멸시를 받아 사람들에게 버림받았으며 간고를 많이 겪었으며 질고를 아는 자라 마치 사람들이 그에게서 얼굴을 가리는 것 같이 멸시를 당하였고 우리도 그를 귀히 여기지 아니하였도다."(3절)

그의 고통과 죽음은 대속을 위한 것이었다. 우리 죄를 위하여 대신 수모를 당하고 죽으셨다. 그는 간고, 질고, 멸시 다 짊어지셨다. 간고(*makobowt*, sorrows)는 슬픔을 말한다. 질고(*holi*, grief, infirmities)는 원래 질병, 곧 죄로 인한 질병을 뜻한다. 질고를 안다는 것은 우리의 죄로 인한 질병의 고통이 얼마나 큰 가를 아신다는 것이다. 그래서 공의의 하나님은 그리스도로 하여금 십자가를 대신 지게 하심으로 우리의 죄 값을 지불하게 하셨다. 인간 스스로 그 짐을 질 수 없다는 것을 아셨기에 우리를 위해 대신 지신 것이다. 하나님 아버지의 사랑이 아니면 불가능한 일이다. 그로 인해 우리는 하나님과의 관계가 다시 새로워지고 치유함을 받게 되었다. 그럼에도 불구하고 사람들은 그를 외면하고 우리도 그를 귀하게 여기지 않았다.

"그는 실로 우리의 질고를 지고 우리의 슬픔을 당하였거늘 우리는 생각하기를 그는 징벌을 받아 하나님께 맞으며 고난을 당한다 하였노라."(4절)

여호와의 종은 우리가 당해야 할 질고와 슬픔을 대신 지셨다. 질고가 육신적 아픔이라면 슬픔은 정신적 아픔을 말한다. 육신의 아픔에서 정신적 아픔까지 모든 아픔을 다 짊어지셨다. 그리스도께서 우리 인류를 대신하여 고난을 당하시는 데도 우리는 그 사실을 깨닫지 못하고, 오히려 그가 징벌을 받아 고난을 당한다 생각했다. 이렇게 잘못된 오해가 있을 수 없다. 그로 인한 상처 또한 얼마나 크셨을까. "실로"(*aken*, surely)는 진실로, 분명하게라는 뜻이다. 주님이 우리 때문에 상처받고 십자가를 지심이 진실이라는 것이다. 그는 그 질고를 이겨냈고, 우리는 그 고난을 믿는 믿음을 통해 의롭다 함을 입었다.

5, 6절은 그의 찔림과 상함이 우리의 허물과 죄 때문임을 밝히고 있다.

"그가 찔림은 우리의 허물(transgressions) 때문이요 그가 상함은 우리의 죄악(iniquities) 때문이라 그가 징계를 받으므로 우리는 평화를 누리고 그가 채찍에 맞으므로 우리는 나음을 받았도다."(5절)

우리가 죄악을 범했을 때 그 길은 심판을 받아 멸망하는 길밖에 없었다. 그러나 하나님 아버지는 메시야를 보내 우리를 구원해 주셨다. 그러나 공의의 하나님은 스스로 그 대가를 치루셨다. 찔림, 상함, 맞음은 그 대가가 어떠했는가를 보여준다. 그것은 우리가 찔리고, 상하고, 맞아야 할 아픔들이었다. 우리를 향하신 하나님의 사랑은 그 아픔보다 크다.

찔림, 상함, 맞음은 죄를 지면 심판받고 고난 받을 수밖에 없음을 보여준다. 다윗이 죄를 범했을 때 아내의 수욕과 자식의 반란 등을 통해 고난을 받았다. 죄는 필연적으로 벌을 받게 되어 있다.

주님은 나대신 슬픔을 당하시고, 매를 맞으며, 찔리고, 상하고, 징계를 받고 채찍에 맞으셨다. 나대신, 우리 대신 고통당하시고 그 값을 치루셨다. 이것은 망신당한 정도가 아니다. 십자가의 죽음은 말할 수 없는 고난과 고통을 동반한다. 주님은 그 모든 수모와 아픔을 우리를 위해 담당하셨다.

우리의 허물과 우리의 죄악 때문이다. 허물은 우리가 하나님을 배반함으로 인해 관계가 파괴되었음을 의미한다. 죄악은 원어로 볼 때 하나님이 정하신 원칙을 왜곡시키고, 구부러지게 하며, 비틀어 떠나감을 의미한다. '우리' 라는 말이 계속 반복되는 것에 주목해야 한다. 주님은 나 자신을 포함해 우리 모두를 위해 십자가를 지셨음을 심각하게 느껴야 한다. 우리의 내적인 죄, 외적인 죄 모두가 예수님을 찌르고 매 맞게 했다. 십자가는 불의, 권리박탈, 버림받음, 갈증, 죽음이 있는 곳이다. 생명 자체이신 주님이 죽임을 당하신 곳이다.

예수님이 징계를 받음으로 우리가 평화를 누릴 수 있게 되었고 나음을 입게 되었다. 샬롬은 단지 평화만을 의미하지 않는다. 인간의 전 존재가 하나님 앞에 가까이 있는 것을 말한다. 여기서의 '우리' 는 죄악가운데 있는 '우리' 와는 성격이 다르다. 변화된 우리이기 때문이다. 예수님이 징계를 받음으로 하나님과 우리 관계는 모두 치유되었다. 하나님은 치료하시는 하나님이시다. 죄가운데 있을 때 우리에겐 평화가 없었고, 무질서했다. 그러나 하나님과의 관계가 회복됨으로 인해 육체적으로나 정서적으로, 도덕적으로 회복되었다.

'그가 채찍에 맞음으로 우리가 나음을 입었도다.' 이 나음은 영과 육의 나음을 의미한다. 우리는 주님께 빚진 자이다. 우리는 주님 앞에 빚진 자로서 주님을 위해 살아야 한다. "저가 모든 사람을 대신하여 죽으심은 산 자들로 하여금 다시는 저희 자신을 위하여 살지 않고 오직 저희를 대신하여 죽었다가 다시 사신 자를 위하여 살게 하려 함이니라."(고후 5:15)

"우리는 다 양 같아서 그릇 행하여 각기 제 길로 갔거늘 여호와께서는 우리 모두의 죄악을 그에게 담당시키셨도다."(6절)

우리가 그릇행하여 각기 제 길로 갔다는 것은 그만큼 죄를 지었다는 말이다. 죄의 보편성이다. 여기서 "우리"는 하나님 보시기에 인간이 어떤 존재였는가를 잘 나타내고 있다. 하나님 보시기에 인간은 목자를 떠난 양처럼 천방지축으로 생활하고 있었다. 양은 풀이 어디에 있는지 몰라 목자의 인도함을 받아야 한다. 양은 초식동물로 다른 맹수들로부터 자신을 방어할 능력도 없어 목자의 보호가 필요하다. 목자에게 연결되어 있어야 하는 양이 자기 죽을 줄도 모르고 제멋대로 멀리 갔다.

사사기에 21:25에 "각기 자기의 소견에 옳은 대로 행하였더라."는 말씀이 있다. 이것은 바로 그릇행하여 각기 제 길로 갔음을 보여준다. 당시 사회는 무조건 힘으로 빼앗는 사회였다. 에봇을 보면 빼앗고, 남의 아내를 윤간하는 등 하나님의 법도에서 멀어졌다. 이사야 당시에도 사회는 강포와 흉악으로 가득 찼고 연약한 자의 것을 빼앗는 사회로 전락했다. 하나님이 세우신 원칙을 무시하면 하나님과의 관계가 깨지게 된다. 의사가 기술을 자기 멋대로 사용하면 살리는 의사가 아니라 죽이는 의사가 된다. 지식인이 자기의 지식을 멋대로 사용하면 하나님의 일과는 멀어진다. 그리스도인은 자기 소견대로 사는 사람이 아니라 주님의 뜻을 따라 사는 사람이다.

하나님은 우리가 담당해야 할 죄의 짐을 예수님으로 지게 만드셨다. 사랑의 하나님께서 인간이 망해가는 것을 차마 볼 수 없으셨기 때문이다. 하나님은 그만큼 우리를 사랑하셨다. 예수님은 상처받고서도 십자가를 대신 지셨다. 질고, 간고, 멸시, 슬픔 등 온갖 상처를 다 짊어지셨다. 대속제물인 아사셀 양이 된 것이다(레 16:21). 이스라엘의 모든 불의와 죄를 염소 머리 위에 얹듯 주님은 우리 모든 것을 짊어지셨다. 주님이 우리 죄의 짐을 지심으로 평안을 얻고 치유함을 받게 되었다. 작은 예수인 우리도 무리의 죄악을 비판만 할 것이 아니라 치유를 위해 그 짐을 나누어지는 생활을 해야 한다.

7-9절은 그가 곤욕을 당하여도 그 입을 열지 아니할 것을 예언하고 있다

"그가 곤욕을 당하여(oppressed) 괴로울(afflicted) 때에도 그의 입을 열지 아니하였음이여 마치 도수장으로 끌려가는 어린 양과 털 깎는 자 앞에서 잠잠한 양 같이 그의 입을 열지 아니하였도다."(7절)

그가 입을 열지 않았다는 것은 지고한 순종과 사랑을 드러낸다. 그리스도는 속죄양이 되셨다. 그는 도살장에 끌려가면서도 입을 열지 않으셨다. 털 깎는 자 앞에서 잠잠한 양같이 조용히 징계를 받으셨다. 오직 우리를 죄에서 구원하시기 위함이다.

"그는 곤욕(prison, oppression)과 심문(judgment)을 당하고 끌려갔으나 그 세대 중에 누가 생각하기를 그가 살아 있는 자들의 땅에서 끊어짐(be cut off)은 마땅히 형벌 받을 내 백성의 허물 때문이라 하였으리요."(8절)

그리스도는 불공정한 재판을 받고 십자가 형벌을 받으셨다. 이사야는 그가 고난을 당하고 죽게 된 것은 그의 죄 때문이 아니라 자기 백성의 죄 때문임을 밝혔다. 그 죄로 죽어야 할 사람은 바로 우리였다는 말씀이다.

"그는 강포를 행하지 아니하였고(no violence) 그의 입에 거짓이 없었으나 그의 무덤이 악인들과 함께 있었으며 그가 죽은 후에 부자와 함께 있었도다."(9절)

그리스도는 행실로나 말로나 아무 죄를 짓지 않으셨다. 그럼에도 불구하고 악인들처럼 죽임을 당하여 무덤에 들어가게 되었다. 죽은 후에 부자(*asir*, the rich)와 함께 있었다는 것은 부자의 묘실에 묻혔다는 것이다. 이 예언의 말씀대로 예수님은 아리마데 요셉의 무덤에 장사되었다(마 27:57-60).

"여호와께서 그에게 상함을 받게 하시기를 원하사 질고를 당하게 하셨은즉 그의 영혼을 속건제물로 드리기에 이르면 그가 씨를 보게 되며 그의 날은 길 것이요 또 그의 손으로 여호와께서 기뻐하시는 뜻을 성취하리로다."(10절)

그리스도는 죄와 허물로 죽어 마땅한 형벌을 받아야 할 "내 백성" 대신에 속건제물(*asam*, offering for sin)이 되셨다. 속건제는 위반자가 그가 죄를 범한 상대에 대해 배상을 해야 하고, 수양을 제물로 바쳤다. 그리스도는 우리의 죄책을 하나님의 공의에 만족시키기 위해 그 자신을 의로운 제물로 바치셨다. 우리를 위해 고난을 당하고 죽임을 당하신 것이다. 그러나 그의 죽음은 끝이 아니다. 오히려 여호와의 종의 궁극적 승리로 나타난다. 그의 죽음이 그의 씨(zera, seed)를 잉태하기 때문이다. 그리스도께서 대속의 제물로 죽으심으로 그의 씨, 곧 그리스도를 믿는 자들이 생겨나서 그의 영적 후손을 보게 된다. 이 씨는 구원받은 백성들 속에 너 넓고 깊세 자리 잡아 하나님의 나라를 이룬다. "그의 날(*yamim*, days)이 길 것이요"는 그가 부활하셔서 영원히 사실 것이며 그의 나라가 더욱 왕성하게 된다는 말이다. 그리하여 하나님의 뜻을 이룬다. 주님은 기쁨으로 그 질고를 감당하셨다. 그의 씨는 그리스도를 믿게 될 사람이며 그 날이 길게 하기 위해 그는 부활했고 하나님의 뜻을 성취했다.

"그가 자기 영혼의 수고한 것을 보고 만족하게 여길 것이라 나의 의로운 종(My Righteous Servant)이 자기 지식으로(by His knowledge, 그분을 앎으로, 그리스도를 아는 지식으로 말미암아가 의롭게 하고자 하는 사람들이 소유한 지식으로,) 많은 사람을 의롭게 하며 또 그들의 죄악을 친히 담당하리로다."(11절)

이렇게 되면 여호와의 종은 자신이 이루어놓은 일을 보고 만족해하고, 많은 사람들의 죄악을 친히 담당하고 그들을 의롭게 해 줄 것이다. "자기 지식으로"(by His knowledge)는, 그 자신이 소유한 지식이 아니라 그가 의롭게 하고자 하는 사람들이 "그분을 앎으로", "그리스도를 아는 지식으로 말미암아" 의롭게 된다는 것을 가리킨다. 우리가 의롭게 된 것은 우리가 진정 의로워서가 아니다. 주님이 우리의 죄를 담당하심으로 의롭게 된 것이다. 오직 의로우신 한 분, 곧 주님의 의를 덧입게 된 것이다. 주님은 그렇게 되기를 바라셨다.

"그러므로 내가 그에게 존귀한 자와 함께 몫을 받게 하며 강한 자와 함께 탈취한 것을 나누게 하리니 이는 그가 자기 영혼을 버려 사망에 이르게 하며 범죄자 중 하나로 헤아림을 받았음이니라 그러나 그가 많은 사람의 죄를 담당하며 범죄자를 위하여 기도하였느니라." (12절)

그러므로 나는 그가 존귀한 자들과 함께 자기 몫을 차지하게 하고(divide a portion), 강한 자들과 함께 전리품을 나누게 하겠다. 내가 강하고 위대한 자들의 영예를 그에게 주겠다는 말씀이다. 그럴만한 이유가 있다. 그는 기꺼이 자기 생명을 바쳐 범죄자처럼 되었으며 많은 사람들의 죄를 짊어지고 그들이 용서받도록 기도하였기 때문이다. 그리스도는 죄가 없으시지만 친히 우리의 죄를 담당하신 중보자시다. 그는 인류의 죄를 담당하셨고, 십자가에서도 죄인을 위해 기도하셨다. 그분이 바로 예수 그리스도시다.

이사야서 54장

하나님의 영원한 사랑과 화평의 언약, 예루살렘의 회복

1. 하나님의 영원한 사랑과 화평의 언약(1-10절)

1-3절은 시온을 향한 약속이다. 선지자는 지금의 시온을 자식이 없는 외로운 과부에 비유하며 그 과부에게 수많은 자식이 생길 것이니 그에 대한 준비를 하라고 한다.

아기를 낳지 못하는 여자, 해산의 고통을 모르는 여자를 향해 노래하며 기쁨으로 외치라 하고, 홀로 사는 여자의 자녀가 남편 있는 여자의 자녀보다 더 많을 것이라 한다(1절). 이 여인을 시온(예루살렘)으로 보기도 하고, 나라를 잃고 바벨론에 포로생활을 하는 이스라엘(유다), 죄악에 빠진 택한 백성으로 보기도 한다. 이 여인이 남편이 있는 여인보다 더 많은 자녀를 가질 것이라 한다. 이것은 인간의 능력으로 할 수 있는 것이 아니다. 오직 하나님의 은혜로만이 가능하다.

너는 장막 터를 확장하고 장막도 튼튼히 지어라. 자녀가 많아져 예루살렘으로는 좁다. 네가 좌우로 퍼져 나가고, 너의 자손이 이방 나라들을 차지할 것이며, 황폐한 성읍들마다 주민들이 가득할 것이다(2, 3절). 이것은 바벨론에 의해 황폐해진 이스라엘이 새롭게 재건될 것을 말한다. 또한 광야처럼 영적으로 황폐해진 이방이 그리스도의 복음을 받아들여 윤택하게 될 것을 의미한다.

4-10절에서 하나님은 영원한 평화를 언약하신다. 두려워하거나 놀라지 말라. 다시는 수치를 당하지 않을 것이다. 너는 젊었을 때(이집트에서 노예 생활하던 때)의 수치를 잊게 되고 과부 시절(바벨론 포로시기)의 슬픔을 기억하지 않게 될 것이다(4절). 너의 창조자 만군의 여호와는 너에게 남편과 같은 분이시다. 너를 구원하실 분은 온 세상의 하나님이 되시는 이스라엘의 거룩하신 분이시다(5절). 하나님은 모든 피조물을 주관하시고, 그의 택한 백성을 돌보시는 분이시다. 하나님이 남편이 되시니 유다 백성이 수치를 당하지 않게 된다는 말씀이다.

젊은 나이에 아내가 되었다가 버림받은 너를 주님께서 부르신다. "내가 잠시 너를 버렸으나, 큰 긍휼로 너를 다시 불러들이겠다. 내가 잠시 분노하여 너를 외면했으나 영원한 자비로 너를 불쌍히 여기겠다." (6-8절) 이스라엘이 죄를 범함으로 잠시 버렸다. 하지만 하나님께서 큰 긍휼과 영원한 자비를 베푸셔서 그를 다시 사랑받는 아내로 회복시키시겠다는 것이다.

내가 노아 때에 다시는 홍수로 멸망시키지 않겠다고 맹세한 것처럼 다시는 너에게 분노하거나 너를 책망하지 않기로 맹세하였다(9절). 산들이 옮겨지고 언덕이 흔들린다 하여도, 나의 자비(은총)이 너에게서 떠나지 않으며, 화평의 언약(covenant of peace)을 파기하지 않겠다(10절).

2. 예루살렘의 회복(11-17절)

하나님께서 예루살렘을 회복시키신다. 요한계시록의 새 예루살렘처럼(계 21:10, 18-21) 보석으로 기초를 다시 쌓고, 홍옥으로 탑을 세우며, 성문과 성벽을 빛나는 보석으로 꾸민다. 하나님이 자기 백성들을 가르치시고, 그들에게 번영과 평화를 주신다. 예루살렘이 의로 굳게 선다.

원수들이 멀리 물러가니 두려워하지 않아도 된다. 누가 너를 친다 해도 하나님이 허락한 것이 아니니 너와 싸우는 자는 다 패망할 것이다. 무기를 만드는 대장장이도, 군인도 내가 창조하였다. 그러므로 어떤 무기도 너를 해치지 못하고, 누가 너를 비난해도 너는 반박할 수 있을 것이다. 내가 내 종들을 변호하고 그들에게 승리를 주기 때문이다.

이사야서 55장

목마른 자에게 주시는 하나님의 값없는 은혜

1-5절은 은혜가 풍성하신 나, 곧 하나님을 찾으라는 말씀이다. 하나님은 목마른 자들에게 대가 없이 풍성한 은혜를 주시기 때문이다. 이것은 포로생활에서 돌아온 백성들이 장차 번영을 누리게 될 것을 보여주는 것이자 하나님의 진리를 갈급해하는 자들이 얻게 될 구원을 예표하고 있다.

하나님께서 말씀하신다. "너희 모든 목마른 자들아 물로 나아오라 돈 없는 자도 오라 너희는 와서 사 먹되 돈 없이, 값 없이 와서 포도주와 젖을 사라." (1절) 목마른 자는 영적으로 기갈을 느끼는 자를 말한다. 물, 포도주, 젖은 영적 생활에 필요한 양식, 곧 복음을 의미한다.

너희가 왜 양식이 아닌 것, 곧 우상숭배나 세상의 부귀영화를 위해 돈을 쓰며, 만족을 주지 못하는 것을 위해 수고하는가? 너희는 내 말에 귀를 기울여라. 그러면 너희가 좋은 것을 먹을 것이며 너희 영혼이 기름진 것, 곧 하나님이 주시는 풍성한 영적 은혜로 만족을 누릴 것이다(2절).

너희는 귀를 기울이고 나에게 와서 들으라. 그리하면 너희의 영혼이 살 것이다. 내가 너희와 영원한 언약을 맺겠다. 이것은 다윗에게 허락한 확실한 은혜이다(3절). 하나님은 우리와 영원한 언약을 맺음으로, 다윗에게 약속한 그 나라, 곧 하나님의 나라가 계속 존속하게 하시겠다는 말씀이다. 다윗은 하나님으로부터 그의 왕조가 영원히 이어질 것을 약속받았고, 그 약속은 메시야에서 정점을 이룬다.

내가 그를 많은 민족 앞에 증인(witness)으로 세웠고, 많은 민족들의 인도자(leader)와 명령자로 삼았다. 네가 알지 못하는 나라를 네가 부를 것이며 너를 알지 못하는 나라가 네게로 달려올 것은 여호와 네 하나님 곧 이스라엘의 거룩하신 이로 말미암음이니라 이는 그가 너를 영화롭게 하였느니라(4, 5절). 여기서 "그"는 다윗을 말하지만 실제로는 그의 왕위를 계승하여 영원히 왕노릇할 메시야를 가리킨다. 하나님의 은혜로 이방인들이 하나님의 백성의 반열에 오른다.

6, 7절에서 이사야는 백성들에게 세 가지를 새롭게 강조하였다. 첫째는, 너희는 여호와를 만날 만한 때에 찾고, 가까이 계실 때에 그를 부르라는 것이다(6절). 하나님이 정하신 구원의 때가 있다. 그 때, 곧 주님이 재림하시면 더 이상 기회가 주어지지 않는다. 그러므로 지체하지 말고 지금 하나님께 돌아오라는 것이다. 둘째는, 악인은 그의 길을, 불의한 자는 그의 생각을 버리고 여호와께로 돌아오라는 것이다(7a절). 죄인으로 하여금 죄악의 길에서 벗어나라는 것이다. 끝으로, 하나님께 돌아오면 긍휼히 여기시고, 과거의 죄를 너그럽게 용서하신다는 것이다(7b절).

8, 9절에서 하나님은 온 세상을 초월해 계신 분이므로 사람이 그의 뜻을 알 수 없음을 밝히고 있다. "이는 내 생각이 너희의 생각과 다르며 내 길은 너희의 길과 다름이니라. 이는 하늘이 땅보다 높음 같이 내 길은 너희의 길보다 높으며 내 생각은 너희의 생각보다 높음이니라."(8, 9절) 죄의 용서에 대한 것도 누구나 다 믿을 수 있는 것이 아니다. 하나님의 자비하심의 차원은 인간의 차원과 다르기 때문이다.

10, 11절은, 눈과 비가 식물에 영향을 주어 열매를 맺게 하듯 하나님께서 하신 말씀도 어떤 결과를 분명히 가져올 것임을 말해준다. 비와 눈이 하늘로

부터 내려서 그리로 되돌아가지 아니하고 땅을 적셔서 소출이 나게 하듯 내 입에서 나가는 말도 이와 같이 헛되이 내게로 되돌아오지 아니하고 내 뜻을 이루며 내가 의도한 목적을 성취할 것이다.

12, 13절은 기쁨의 회복이다. 너희는 기쁨으로 나아가며 평안히 인도함을 받을 것이다. 황폐한 이스라엘에 가시나무와 질려 대신 잣나무(cypress)와 화석류(myrtle, 향기로운 유실수 나무)가 날 것이다. 이것은 저주받은 땅이 복된 상태로 회복된다는 말이다.

이사야서 56장

이스라엘의 축복에 동참하는 이방인, 부패한 지도자들에 대한 저주

1. 이스라엘의 축복에 동참하는 이방인(1-8절)

1-8절은 이방인들을 부르시는 내용이다. 메시야의 초청은 포로 된 이스라엘뿐 아니라 하나님께 연합한 이방인들에게 해당된다. 이것은 구원의 복음이 이스라엘을 넘어 온 세계를 향해 있음을 보여준다.

하나님께서 자기 백성에게 말씀하신다. "구원의 날이 가까이 왔다. 그러므로 너희는 정의를 지키고 옳은 일을 행하라. 나의 공의가 곧 나타날 것이다." (1절) 구원의 날이 가까울수록 우리가 해야 할 일은 정의와 의를 행하는 것이다. "안식일을 더럽히지 않고 잘 지키는 자와 악을 행하지 않는 자에게 복이 있다." (2절) 이것은 예배와 생활이 일치해야 한다는 것을 가르쳐 준다.

하나님을 섬기는 이방인들에게도 말씀하신다. "틀림없이 하나님께서 나를 자기 백성과 구별하실 것이라고 하지 말라. 고자(eunuch)도 나는 마른 나무에 불과할 뿐이야 하고 불평하지 말라." (3절) 믿음 있는 이방인들은 아무리 자기들이 믿음이 있다 해도 하나님은 자기들을 이스라엘 백성과는 달리 구별하리라(separate) 생각했다. 하지만 그렇지 않다고 하신다. 하나님의 은혜는 모든 사람에게 똑같이 적용된다.

율법에 고환이 상한 자와 음경이 잘린 자는 성회에 참여하지 못하도록 되어있어(신 23:1) 사람들로부터 소외를 당했다. 그들은 하나님께서도 구별하실 것이라 생각했다. 하지만 하나님은 말씀하신다. "내 안식일을 지키며 나를 기쁘게 하는 일을 택하고 내 계약을 굳게 지키는 고자들에게 내 성전과 성 안에서 아들딸보다 더 나은 기념물과 이름, 곧 영광과 명성을 주어 영원히 잊히지 않게 할 것이다."(4, 5절) 그들이 결코 버림을 받는 일은 없으며, 믿음을 지키는 자는 오히려 더 존중될 것이라 하신다.

하나님은 자기를 사랑하고 섬기며 안식일을 지키고 그의 언약을 굳게 지키는 이방인들에게 말씀하신다(6절). "내가 너희를 나의 거룩한 산으로 인도하여 내 기도하는 집에서 너희에게 기쁨을 줄 것이며 너희가 내 제단에 드리는 희생의 제물을 내가 기꺼이 받을 것이다. 이것은 내 성전이 모든 민족의 기도하는 집(house of prayer for all nations)이 될 것이기 때문이다."(7절) 성전은 특정인만을 위한 집이 아니라 만민이 기도하는 집이라는 말씀이다. 이런 사상은 솔로몬이 성전을 봉헌하면서 드린 기도에도 나타나 있다(왕상 8:41-43).

이스라엘의 흩어진 백성, 곧 바벨론으로 끌려간 이스라엘 백성을 모으시는 하나님께서 자기 백성 외에 다른 민족도 그에게 불러 모으시겠다고 약속하셨다(8절). 이것은 그리스도를 통해 모든 이방 사람들이 하나님께 돌아올 것을 말씀하신 것이다. 하나님은 온 세상을 향해 열려있다.

2. 부패한 지도자들에 대한 저주(9-12절)

하나님은 이스라엘의 파수꾼(*sopaw*, watchmen), 곧 선지자들과 제사장들을 포함한 이스라엘 지도자들을 가리켜 소경, 짖지 못하는 개, 꿈이나 꾸고 잠자기 좋아하는 자라 하시고, 이방 민족을 향해 들짐승처럼 와서 내 백성을 삼키라 하신다. 저주 선포다. 영적으로 깨어있어야 할 그들이 탐욕을 일삼고 향락에 빠졌기 때문이다. 본분을 잃은 지도자는 하나님의 보호를 받지 못한다.

이사야서 57장

이스라엘의 우상숭배,
이스라엘의 잘못을 고치시는 하나님

1. 이스라엘의 우상숭배(1-13절)

이사야는 이 단원에서 아주 준엄한 어조로 이스라엘(유다) 특권층의 죄악을 성토하고 있다. 1, 2절은 타락한 이스라엘 공동체 안에서 고난당하는 의인들에 대한 위로와 구원의 약속을 선포한다.

의롭고 경건한 사람이 죽어도 그 일에 관심을 가지고 깊이 생각하는 자가 없다. 재앙이 닥치기 전에 내가 그들을 데려가도 그 사실을 깨닫는 자가 아무도 없구나. 의인들이 악한 자들보다 먼저 세상을 떠나는 것은 재앙, 곧 환란을 피하여 가는 것이다(1절). 이 재앙은 므낫세 치하에서 하나님께 충성하던 사람들이 핍박받아 죽을 것으로 보기도 하고, 바벨론에 포로가 될 것으로 보기도 한다. 하나님께서 의인으로 하여금 이 재앙을 맛보지 않게 하시려는 것임을 사람들은 모른다는 것이다.

"그들은 평안에 들어갔나니 바른 길로 가는 자들은 그들의 침상에서 편히 쉬리라."(2절) 살아있는 자들은 그 환란을 맛보게 되지만 죽은 의인들은 평안과 안식을 누리게 된다는 것이다.

3, 4절은 의인을 멸시한 악인들, 곧 우상숭배자들에 대해 질책하고 있다. 히스기야는 우상숭배를 타파하기 위해 전력을 다했지만 백성들 가운데 상당

수는 우상숭배를 계속했고, 므낫세 때는 우상숭배가 만연했다.

무당의 자식들아, 간음하는 자와 창녀의 자식들아, 이리 가까이 오라. 너희가 누구를 조롱하느냐? 너희가 누구에게 입을 크게 벌리고 혀를 내미느냐? 너희는 하나님을 배반하고 거짓말하는 자들의 자식이 아니냐? 하나님을 떠나 우상을 섬기는 배교자들이라는 말씀이다.

5-10절은 이스라엘 백성들이 어떻게 우상을 섬겼는가를 적시하고 있다.

너희는 상수리나무 사이, 모든 푸른 나무 아래에서 음욕을 피우고(우상을 섬기고) 골짜기와 바위틈에서 너희 자녀를 제물로 바쳐 죽이고 있다(5절). 몰렉과 바알을 숭배하던 자들이 자녀를 제물로 바친 것을 지적하고 있다.

너희는 골짜기에서 매끄러운 돌을 주워 그것을 신으로 섬기고, 그것을 너희가 제비뽑아 얻은 것, 곧 유산(기업)처럼 생각하여 거기에 술을 따르며(drink offering, 전제) 곡식으로 소제(grain offering)를 드리고 있다. 그러니 내가 어떻게 이런 일을 용납할 수 있겠는가?(6절). 전제는 포도주를 부어드리는 제사로, 이방인들이 우상을 섬길 때 즐겨 사용했었다.

너희가 높은 산으로 올라가서 거기에 자리를 펴고 제사를 지냈다(7절). 네가 또 네 기념 표(your pagan symbols), 곧 이방 신을 기념하는 물건을 문과 문설주 뒤에 두었다. 유다 백성들이 문 뒤에 우상을 세워 놓고 나 아닌 다른 자를 섬겼다는 말씀이다. 모세는 율법의 주요 구절을 집 문설주와 바깥문에 기록하도록 가르쳤다. 그러나 유다 백성들은 이런 가르침을 무시하고 적극적으로 우상을 섬겼다. 너희는 나를 사랑하기보다 우상에게 너희 사랑을 바쳐 너희가 간음하고 있다(8절).

너희는 감람기름과 향품을 가지고 가서 우상인 몰렉에게 선물로 바쳤다. 어디 그뿐이랴. 또 섬길 다른 우상을 찾기 위해 먼 나라에 까지 사신을 보내고 스올(Sheol), 곧 지옥에까지 내려가게 하였다(9절). 몰렉은 암몬 사람들이 섬기던 신이다. 유다 백성들이 그 신을 섬겼다. 더 나아가 하나님께 도움을 구하기보다 이방 나라의 도움을 얻기 위해 사신을 보냈다. 이것은 어떤 의미에서 정치적 우상숭배 행위이다. 그들이 지옥에까지 내려갔다는 것은 저자세 외교를 했다는 말이다.

네가 다른 신을 찾다가 지쳐도 헛된 일이라 말하지 않는다. 결코 포기하지 않는다. 그리곤 다시 힘을 얻어 그 일을 계속한다(10절). 지치지 않고 우상숭배 행위를 끊임없이 한다는 말이다. 이것은 유다가 얼마나 하나님으로부터 멀리 떨어져 있었는가를 보여준다.

하나님은 물으신다. "너희가 그처럼 두려워하는 이 신들이 과연 누구이기에 너희가 나에게 거짓말을 하고 나를 까마득하게 잊어버렸느냐? 너희가 나를 두려워하지 않은 것은 내가 오랫동안 침묵을 지켰기 때문이 아니냐?"(11절). 이 말씀은 유다가 우상을 그토록 두려워하면서도 여호와 하나님을 두려워하지 않는 것을 질책하신 것이다. 우상이 하나님보다 크고 두렵다는 말인가. 하나님께서 그들을 금방 심판하지 않으시고 참고 또 참으셨는데, 그들은 오히려 하나님의 인내를 잘못 인식하고 있다.

하나님은 마침내 심판을 선언하신다. "네 공의를 내가 보이리라 네가 행한 일이 네게 무익하니라."(12절) 너는 네가 하는 일이 다 옳다고 생각하겠지만 심판으로 너의 소행을 내가 다 드러낼 것이다. 그 때 너희 행위가 너희에게 아무 도움이 되지 못할 것이다.

너의 우상들도 너를 돕지 못한다. 너의 우상들에게 살려 달라고 부르짖어 보아라. 오히려 바람이 우상들을 날려 버릴 것이며, 입김이 그것들을 쓸어버릴 것이다. 그러나 나를 의뢰하는 자, 곧 나에게로 피하여 오는 사람은 땅을 차지할 것이고, 나의 거룩한 산을 기업으로 얻으리라(13절). 우상을 의지하는 자는 허무하게 되고, 하나님을 신뢰하는 자는 유익하게 된다. 땅을 차지하고 하나님의 거룩한 산을 기업으로 얻는다. 이것은 그들이 하나님의 도우심으로 바벨론 포로 생활에서 본국으로 돌아와 거룩한 산(시온 산), 곧 거룩한 성전에서 하나님을 예배하게 될 것을 말해준다.

2. 이스라엘의 잘못을 고치시는 하나님(14-21절)

하나님이 말씀하신다. "땅을 돋우고 돋우어서 길(*darek*, the way)을 내라. 나의 백성이 걷는 길에 거치는 것이 없게 하라"(14절). 이것은 유다 백성이 바벨론 포로에서 해방되어 돌아올 것을 비유적으로 말한 것이다. 귀환 길에 장애되는 것을 없애라는 것이다.

가장 높고 거룩하며 영원하신 하나님께서 말씀하신다. "나는 높고 거룩한 곳에 있지만 겸손한 마음으로 죄를 깊이 뉘우치는 자와 함께 있다. 이것은 겸손한 자의 영을 소생시키며 통회하는 자의 마음을 소생시키려 함이다."(15절) 하나님은 높은 보좌에 계시지만 그 마음은 늘 통회하며 겸손한 자(*sepalim*, the humble)에게 있다 하신다. 그리고 그 마음을 하나님의 거처로 삼겠다고 하신다. 그 마음을 하늘 보좌처럼 여기시겠다는 것이다. 이것은 하나님이 기뻐하시는 것이 무엇인가를 가르쳐주시는 놀라운 말씀이다. 그러니 우상숭배자들아, 회개하고 하나님께 돌아오라.

하나님은 사람들과 영원히 다투거나 항상 분노하지는 않을 것이라 하셨다. 만일 그렇게 한다면 하나님이 지으신 사람들의 영과 혼이 피곤하여 하나님 앞에서 견딜 수 없을 것이다(16절). 하나님은 그들의 죄와 탐욕이 너무 커 분노하시고 그들을 벌하셨다. 하지만 그들은 오히려 더 고집을 피우며 자기 멋대로 행동했다(17절). 하나님은 그들의 잘못된 소행을 보았지만 이제는 그들을 고쳐 주겠다고 하신다. 내가 그들을 인도하며 도와주고 슬퍼하는 자들을 위로하고(18절), 먼 데 있든 가까운 데 있든 그들에게 샬롬의 평안을 주고 그들을 모두 고치겠다고 하신다(19절).

하지만 악인에게는 예외다. 악인들은 요동치는 바다와 같다. 끊임없이 물결을 일으켜 진흙과 더러운 것을 솟구쳐 오르게 한다. 악인들에게는 평안이 없을 것이다(20, 21절).

이사야서 58장

하나님이 기뻐하시는 참된 금식, 참된 안식일

1. 하나님이 기뻐하시는 참된 금식(1-12절)

58장에는 금식에 관한 여러 말씀이 기록되어 있다. 1-3a절에서 하나님은 야곱의 집, 곧 이스라엘에 죄와 허물이 있음을 알리도록 하신다. 그것은 바로 그들이 날마다 나를 찾아와 나의 길 알기를 즐거워하고, 의로운 판단을 구하며, 하나님과 가까이 하기를 즐거워하고, 특히 자신을 낮추어 금식(fast)을 하는데도 하나님은 이를 알아주지 않는다고 불평한다는 것이다.

3b-5절에서는 금식 때 하나님이 기뻐하시지 않는 행위들을 소개하고 있다. 금식하는 날 오락을 찾아 얻는 행위, 온갖 일을 시키는 행위(이것은 일하는 사람에게 일을 많이 시키는 것으로 압제행위이다), 그리고 금식하면서 다투며 싸우며 악한 주먹으로 치는 행위이다.

이런 행위들은 마음을 괴롭게 하는 날에 할 일들이 아니다. 금식을 하면서 기도를 할 터인데 이런 행동을 한다면 자신의 기도를 하나님께 상달하고자 하는 의도가 전혀 없다는 표식이 아니겠는가. 나아가 "갈대같이 머리를 숙이고 굵은 베와 벼를 펴는 것"(5절)을 어찌 금식이라 말할 수 있겠는가 하신다. 금식의 모양은 있지만 참된 금식이 아니라 외식이라는 말씀이다.

6, 7절은 하나님이 기뻐 받으시는 금식을 소개하고 있다. 흉악의 결박을 풀어주며 멍에의 줄을 끌러 주며 압제당하는 자를 자유하게 하며 모든 멍에를 꺾는다. 주린 자에게 식물을 나눠주며 유리하는 빈민을 네 집에 들이며 벗은

자를 보면 입히며 또 골육을 피하여 스스로 숨지 않는다.

흉악의 결박과 멍에의 줄은 가난한 자들, 약소민족들에 대한 강대국, 가진 자들의 억압과 수탈을 가리키는 말이다. 이들이 이로 인해 받는 고통은 당시 금식하던 이스라엘 민족이 당하는 고통과 같다. 따라서 이런 억압에 시달리는 사람들을 돕고, 그들에게 자유를 누리게 해 주는 것은 바로 자신의 문제를 해결하는 일이기도 하다. 금식은 이처럼 어려움에 처한 자를 돌보는 마음에 이르게 한다. 금식을 통해서 이웃 사랑을 실천하는 것이다.

8-12절은 하나님이 기뻐하시는 금식을 하면 하나님의 응답도 아주 긍정적임을 보여준다. 급속한 치료와 빠른 응답이다. "그리하면 네 빛이 아침같이 비췰 것이며 네 치료가 급속할 것이며 네 의가 네 앞에 행하고 여호와의 영광이 네 뒤에 호위하리니 네가 부를 때에는 나 여호와가 응답하겠고 네가 부르짖을 때에는 말하지를 내가 여기 있다 하리라."(8, 9a절)

영혼의 만족이다. "여호와가 너를 항상 인도하여 메마른 곳에서도 네 영혼을 만족하게 하며 네 뼈를 견고하게 하리니 너는 물 댄 동산 같겠고 물이 끊어지지 아니하는 샘 같을 것이라."(11절)

황폐한 곳이 회복된다. "네게서 날 자들이 오래 황폐된 곳들을 다시 세울 것이며 너는 역대의 파괴된 기초를 쌓으리니 너를 일컬어 무너진 데를 보수하는 자라 할 것이며 길을 수축하여 거할 곳이 되게 하는 자라 하리라."(12절)

2. 참된 안식일(13, 14절)

13, 14절은 하나님이 기뻐하시는 안식일(Sabbath)에 대해 말씀하고 있다. 안식일을 거룩하고 소중한 날로 여겨 쾌락을 일삼지 않고 함부로 말하지 않으며 하나님 안에서 즐거움을 찾으면 너희를 어느 민족보다 높이고, 너희 조상 야곱에게 준 땅을 향유하도록 하겠다고 약속하신다.

이사야서 59장

이스라엘의 악과 압제, 죄의 자백, 하나님의 구원

1. 이스라엘의 악과 압제를 규탄한다(1-8절)

1, 2절은 50:2, 3과 같은 내용이다. 하나님께서 불평하는 유다 백성들에게 구원이 지연되는 이유를 밝히고 있다.

여호와의 손이 짧아서, 곧 하나님의 능력이 부족해서가 아니다. 귀가 둔하여 그들의 기도를 듣지 못해서가 아니다(1절). 문제는 유다 백성의 죄악 때문이다. "오직 너희 죄악이 너희와 너희 하나님 사이를 갈라놓았고 너희 죄가 그의 얼굴을 가리어서 너희에게서 듣지 않으시게 함이니라."(2절)

3-8절에서 이사야는 그들의 죄악을 더욱 구체적으로 지적하고 있다.

손은 피로 물들었고, 손가락은 죄로 더러워졌으며, 입술은 거짓을 말하고, 혀는 악한 것을 내뱉고 있다. 살인, 토색, 횡포, 극악이 넘친다. 사소한 부분까지도 죄로 가득하다.(3절). 공의로 소송을 제기하는 사람도 없고 진실 되게 재판하는 사람도 없다. 거짓말하고 악한 음모를 꾸며 상대방을 해치는데 급급하다(4절).

그들은 독사의 알을 품고, 거미줄로 옷감을 짠다. 그 알을 먹는 사람은 죽을 것이고, 그 알이 밟혀서 터지면, 독사가 나올 것이다. 그들이 꾸미는 악한 음모는 독사의 알처럼 치명적이다. 거미줄로 옷을 짤 수 없듯이 너희 악한 행위와 계획은 결국 무익하게 되리라. 그들이 미덕을 내세우지만 그것은 허울뿐이다. 그들이 하는 일이란 죄악을 저지르는 것뿐이고, 폭행만 있다(5, 6절).

그들의 발은 나쁜 일을 하는 데 빠르고, 죄 없는 사람을 죽이는 일에 신속하다. 그들의 생각이란 죄악으로 가득 차 있을 뿐이다. 그들이 가는 길에는 황폐와 파멸이 있을 뿐이다(7절). 너희는 평강의 길(the way of peace), 곧 참된 평안을 얻는 길이 무엇인지 모르며 정의와 진리가 무엇을 뜻하는지도 알지 못하고 계속 잘못된 길을 가고 있다. 그러므로 너희를 따르는 자들은 결코 평안을 누리지 못할 것이다(8절).

2. 백성이 죄악을 자백하다(9-15a절)

이 단원에서 이사야는 "우리"(*ne*, we)라는 인칭을 사용하며 자기를 포함하여 유다 백성들의 죄악을 공동체적으로 자백하고 있다.

하나님의 말씀에 백성들이 고백한다. 이제야 비로소 우리는 하나님이 왜 괴롭히는 자에게서 우리를 구원하시지 않는 이유를 알 것 같다. 정의가 우리에게서 멀고 공의가 우리에게 미치지 못하기 때문이다. 그러니 우리가 빛(light)을 기대하지만 어두움뿐 아닌가(9절). 그 때문에 우리가 소경처럼 더듬고 다니고 대낮인데도 캄캄한 밤처럼 넘어진다. 건장한 사람 가운데 있으면서도 우리는 마치 죽은 자 같이 되었다(10절). 하나님이 비추시는 빛, 곧 하나님의 인도하심이 없으면 우리는 영적 암흑 상태에 빠져 갈 길을 모르며 방황하게 된다.

우리 모두가 곰처럼 부르짖고, 비둘기처럼 슬피 울며, 공평을 바라지만 공평이 없고, 구원을 바라지만 그 구원이 우리에게서 멀다(11절). 소망이 없는 비참한 상태를 나타내고 있다. 하나님의 구원을 바라지만 더 이상 구원을 기대할 수 없어 곰처럼 절망하며 부르짖을 뿐이다.

백성들은 자기의 죄를 고백한다. 이 고백에는 이사야도 포함되어 있다. "우리의 허물이 주의 앞에 심히 많으며"는 우리 허물이 주 앞에서 자꾸 자꾸 드러난다는 말이다. 주님께 지은 죄가 아주 많다. "우리의 죄가 우리를 쳐서 증언하오니"는 우리의 죄가 우리를 고발한다는 말이다. 그러니 우리가 지은 죄를 우리가 발뺌할 수 없고, 우리의 죄를 우리가 잘 안다는 것이다(12절). 선지자는 백성의 죄악을 하나님 앞에서 범한 것으로 고백한다.

13-15절에서 선지자는 백성들이 범한 공동체적인 죄악을 하나하나 열거하고 있다. 우리는 하나님을 배반하고 속였다. 하나님께 등을 돌리고 물러가서, 포학한 말과 거역하는 말을 했다. 거짓말을 마음에 품었고, 실제로 거짓말을 했다(13절).

"정의가 뒤로 물리침이 되고 공의가 멀리 섰으며 성실이 거리에 엎드러지고 정직이 나타나지 못하는도다."(14절) 죄악으로 인해 우리 주변에는 정의(*mispat*, justice)와 공의(*sedaqah*, righteousness)와 성실(*emet*, truth)과 정직(*nekohah*, equity)이 사라졌다. 이것은 유다 일부에 국한 된 것이 아니라 사회 전체적으로 부패했다는 말이다(14절). 이처럼 어느 곳에서도 진실을 찾아볼 수 없게 되자 악을 피하는 자들이 오히려 희생의 제물이 되고 있다(15a절).

3. 하나님께서 자기 백성을 구원하신다(15b-21절)

하나님께서는 이것을 보시고 정의가 없는 것을 기뻐하지 않으시며(15b) 자기 백성을 도와 줄 중재자(*mapgia*, intercessor)가 없는 것을 보시고 놀라셨다. 중재자는 사람들의 악행을 막고 하나님께 돌아오게 하려고 애쓰는 자를 말한다. 그러므로 그가 직접 자기 능력과 의로 그들을 구하실 것이다(16절). 이 구절은 중재자가 하나도 없고 백성 스스로도 자기를 구원할 능력이 없음을 아시고 하나님께서 직접 나서서 능력의 팔로 그들을 구원하실 것이라는 말씀이다. 하나님께서 큰 죄에 빠진 우리를 구하시기 위해 독생자 예수 그리스도를 보내신 것도 마찬가지다.

17, 18절은 그들을 구원하시기 위해 나선 하나님을 완전히 무장한 용사로 비유하고 있다.

주님께서 공의를 갑옷으로 입으시고 구원의 투구를 머리에 쓰셨다. 보복(응징)을 속옷으로 입으시고 열심을 겉옷으로 입으셨다(17절). 이것은 자기 백성을 향한 하나님의 강렬한 사랑을 나타낸다. 그들이 행한 대로 갚아 주실 것이며 먼 땅에 사는 대적들에게 보복하실 것이다(18절).

하나님께서 세차게 흐르는 강물과 강한 바람처럼 오실 것이므로 동서 사방에 있는 모든 나라 모든 사람들이 하나님의 구원 사역을 보고 하나님의 이름과 그의 영광 곧 그의 위대한 능력을 두려워할 것이다(19절). 하나님이 행악자들을 심판하시므로, 온 민족이 두려워 떨 것을 말한다.

하나님께서 말씀하신다. "구속자가 시온에 임하며 야곱의 자손 가운데에서 죄과를 떠나는 자에게 임하리라."(20절) 구원자가 시온, 곧 이스라엘 백성 가운데 죄를 떠나는 사람들에게 찾아와 그들을 구원하신다는 말씀이다. 바울은 로마서 11:26에서 이 말씀을 인용하며 "그리하여 온 이스라엘이 구원을 받으리라 기록된바 구원자가 시온에서 오사 야곱에게서 경건하지 않은 것을 돌이키시겠고"라 하였다. 이스라엘이 구원을 얻는다는 것이다.

그리고 하나님께서 말씀하신다. "내가 그들(야곱 중에 죄악을 떠난 자)과 맺는 나의 언약(새 언약)은 이것이다. 내가 너희에게 준 내 성령(*ruhi*, My Spirit)과 말(*debaray*, My words, 증거와 관련 말씀)이 너희와 너희 후손들의 입에서 영원히 떠나지 않을 것이다."(21절) 하나님은 이스라엘과 맺은 언약을 재확인하시며 이스라엘을 새 언약의 백성으로 삼으신다. 바울은 이 말씀을 인용하며 하나님이 그들의 죄를 없이 할 때에 그들에게 이루어질 언약이라(롬 11:27) 하였다.

이사야서 60장

시온의 빛, 시온의 회복과 영광

1. 시온의 빛(1-9절)

60장은 시온에 미칠 하나님의 큰 구원과 회복된 시온의 영광을 시적으로 표현하고 있다. 하나님은 유다의 어두운 현실에도 불구하고 그들에게 놀라운 영광이 임할 것을 선포하셨다.

"일어나라 빛을 발하라 이는 네 빛(*owrek*, your light)이 이르렀고 여호와의 영광(*kebowd*, glory)이 네 위에 임하였음이니라."(1절) 예루살렘아, 일어나 태양처럼 빛을 비추어라. 구원의 빛이 너에게 비치었으며, 주님의 영광이 아침 해처럼 너의 위에 떠올랐다. 이 말씀은 유다 백성이 죄악을 청산하고 의를 나타내라는 것이다. 여기서 "빛"과 "여호와의 영광"은 바벨론 포로에서의 해방을 가리키지만 궁극적으로는 그리스도의 구원사역을 예표 한다.

"보라 어둠이 땅을 덮을 것이며 캄캄함이 만민을 가리려니와 오직 여호와께서 네 위에 임하실 것이며 그의 영광이 네 위에 나타나리니."(2절) 세상의 모든 민족이 어두움에 덮여있다 해도 너에게는 여호와의 영광이 비칠 것이라는 말씀이다.

모든 나라가 네 빛으로 나아오고 세상의 모든 왕들이 네게서 비치는 여호와의 영광을 보려고 오리라(3절). 시온에 빛과 영광이 임하자 모든 나라가 그것을 보려고 시온으로 나아온다. 눈을 들어 사방을 둘러보라. 이방민족들이 모두 모여 너에게 몰려오고 있다. 어디 그뿐이랴. 너의 아들들이 먼 곳으로부터 오며, 너의 딸들이 팔에 안겨서 올 것이다. 멀리서 네 자녀들도 시온으로 모여들 것이라는 말씀이다(4절).

그 때에 이것을 보는 너의 얼굴에는 기쁨이 넘치리라. 너의 가슴은 설레고, 기쁨에 벅찬 가슴은 터질 것 같으리라. 풍부한 재물이 뱃길로 너에게로 오며, 이방 나라의 재산이 너에게로 들어올 것이다. 이것은 예루살렘이 중심도시가 됨으로써 풍요해 질 것을 말하고 있다(5절).

6, 7절은 대상과 짐승의 떼도 예루살렘으로 몰려올 것을 말하고 있다.

예루살렘은 미디안(Midian)과 에바(Ephah)의 낙타들로 덮인다. 미디안과 에바는 같은 족속이다. 스바(Sheba) 사람들도 다 금과 향을 가지고 와서 여호와께서 행하신 일을 찬양한다. 스바는 솔로몬을 방문했던 여왕의 나라이다. 게달(Kedar)의 양떼와 느바욧(Nebaioth)의 수양이 너에게 끌려와 여호와의 제단에 바쳐질 것이다. 게달과 느바욧 모두 아라비아에 거주하는 족속으로, 그곳은 양과 수양으로 유명하다. 시온이 영적으로 회복된다. "내가 내 영광의 집을 영화롭게 하리라." 하나님께서 자기 성전을 더욱 영광스럽게 하실 것이다. 그동안 실추되었던 하나님의 집의 영광이 회복될 것을 말하고 있다.

8, 9절은 다시스의 배들이 하나님의 백성들과 그들의 은금을 싣고 예루살렘으로 나아올 것을 말하고 있다. 그들은 그것을 하나님께 드리고자 한다.

구름처럼, 보금자리를 찾아드는 비둘기처럼 미끄러지듯이 달려오는 것들이 보인다. 이것이 다 무엇인가? 너의 자녀들이다. 섬들이 나를 사모하며, 다시스(Tarshish)의 배들, 곧 큰 상선들이 맨 먼저 먼 곳에 있는 너의 자녀들을 데리고 오는 것이다. 그들이, 주 너의 하나님의 이름을 높이려고, 이스라엘의 거룩하신 하나님께 드리려고, 은과 금을 함께 싣고 온다. 이것은 하나님께서 너, 시온을 영화롭게 하셨기 때문이다.

2. 시온의 회복과 영광(10-22절)

하나님께서 시온을 향하여 말씀하신다. "비록 내가 진노하여 너를 쳤으나, 이제 내가 은혜를 베풀어서 너를 불쌍히 여기겠다. 이방 자손이 너의 성벽을 쌓고, 그들의 왕들이 너를 섬길 것이다."(10절) 아닥사스다 왕은 느헤미야에게 예루살렘 성을 건축하도록 조서를 내렸다. 이방 자손이 너의 성벽을 쌓을 것이라는 것은 이스라엘을 대적하던 이방인들이 이스라엘을 보호하러 나서게 될 것이라는 해석과 신약시대에 이방족속들이 하나님을 믿게 될 것이라는 해석 등이 있다.

시온의 성문이 주야를 막론하고 항상 열려 있다. 이방 민족들이 바치는 재물이 그 문을 통해 들어오기 때문이다. 세상의 왕들이 너를 섬길 것이다. 그러나 너를 섬기지 않는 나라는 아주 패망하고 말 것이다(11, 12절). 레바논이 자랑하는 소나무와 잣나무와 황양목(회양목)이 시온으로 운반된다. 그 나무들은 시온을 재건하고 성전을 아름답게 하는 데 사용될 것이다. 이렇게 해서 내가 나의 발 둘 곳, 곧 성소를 영화롭게 하겠다(13절). "나의 발 둘 곳"은 언약궤를 두는 곳으로, "하나님의 발등상"이라 부르기도 한다. 성전이 영화롭게 회복된다.

너를 괴롭히던 자들의 자손들이 너에게 와서 허리를 굽히며 너를 멸시하던 자들이 다 네 발 앞에 엎드려 너를 "여호와의 성", "이스라엘의 거룩한 하나님의 성, 시온"이라 부를 것이다(14절). 이것은 이방 족속들이 여호와 하나님을 참 신으로 인정할 것을 말해주고 있다.

시온이 전에는 버림을 당하고 미움을 받아 아무도 네 앞을 지나가는 자가 없었다. 하지만 이제는 내가 너를 길이길이 너를 높이고 대대로 기쁨이 되게 하겠다(15절). 황폐된 과거의 시온과 번영될 미래의 시온을 대비시키고 있다.

"네가 이방 나라들의 젖을 빨며 뭇 왕의 젖을 빨고"는 세계의 열강들과 왕들이 마치 어머니가 자식을 돌보듯이 너를 보살필 것이라는 말씀이다. 부와 권세 이외에도 시온과 성전의 발전을 위한 것이라면 무엇이든 시온에 유입될 것이라 해석하기도 한다. 그때 너는 나 여호와가 너를 구원하는 자요 너를 속량하여 자유를 주는 자이며, 야곱의 전능하신 하나님인 줄 알리라(16절).

내가 놋쇠 대신 금을 가져오게 하고, 철 대신 은을, 나무 대신 놋을, 돌 대신 철을 가져오게 하겠다. 이것은 하나님의 은혜로 솔로몬 시대처럼 시온이 풍성해질 것을 말하지만 하나님의 교회에 은혜가 풍성할 것을 예표 한다. 내가 평화를 너의 관원으로, 의를 너의 감독으로 세울 것이다. 시온에 참 평화와 의가 자리하고, 영적 평안이 넘치리라(17절). 다시는 네 땅에 폭군의 소리가 들리지 않고 황폐와 파멸도 없을 것이다. 네가 네 성벽을 향해 "구원"이라 부르며 네 성문을 "찬송"이라 부르리라(18절). 더 이상 낮의 해가 네 빛이 되지 않을 것이며 밤의 달도 네 빛이 되지 않고 나 여호와가 너의 영원한 빛이 되며 너의 하나님이 네 영광이 될 것이다. 새 예루살렘에서는 해와 달의 빛이 아니라 하나님과 어린 양이 영원한 빛이 되신다는 말씀이다(19절). 다시는 네 해가 지지 아니하며 네 달이 물러가지 아니한다. 하나님께서 네 영원한 빛이 되고, 네 슬픔의 날이 끝날 것이기 때문이다. 그곳에는 밤이 없고(계 22:5) 오직 기쁨과 구원의 빛만 있다(20절).

21, 22절은 시온 거민이 죄에 빠지지 않고 강성해질 것을 말한다.

네 백성들이 다 의롭게 되어 자기 땅을 영원히 소유할 것이다. 구속받은 자만이 그곳에 살 수 있기 때문이다. 그들은 내가 손으로 심은 의로운 가지(*neser*, branch)와 같은 자들로, 하나님의 영광을 드러낼 존재들이다(21절). 그 작은 자가 천 명을 이루겠고 그 약한 자가 강국을 이룰 것이라. 천을 이룬다는 것은 강자, 곧 복음으로 달라진 사람이 된다는 것이다. 하나님은 그리스도인으로 천을 이루고, 약해보는 그들이 강국을 이루는 꿈과 비전을 가지고 있다. 예수를 따르는 사람은 천을 이루고 강국을 만드는 사람이다. 때가 되면 나 여호와가 속히 이루리라(22절).

이사야서 61장

시온에 전할 구원의 기쁜 소식

1, 2절은 예수님께서 나사렛 회당에서 읽으신 구절이다(눅 4:16-19). 이 구절을 읽으신 다음 "이 글이 오늘날 너희 귀에 응하였느니라"(눅 4:21) 하셨다. 이 구절의 예언이 그대로 이루어졌음을 확인시켜 주신 것이다.

"주 여호와의 영이 내게 내리셨으니 이는 여호와께서 내게 기름을 부으사 가난한 자에게 아름다운 소식(good tidings)을 전하게 하려 하심이라 나를 보내사 마음이 상한 자를 고치며 포로 된 자에게 자유를, 갇힌 자에게 놓임을 선포하며."(1절)

이 글은 예수님을 내다보며 쓰여 졌고 이루어졌다. 이것은 예언의 말씀이고, 신약은 그 성취를 기록하고 있다. "기름을 부으사"는 예수님이 기름부음을 받은 메시야임을 뜻한다. 이 때 기름부음은 주의 영, 곧 성령이 그에게 강림하셨음을 나타낸다. 하나님의 영이 임했다는 것은 성령이 충만했음을 보여준다.

메시야는 가난한 자(*anawim*, the poor)를 구원하시기 위해 오셨다. "아나빔"은 상처와 억압으로 인해 고통 받는 사람(the afflicted)을 가리킨다. 또한 그는 마음이 상한 자(the broken hearted), 곧 마음이 깨어진 자를 고치기 위해 오셨다. 상처를 주고 상처 받은 사람을 치료하기 위해 오셨다. 포로 된 자(the captives)에게 자유를 주기 위해 오셨다. 자신의 의지와 상관없이 사단에 의해 사로잡힌 자다. 그리고 갇힌 자(those who are bound)에게 놓임을 주기 위해 오셨다. 욕망, 질병, 염려, 근심, 절망에 눌리고 갇혀 있는 자다. 가난한 자, 갇힌 자, 포로 된 자를 자유하게 하는 이 말씀은 구원을 선포하는 말씀이다. 복음은 바로 구원을 가져다주는 아름다운 소식, 복된 소식이다. 이 구절은 교회와 그리스도인들의 사명이 무엇인가를 가르쳐 준다.

"여호와의 은혜의 해와 우리 하나님의 보복의 날을 선포하여 모든 슬픈 자를 위로하되." (2절)

복된 소식은 하나님의 은혜(the Lord's favor)의 해와 보복(*naqam*, vengeance)의 날을 선포하는 데서 극적으로 나타난다. 예수님은 은혜의 해와 보복의 날을 선포하기 위해 오셨다. 믿는 자에게는 구원의 은혜를 주시고, 믿지 않는 자에게는 보복, 곧 심판을 하신다. 63장은 이 심판의 날에 대해 말씀하고 있다.

은혜의 해는 희년을 말한다. 희년은 49년(7x7) 다음 해인 50년째를 가리키는 큰 은혜의 해이다. 이 해에는 땅을 다시 찾게 되고, 종 되었던 자가 다시 집으로 돌아오게 되며, 빚진 것도 탕감 받게 된다. 이것이 바로 희년법이다. 희년의 나팔소리는 자유를 선포한다. 새로 시작하게 만든다. 그래서 나팔소리의 해라고도 한다.

희년에는 설움을 풀어주고, 눈물 씻겨주는 해이다. 억울한 것을 풀어주고, 한으로부터 자유하게 하는 해이다. 예수님은 우리에게 희년을 선포하기 위해 오셨다. 예수님의 희년 선포는 영원한 희년 선포다. 주님 안에서 완전히 자유를 얻기 때문이다. 예수님은 이 말씀을 읽으시고 이렇게 말씀하셨다. "오늘날 이 말씀이 응했느니라."

영원한 희년의 선포로 우리에게는 하나님의 형상이 회복되는 역사가 일어난다. 황폐한 땅이 회복되고(기업 회복), 무너진 성전이 회복된다. 공동체가 회복된다. 이스라엘 지위와 직분이 회복된다. 하나님의 제사장, 하나님의 봉사

자가 된다. 수치로 인해 땅에 떨어진 직분이 모두 회복된다.

"무릇 시온에서 슬퍼하는 자에게 화관(crown of beauty)을 주어 그 재를 대신하며 기쁨의 기름(oil of joy)으로 그 슬픔을 대신하며 찬송의 옷(garment of praise)으로 그 근심을 대신하시고 그들이 의의 나무(oaks of righteousness) 곧 여호와께서 심으신 그 영광을 나타낼 자라 일컬음을 받게 하려 하심이라."(3절)

그 날이 오면 즐거워 기쁨과 찬송이 넘친다. 주님의 완전한 자유 선포로 우리에게 살길이 열렸기 때문이다. "너희를 위해 구주가 나셨다." 이것은 큰 기쁨의 좋은 소식이다. 주님이 우리의 구주, 곧 구원자로 오시기 때문이다. 복음은 기쁨과 찬송의 원천이다. 바울은 "나는 복음을 부끄러워하지 않는다."고 하였다. 모든 믿는 자에게 구원을 주시는 하나님의 능력이기 때문이다(롬 1:16). 능력(*dynamis*, power)은 다이너마이트다. 복음은 폭발하는 힘이 있다. 예수님은 "나는 길이요 진리요 생명이요 진리가 너희를 자유하게 하리라." 하셨다. 교회는 진리이신 예수님을 선포하는 곳이며, 성도는 그가 심으신 의의 나무로 주의 영광을 나타낼 자다.

4-7절은 복음, 곧 아름다운 소식을 받는 백성들에게 주어질 변화를 소개하고 있다.

그들은 오랫동안 폐허가 된 곳을 다시 일으키고 오랫동안 황폐한 성들을 재건할 것이다(4절). 바벨론에서 포로 된 백성들이 귀환하여 예루살렘을 수축하는 것으로 보이지만 주의 백성들의 영적 상태가 회복되는 것을 의미한다. 그리스도의 사역으로 황폐하게 된 세상이 놀랍게 회복된다.

낯선 사람들이 나서서 너희 양 떼를 먹이고, 다른 나라 사람들이 와서 너희의 농부와 포도원지기가 될 것이다(5절). 그러나 너희는 "여호와의 제사장(*kohane*, priests)"이라 일컬음을 받고, 사람들이 너희를 우리 "하나님의 사역자(*mesarete*, ministers, servants)"라고 부를 것이다. 너희가 온 세상의 재물을 향유하고 그 재물이 너희 것이 된 것을 자랑스럽게 여길 것이다(6절). 이것은 하나님의 백성들이 믿지 않는 자들에 대해 제사장 역할을 하게 될 것을 말해준다. 이스라엘이 이방인 가운데 제사장 나라가 된다.

너희가 받은 수치를 갑절이나 보상받으며, 부끄러움을 당한 대가로 받은 몫을 기뻐할 것이다. 그러므로 너희가 땅에서 갑절의 상속을 받으며, 영원한 기쁨을 차지할 것이다(7절). 이제 치욕의 날이 끝난다. 너희는 돌아와 너희 땅에서 살게 될 것이다. 너희 재산은 배로 늘어나고 너희에게는 항상 기쁨이 있을 것이다. 비웃음을 당했던 이스라엘이 수치나 능욕 대신 영광을 얻게 되리라는 것이다. 죄에서 해방된 자는 하나님이 주신 기쁨을 얻게 된다.

하나님께서 말씀하신다. "나는 정의를 사랑하며 불의와 강탈을 미워한다. 내가 백성들의 믿음대로 성실히 그들에게 보상할 것이며 그들과 영원한 언약을 맺을 것이다."(8절). 믿음에 따른 성실 보상과 영원한 언약(새 언약) 맺음을 통해 하나님은 자기 백성을 억울한 압제로부터 구원하신다. 그들의 후손들이 온 세계에 알려져서 유명해진다. 그들을 보는 자마다 사람들은 그들이야말로 진정 주의 복을 받은 자손이라는 것을 인정하리라(9절).

10, 11절은 하나님의 축복을 받은 성도들의 영광스런 모습을 묘사하고 있다.

"내가 여호와로 말미암아 크게 기뻐하며 내 영혼이 나의 하나님으로 말미암아 즐거워하리니 이는 그가 구원의 옷을 내게 입히시며 공의의 겉옷을 내게 더하심이 신랑이 사모를 쓰며 신부가 자기 보석으로 단장함 같게 하셨음이라."(10절) 구원의 기쁨이 결혼식의 기쁨으로 비유되고 있다. 구원(*yesa*, salvation)의 옷, 공의(*sedaqah*, righteousness)의 겉옷은 하나님께서 그들에게 구원을 주시고 의롭게 하신 것을 뜻한다. 그가 나에게 구원의 옷을 입히시고 의의 겉옷을 걸쳐 주시니 결혼식을 위해 단장한 신랑 신부처럼 되었구나. 하나님께서 행하신 일로 크게 기뻐하고 내 영혼이 즐거워하지 않을 수 없다.

"땅이 싹을 내며 동산이 거기 뿌린 것을 움돋게 함 같이 주 여호와께서 공의와 찬송을 모든 나라 앞에 솟아나게 하시리라."(11절) 땅이 싹을 내고 정원이 거기에 뿌려진 씨앗을 움돋게 하듯이 하나님께서 온 세상에 공의와 찬송을 싹트게 하리라. 하나님이 그의 의를 나타내실 것이니 모든 민족이 그를 찬양할 것이다.

이사야서 62장

시온아, 구원이 네게 이르렀다

62장은 61장에 이어 다가 올 시온의 구원에 대해 언급하고 있다. 시온을 구원하시는 하나님의 위대하심이 시적으로 표현되고 있다.

"나는 시온의 의가 빛 같이, 예루살렘의 구원이 횃불 같이 나타나도록 시온을 위하여 잠잠하지 아니하며 예루살렘을 위하여 쉬지 아니할 것인즉."(1절) 나, 곧 여호와의 종 메시야가 의와 구원이 나타날 때까지, 다시 말해 그의 백성이 영광스럽게 될 때까지 그의 사역을 쉬지 않을 것을 말하고 있다. 여기서 시온과 예루살렘은 병행구로, 하나님의 백성을 가리킨다.

모든 민족이 너, 시온의 구원을 볼 것이며 세상의 모든 왕들이 너의 영광을 볼 것이다. 하나님의 백성은 모든 나라와 모든 왕들에게 인정을 받는다. 그리고 너는 하나님께서 주신 새 이름으로 불릴 것이다(2절). 새 이름은 4, 12절에 소개된다.

시온은 주님의 손에 들려 있는 아름다운 면류관이 되고, 하나님의 손바닥에 놓여 있는 왕관이 될 것이다(3절). 시온이 하나님의 면류관이 된다는 것이다. 이것은 하나님의 백성이 고귀한 신분으로 변화되고, 하나님의 완전한 보호아래 있게 됨을 말해준다.

4, 5절은 하나님과 시온의 관계를 부부 관계로 비유하고 있다.

"다시는 너를 버림받은 자라 부르지 아니하며 다시는 네 땅을 황무지라 부르지 아니하고 오직 너를 헵시바라 하며 네 땅을 뿔라라 하리니 이는 여호와께서 너를 기뻐하실 것이며 네 땅이 결혼한 것처럼 될 것임이라."(4절) 헵시바(Hephzibah)는 "나의 기쁨이 그 녀 안에 있다"는 뜻으로, 하나님이 기뻐하시는 여인이라는 말이다. 쁄라(Beulah)는 "결혼한 여인"이라는 뜻을 가지고 있다. 시온이 한 때 버림을 받았지만 여전히 하나님의 배우자로 인정하고 있음을 보여준다. 하나님은 그의 백성이 자기를 떠났다 할지라도 돌아오기를 기다리며 여전히 사랑을 하신다.

총각이 처녀와 결혼하듯 너의 아들들이 너와 결혼한다. 이것은 황폐하였던 시온을 그의 백성들이 다시 차지할 것을 뜻한다. 그리고 신랑이 신부를 반기듯 네 하나님께서 너를 반기실 것이다. 하나님은 그의 백성을 기뻐하신다(5절).

6, 7절은 새로운 주제로 전개된다. 파수꾼을 세워 그들로 하여금 쉬지 말고 하나님께 간구하고 하나님께서 그의 일을 이루시도록 하라는 것이다. 파수꾼은 선지자를 가리키는 것으로 보인다.

예루살렘아, 내가 네 성벽 위에 파수꾼을 세웠다. 그들은 밤이나 낮이나 잠잠하지 않을 것이다. 여호와를 부르는 자들아, 너희는 쉬지 말라. 주님께서 하신 약속을 늘 주님께 상기시켜 드려야 하기 때문에 가만히 있지 말고 늘 상기시켜 드리라는 것이다(6절). 하나님께서 예루살렘을 복구하여 온 세상이 찬양하는 도시로 만드실 때까지 그를 쉬지 못하시게 하라(7절).

8, 9절에서 하나님은 자기 백성을 보호하고 그들의 필요를 공급하실 것을 약속하신다.

하나님께서 능력의 팔인 오른손으로 맹세하셨다. "내가 다시는 네 곡식을 네 원수들의 양식으로 주지 않겠다. 네 포도주를 다시는 이방사람들이 마시지 못하게 하겠다. 곡식을 추수한 자들이 그것을 먹고 나 여호와를 찬양하고, 포도를 거둔 자들이 내 성전 뜰에서 포도주를 마실 것이다."

10-12절은 바벨론에 사로잡혔던 유대인들이 돌아오게 될 것을 말씀하신다.
성문으로 나아가 백성이 올 길을 닦고 큰 길을 수축하라. 온 세계가 알 수 있도록 깃발을 세우라. 딸 시온아, 너의 구원자가 오신다. 구원한 백성을 데리고 오신다. 사람들이 너를 "거룩한 백성"(Holy People)이라 "여호와께서 구속하신 자"(the Redeemed)라 하겠고 또 너를 "찾은바 된 자"(Sought After)요 "버림받지 아니한 성읍"(the City No Longer Deserted)이라 하리라.

이사야서 63장

에돔에 대한 심판 예고, 이스라엘 집에 베푸신 큰 은총, 이사야의 구국기도

1. 에돔을 심판할 날이 왔다(1-6절)

1-6절은 에돔을 멸망시키고 오신 하나님과 선지자 사이의 대화로 구성되어 있다. 여기서 에돔은 하나님의 백성을 미워하는 세상을 가리킨다. 에돔이 늘 이스라엘을 대적했기 때문이다. 메시야가 장차 악한 자를 진멸하시고 그의 백성을 구원하실 것을 상징적으로 보여주고 있다.

하나님께서 묻고 답하신다. "붉게 물든(stained crimson) 옷을 입고 에돔의 성 보스라(Bozrah)에서 오시는 이는 누구신가? 화려한 옷차림으로 권세 당당하게 걸어오시는 이는 누구신가?" "그는 바로 나다. 공의를 말하는 자요 구원의 권능을 가진 자다."(1절) 붉게 물든 옷은 원수들의 피로 붉게 물든 옷으로, 메시야가 에돔을 치고 개선장군처럼 오시는 모습을 묘사하고 있다. 메시야는 공의를 말하고, 구원의 능력을 가지고 있다.

선지자가 묻는다. "왜 당신의 옷이 붉고, 왜 포도주 틀을 밟는 사람의 옷과 같습니까?"(2절) 옷이 붉은 이유를 묻는다.

그러자 하나님께서 답하신다. "내가 분노하여 포도즙 틀을 밟듯이 내 원수들을 혼자서 짓밟았는데 그들의 피가 튀어 내 옷을 더럽혔다."(3절) 혼자서 짓밟았다는 것은 직접 원수들을 진멸했음을 말한다. 이것은 마지막 심판 때 메시야가 세상 나라를 도구로 사용하지 않으시고 직접 심판하실 것임을 보여준다.

"이는 내 원수 갚는 날이 내 마음에 있고 내가 구속할 해가 왔으나."(4절) 원수 갚는 날은 악한 자를 심판하는 날이자 하나님의 백성을 구원하는 날이다. 하나님께서 자기 백성의 원수를 갚아 그들을 구할 때가 되었다는 것이다.

그런데 메시야를 도와주는 자가 아무도 없음을 보고 스스로 놀란다. 심판하는 일에 아무도 자신을 도와주거나 붙들어줄 수 없을 만큼 온 세상이 부패했기 때문이다. "내 팔이 나를 구원하며 내 분이 나를 붙들었음이라." 그래서 하나님께서 분노하여 혼자 심판을 단행했다는 것이다(5절).

"내가 노함으로 말미암아 만민을 밟았으며 내가 분함으로 말미암아 그들을 취하게 하고 그들의 선혈이 땅에 쏟아지게 하였느니라."(6절) 하나님께서 분노로 이방 나라들을 마구 짓밟아 부수고 그들의 피를 땅에 쏟아 버렸다. 그들은 하나님의 진노로 망했다. "내가 분함으로 말미암아 그들을 취하게 하고"는 그들이 분노의 잔을 마시고 취하게 되었다는 것이다.

2. 이스라엘 집에 베푸신 큰 은총(7-14절)

63:7-64:12는 이사야가 유다 민족을 대표하여 하나님께 기도하는 내용이다.

7-14절에서 선지자는 과거 하나님께서 이스라엘 백성들에게 사랑과 긍휼을 베푸셨음을, 그리고 이스라엘 백성들이 주의 뜻을 거슬러 행했음을 밝히고 있다.

7-9절에서 이사야는 이스라엘의 영광스러운 과거를 회상한다.

그는 먼저 하나님께서 이스라엘에게 베푸신 모든 자비와 사랑, 그리고 큰 은총을 말하며 찬송한다(7절). 하나님은 이스라엘을 자기 백성으로 삼으시고,

구원자가 되셨다(8절). 하나님은 이스라엘이 환난을 당할 때마다 직접 그들을 구원하셨다. "옛적 모든 날에 그들을 드시며 안으셨다." 자식을 안 듯 감싸듯 사랑과 자비로 구출하시고 항상 돌보셨다(9절). 이스라엘을 향한 하나님의 사랑은 크고 한이 없으셨다는 말이다.

그럼에도 불구하고 이스라엘이 하나님을 반역하고 주의 성령을 근심하게 만들었다. 그로 인해 하나님께서 그들의 대적이 되어 그들과 싸우셨다(10절). 이사야는 현재의 유다를 반역 상태로 묘사했다. 배교했기 때문이다.

11-14절에서 이사야는 포로 상태에 있는 유다 백성을 등장시키고 왜 하나님께서 과거 홍해 구원사건 때처럼 자비를 베푸시지 않는지 반문한다.

백성들이 옛날 모세 때의 일을 회상하며 이렇게 묻는다. "바다에서 자기 백성의 지도자들을 구원하신 분이 어디 계시는가? 그들 가운데 성령을 보내신 분이 지금 어디 계시는가?" 모세와 백성의 장로들에게 성령이 임했다(민 11:17, 25). 그의 영광스러운 팔로, 모세를 시켜서, 오른손으로 그들을 이끌게 하시며, 그들 앞에서 물을 갈라지게 하셔서, 그의 이름을 영원히 빛나게 하신 그분이 이제는 어디에 계시는가? 말이 광야에서 달리듯이, 그들을 깊은 바다로 걸어가게 하신 그분이 지금은 어디에 계시는가? 주님의 영이 그들을, 마치 풀을 찾아 골짜기로 내려가는 가축 떼처럼 편히 쉬게 하시지 않았던가?" 가나안으로 인도하셨다는 말이다. 주님께서는 이렇듯 그의 백성을 인도하셔서, 주님의 이름을 영광스럽게 하셨다(11-14절). 백성을 빌어 하는 질문은 자칫 불평하는 듯 보인다. 하지만 홍해 사건과 가나안으로의 인도를 기억함으로써 오히려 지금 전과 같은 그의 자비를 간절히 사모하고 있음을 보여주고 있다.

3. 이사야의 구국기도(15-19절)

15-19절에서 이사야는 유다 백성에게 은총을 내려주시도록 간절히 기도하

고 있다.

주님, 하늘에서 굽어 살피시옵소서. 주의 거룩하고 영광스러운 처소에서 우리를 보옵소서. 전에 우리에게 보여주신 주의 열성(zeal)과 주의 능력(might, strength)이 이제 어디 있나이까? 주의 사랑과 자비는 어디 있나이까? 제발 우리를 외면하지 마소서(15절). 이 기도는 의심과 낙담 가운데서 하는 말이 아니다. 오히려 주의 능력과 자비를 간절히 사모하는 마음을 담고 있다.

주는 우리의 아버지이십니다. 우리의 조상 아브라함과 야곱이 우리를 인정하지 않을지라도 주는 항상 우리의 구원자(*goalenu*, our Redeemer)요 우리의 아버지(*abinu*, our Father)이십니다(16절). 육적 조상은 우리를 인정하지 않을지라도, 즉 조상들은 이미 죽어 우리의 사정을 알아줄 수 없다 할지라도 하나님은 우리를 저버리지 않으신다는 확신을 담고 있다.

하나님이여, 어째서 우리가 주의 길에서 떠나 우리 마음을 굳게 하여 주를 두려운 마음으로 섬길 수 없게 하십니까? 항상 주를 섬기는 주의 종들을 위해 돌아오소서(17절). 불평하듯 보이지만 이면에는 하나님을 향한 강한 신앙이 깔려있다.

주의 거룩한 백성이 땅을 차지한 지 오래지 아니하여서 이제는 우리의 원수들이 주님의 성소를 유린하였나이다(18절). "땅을 차지한 지 오래지 아니하여서"를 "주님의 성소를 잠시 차지하였으나"로 번역하기도 한다. 원문에는 "차지한 지 오래 되지 아니하여"라 되어 있다.

우리는 오래 전부터 주님의 다스림을 전혀 받지 못하는 자같이 되었으며, 주님의 이름으로 불리지도 못하는 자같이 되었나이다(19절). 주님, 유다는 원래 주의 다스림을 받는 백성, 주의 백성이 아닌가요. 이사야는 오히려 유다가 주의 백성임을 강조하고 있다.

이사야서 64장

유다 백성을 대표한 이사야의 구국기도

64장에서도 이사야는 유다 백성을 대표해 계속 구국의 기도를 드린다. 1-3절에서 그는 하나님의 간섭을 바라며 하나님의 능력이 속히 임할 것을 간구한다.

하나님, 하늘을 가르고 내려오소서. 작은 나뭇가지가 불에 타고 물이 불에 끓듯이 산들이 주를 보면 두려워 떨 것입니다. 주님, 주의 원수들에게 주의 능력을 나타내셔서 이방 나라들, 곧 온 세상이 주 앞에서 떨게 하소서(1, 2절). 선지자는 장막의 휘장을 젖히고 내려오시듯 하나님이 하늘을 가르고 임재하기를 기도한다. 아울러 하나님의 능력이 속히 임하기를 기도한다. 그의 임재 앞에 온 세상이 떨지어다.

주께서 오셔서 우리가 생각할 수 없는 놀라운 일을 행하셨을 때 산들은 주 앞에서 두려워 떨었나이다(3절). 하나님은 그의 백성을 보호하시기 위해 이집트에 재앙을 내리고 홍해를 가르는 등 크고 두려운 일을 행하신다. 그 앞에서는 산천도 떤다.

이런 일은 예로부터 아무도 들어 본 적이 없습니다. 귀로 듣거나 눈으로 본 적도 없습니다. 주님 외에 어떤 신이 자기를 앙망하는 자, 곧 기다리는 자들에게 이렇게 할 수 있었겠습니까(4절). 자기 백성을 위해 일하시는 분은 오직 하나님 한 분이시라는 고백이다.

주님은, 기쁨으로 공의를 실천하는 자, 주님의 길을 따르는 자, 주님을 기억하는 자를 만나 주십니다. 그러나 주님, 보십시오. 주님께서 진노하신 것은 우리가 오랫동안 죄를 지었기 때문입니다. 우리가 어찌 구원을 받겠습니까?(5절). 주님은 공의를 행하고 주의 법도를 따르는 자를 환영하는데, 유다 백성은 오랜 동안 죄를 지었다. 하나님의 진노로 외국의 침략을 받고, 바벨론 포로로 잡혀가게 된다. 그러고도 우리가 어찌 구원을 바라겠는가.

우리는 모두 부정한 자와 같고 우리의 모든 의는 더러운 옷과 같습니다. 우리는 모두 나뭇잎처럼 시들어 우리의 죄악이 바람처럼 우리를 휘몰아 갑니다(6절). 이사야는 유다를 부정한 자와 같다 했다. 불법과 악행을 일삼아 율법적으로 부정한 자, 불결한 옷 같이 되었기 때문에 감히 하나님 앞에 나아갈 수 없는 존재가 되었다는 말이다.

주의 이름을 부르는 자도 없고 애써 주를 붙들려고 하는 자도 없습니다. 그러므로 주님은 우리의 죄 때문에 얼굴을 숨기시며 소멸되게 하셨습니다(7절). 하나님은 그의 백성이 고난가운데서 오히려 더 기도하며 주님을 찾기 원하신다. 얼굴을 숨기신다는 것은 외면하시고 더 이상 은총을 베풀지 않으신다는 뜻이고, 소멸되게 하신다는 것은 버리신다는 뜻이다.

8-12절에서 이사야는 비참한 지경에 빠져있는 유다를 구원해 주셔야할 여러 이유를 제시한다.

첫째, 주는 우리의 아버지이시기 때문이다(8절). 유다 백성이 비록 하나님 앞에 죄를 짓기는 했지만 하나님을 아버지라 부름으로써 하나님과의 언약관계에 있음을 암시한다. 또한 우리는 진흙이고, 주님을 토기장이로 비유하며 하나님을 주권자로 인정했다. 그러니 하나님 아버지의 처분만을 기다리겠다는 것이다. 둘째, 우리는 다 주의 백성이기 때문이다(9절). 그러니 진노를 거두시고 우리의 죄악을 영원히 기억하지 말아 달라 간청한다. 셋째, 시온을 비롯해 주님의 거룩한 성읍들이 황폐해졌고, 아름다운 성전이 불탔기 때문이다(10,

11절). 거룩함이 회복되어야 한다는 것이다. 미래의 일임에도 이미 일어난 것처럼 말하고 있다.

"여호와여 일이 이러하거늘 주께서 아직도 가만히 계시려 하시나이까 주께서 아직도 잠잠하시고 우리에게 심한 괴로움을 받게 하시려나이까."(12절) 이사야는 유다 백성을 대표해 주님께 간절히 호소하고 있다. 꼭 구원을 베푸셔야 한다는 말이다.

이사야서 65장

이스라엘의 심판과 이방 및 남은 자들의 구원, 새 하늘과 새 땅

1. 이스라엘의 심판과 이방 및 남은 자들의 구원(1-16절)

65, 66장은 이사야서의 결론 부분으로, 65장은 이사야의 구국기도에 대한 하나님의 응답이다.

1절에서 하나님은 그를 찾지 않았던 이방인, 내 이름을 부르지 아니하던 이방 나라를 부르시어 그의 백성으로 삼는다는 내용을 담고 있다. 바울은 이 말씀을 인용하며 이방인들이 교회에 들어오는 것을 이 예언의 성취로 보았다(롬 10:20). 하나님의 긍휼은 언약 밖에 있는 사람들에게까지 넘쳐흐른다.

2-7절은 유대인이 그들의 죄 때문에 버림을 당했음을 밝히고 있다. 이것은 하나님께서 왜 이방인에게 구원의 문을 열어놓았는가에 대한 답이기도 하다.

내가 하루 종일 팔을 벌리고 내 백성을 맞을 준비를 했다. 그러나 그들은 나를 거역하고 악한 길로 갔다. 유다 백성들이 우상숭배를 하는 등 패역의 길을 걸었다는 말씀이다. 그들은 동산에서 우상에게 제사하고, 벽돌 제단을 만들어 그 위에 분향함으로써 늘 나를 분노하게 만들었다(2, 3절).

밤이 되면 그들은 죽은 자들의 영들을 만나려고 무덤이나 동굴을 찾아간다. 먹지 못하도록 되어 있는 돼지고기를 먹고 우상에게 제사한 가증한 고기를 삶아 그 국물을 마시면서도 다른 사람에게는 "너무 가까이 오지 말라. 나는 네가 만져서는 안 될 거룩한 몸이다." 라고 말한다. 우상 숭배의 길을 가면서도 자신을 거룩한 자들이라 자처한다. 이런 자들은 내 코의 연기요 종일 타는 불이다. 진노의 대상이라는 말씀이다. 이런 자들을 보며 내가 분노하지 않을 수 없다(4, 5절).

하나님은 우상을 섬기는 그들을 벌하기로 작정하셨다. 그들에 대한 심판이 내 앞에 기록되었으니 그들이 행한 일을 내가 모르는 척 하지 않으리라. 반드시 그 대가를 받도록 할 것이다. 그들의 죄뿐 아니라 그 조상들의 죄도 물어 그들에게 벌을 내리겠다. 그들이 이방 우상을 섬기고 이방 신전에서 분향하는 등 나를 모욕하였다. 내가 지난 날 그들이 한 일들을 철서하게 계산하여 그들이 행한 그대로 갚아 줄 것이다(6, 7절).

8-10절은, 유대 백성가운데 남은 자를 둘 것과 그들에 대한 약속이 성취될 것을 말하고 있다.

나쁜 포도송이에도 즙을 짤 만한 좋은 포도가 있어 그것을 송이 째 버리지 않는 것처럼 나도 내 백성을 송두리째 멸망시키지 않고 내 백성가운데 기업으로 얻을 자, 곧 땅을 소유할 나의 택한 자들을 살아남게 하겠다. 남은 자를 두시겠다는 말씀이다. 나를 섬기는 택한 내 백성들이 거기서 살 것이다. 그들이 사론(Sharon) 평야와 아골(Achor) 골짜기에서 그들의 소떼와 양떼를 먹일 것이다. 샤론은 지중해 연안에 있는 비옥하고 아름다운 평원이다. 아골 골짜기는 여호수아 때 아간이 처형당했던 곳인데, 여기서는 소가 뒹구는 평화로운 골짜기로 묘사되고 있다.

11, 12절에서는 우상숭배를 한 유다를 다시 언급하며 그에 합당한 형벌을 내리실 것을 말씀하고 있다. 나 여호와를 버리고 나의 거룩한 산을 잊고 행운과 운명의 신인 갓과 므니 신을 섬기는 자들은 칼날에 죽임 당하도록 하겠다. 이것은 내가 불러도 대답하지 않았고, 내가 말을 해도 듣지 않고 내 앞에서

악을 행하며, 내가 기뻐하지 않는 일을 했기 때문이다. 갓(Gad)은 페니키아 사람들이 섬기는 행운의 신이고, 므니(Meni)는 시리아 사람들이 섬기는 운명의 신이다. 모두 운명의 신으로, 유다 백성들이 이방 우상들을 섬기며 자신의 행운과 운명을 맡겼음을 보여준다.

13-16절에서는 종들을 너희들(you, 육적 이스라엘)과 나의 종들(My servants, 참 이스라엘)로 구분하고, 나의 종들에게는 축복을, 그들에게는 형벌을 선언한다. 나를 섬기는 종들은 먹고 마시지만 너희들은 굶주리고 목마를 것이다. 내 종들은 기뻐 노래하지만 너희들은 수치를 당하고 슬픔과 절망 가운데서 통곡할 것이다. 내가 택한 백성들이 너희 이름을 저주거리로 사용할 것이다. 나 여호와가 너희를 죽이고 내 종들에게는 다른 이름, 곧 새로운 이름을 줄 것이다. 복을 구하는 자들이 진리의 하나님께 복을 구하고, 맹세하는 자들이 신실한 하나님의 이름으로 맹세할 때가 올 것이다. "이는 이전 환난이 잊어졌고 내 눈 앞에 숨겨졌음이라." 나의 종들이 진리의 하나님께 맹세하므로 바벨론 포로의 환난은 잊혀지고, 하나님께서도 지난 일들을 잊어버리신다.

2. 새 하늘과 새 땅(17-25절)

17-25절에서는 새 하늘과 새 땅의 창조와 그곳에서의 축복이 묘사되고 있다. 새 시대가 열리고 새 질서가 확립된다.

내가 새 하늘(new heavens)과 새 땅(new earth)을 창조한다. 이전 것은 기억되거나 생각나지 않을 것이다. 새 창조는 이전 것을 보수하는 것이 아니라 질적으로 완전히 다른 새로운 변화이다. 이전 것, 곧 사망이나 애통, 곡하는 것이나 아픈 것들은(계 21:4) 이제 기억되지도 않는다. 너희는 내가 창조하는 것을 보고 영원히 기뻐하며 즐거워하라. 내가 만들 새 예루살렘은 기쁨이 충만할 것이며 그 백성들은 행복할 것이다(17, 18절).

내가 예루살렘과 그 백성 때문에 기뻐할 것이다. 다시는 거기서 우는 소리와 부르짖는 소리가 들리지 않을 것이다. 그곳에서는 며칠 살지 못하고 죽는 유아가 없고 제 명대로 다 살지 못하는 사람도 없을 것이다. 백세에 죽는 사람을 보면 아직 젊은 데 죽었다 할 것이고, 백세가 되지 못해서 죽는 사람은 저주를 받은 것으로 생각할 것이다. 건강과 장수의 축복을 누리게 된다는 말씀이다(19, 20절).

내 백성이 집을 짓고 거기에 살며 포도원을 가꾸어 그 포도를 먹을 것이다. 그들이 지은 집에 다른 사람이 살지 않을 것이며 그들이 재배한 것을 타인이 먹지 않을 것이다. 나의 백성은 나무처럼 오래 살겠고, 그들이 수고하여 번 것을 오래오래 누릴 것이다. 이것은 하나님의 축복을 받아 평화를 누리게 될 것을 말한다(21, 22절).

그들의 수고가 헛되지 않을 것이며 그들의 자녀들은 죽음이나 포로와 같은 재난을 만나지 않을 것이다. 내가 그들과 그 후손들을 축복하겠다. 여호와의 복된 자의 복이 후손에까지 미칠 것이란 말씀이다(23절).

"그들이 부르기 전에 내가 응답하겠고 그들이 말을 마치기 전에 내가 들을 것이며."(24절) 그의 자녀들에게 부으신 축복이 기도에서도 나타난다. 부르기도 전에 내가 대답하고 그들이 말을 끝맺기도 전에 그들의 기도에 응답하겠다. 그들은 기도를 통해서도 전혀 새로운 경험을 하게 된다. 하나님과의 직접 소통이다.

"이리와 어린 양이 함께 먹을 것이며 사자가 소처럼 짚을 먹을 것이며 뱀은 흙을 양식으로 삼을 것이니 나의 성산에서는 해함도 없겠고 상함도 없으리라."(25절) 이것은 주의 재림으로 죄의 용서가 이루어지고 하나님 나라가 완성되어 자연의 혼란도 원상태로 돌아갈 것을 보여준다. 이 구절은 11:6-9에서 이미 예언한 것을 반복한 것이다.

이사야서 66장

그릇된 예배에 대한 경고, 다시 태어날 시온, 하나님의 심판, 여호와 영광의 선포

1. 그릇된 예배에 대한 경고(1-6절)

1절에서 하나님은 너희가 나를 위해 성전을 마련했다고 하지만 창조주인 나는 하늘이 보좌이고 땅이 발판인데 너희가 나를 위해 무슨 집을 지을 수 있고 어느 곳이 내 안식처가 되겠느냐 물으신다. 하나님은 손으로 만든 건물에만 존재하시는 분이 아니시고, 어떤 장소에도 제한 받지 않으신다는 말씀이다.

2, 3절에서는 예배의 진정한 의미가 무엇인가를 밝히고 있다.

하나님께서 말씀하신다. "내 손이 이 모든 것을 지었기에 그들이 생긴 것이다." 이 모든 것이 나의 것이라는 말씀이다. 그리고 나는 마음이 가난하고 심령에 통회하며 내 말을 듣고 떠는 자를 돌본다 하셨다. 겸손한 사람, 회개하는 사람, 나를 경외하고 복종하는 사람을 좋아하신다는 말씀이다. 이런 마음으로 예배를 드리는 자의 예배를 받으신다는 것이다. 하나님은 경건한 자의 예배를 받으시고 그들을 보호하신다.

그러나 자기 멋대로 행동하고 죄 짓는 일을 기뻐하는 자들의 예배는 받지 않으신다. 그들이 아무리 소를 잡아 제사를 드린다 해도 그것은 사람을 죽이는 것과 다름이 없고, 양으로 제사를 드린다 해도 그것은 개의 목을 꺾는 것과 다름이 없다. 그들이 곡식을 드리는 소제는 마치 부정한 돼지의 피를 드리는 것과 같고, 그들이 분향하는 것은 우상을 찬양하는 것과 다름이 없다. 예배의 참 뜻을 알지 못하고 형식적으로 드리는 예배는 받지 않으시겠다는 말씀이다.

4절에서는 그런 외식주의자들에게 벌을 내려 그들로 죄의 유혹을 더 받도록 하시겠다고 하신다. 이것은 내가 불러도 그들이 대답하지 않고, 내가 말하여도 그들이 듣지 않으며, 오직 내 앞에서 악을 행하며 내가 기뻐하지 않는 것을 택했기 때문이다. 잘못된 선택이 문제다. 그러므로 하나님께서 기뻐 받으시는 예배가 무엇인지 바르게 알고 그것을 택하라는 것이다. 아무리 좋은 것을 바쳐도 악을 행하며 드리는 예배라면 하나님께서 받으실 리 없다. 불경건한 자는 심판을 받는다.

그러므로 하나님의 말씀을 두렵게 여기는 자라면 그의 말씀을 들어야 한다. 악한 자들이 하나님을 경외하는 자들을 핍박하면서 말한다. "하나님께서 영광을 나타내사 너희 기쁨을 우리에게 보이시기를 원하노라." 조롱하는 말이다. 그러나 하나님께서는 신실한 자 편에 서서 조롱하는 그들을 부끄럽게 하실 것이다(5절). 6절에서는 성에서 왁자지껄한 소리가 들리고 성전에서 요란한 소리가 난다. 하나님께서 바벨론을 들어 시온을 치게 하시니 성읍과 성전에서 아우성 소리가 난다. 그것은 하나님께서 그의 대적들, 곧 외식하는 자들을 벌하시는 소리다. 불경건한 자들, 곧 사악한 백성들은 하나님의 심판을 받는다.

2. 다시 태어날 시온(7-14절)

7-9절에서 하나님은 불경건한 백성과는 달리 택한 백성의 장래에는 번창이 있을 것을 말씀하신다.

시온이 해산하는 고통을 겪지 않고 갑자기 아이를 낳은 여자처럼 되었다. 예루살렘의 회복을 아기를 낳은 것으로 본다. 잃었던 나라가 어떻게 하루아침에 태어나고 어떻게 한 민족이 순식간에 생기겠는가? 그러나 시온은 산통을 겪는 즉시 그의 자녀들을 낳았다. 순산한 것이다. 내 백성이 탄생할 때가 되었는데 네가 어찌 태를 닫아 그들이 태어나지 못하도록 하겠느냐? 하나님께서 바벨론으로부터의 해방과 예루살렘 회복을 착수하신 하나님께서 이를 폐하지 않고 이루시리라.

10-14절에서는 시온의 파괴를 슬퍼하는 자들을 향해 회복된 예루살렘을 보며 함께 기뻐하며 위로를 받으라 한다.

예루살렘을 사랑하는 자들아, 그 성이 파괴됨으로 슬퍼하는 자들아, 이제 그 성읍과 함께 기뻐하고 즐거워하라. 시온이 회복되었기 때문이다.

아기가 어미 품에서 젖을 빨며 평안히 지내는 것처럼 그 거민, 곧 택한 백성도 그런 평안을 누리게 되리라. 너희가 젖을 빠는 것 같이 그 위로하는 품에서 만족하겠고 젖을 넉넉히 빤 것 같이 그 영광의 풍성함으로 말미암아 즐거워하리라. 하나님께서 말씀하신다. "보라 내가 그에게 평강을 강 같이, 그에게 뭇 나라의 영광을 넘치는 시내 같이 주리니 너희가 그 성읍의 젖을 빨 것이며 너희가 옆에 안기며 그 무릎에서 놀 것이라." (12절) 예루살렘이 모든 위험에서 벗어나 평화의 시대, 번영의 시대를 맞으리라는 예언이다.

"어머니가 자식을 위로함 같이 내가 너희를 위로할 것인즉 너희가 예루살렘에서 위로를 받으리니." (13절) 회복된 예루살렘을 보며 하늘의 위로를 받는다. "너희가 이를 보고 마음이 기뻐서 너희 뼈가 연한 풀의 무성함 같으리라 여호와의 손은 그의 종들에게 나타나겠고 그의 진노는 그의 원수에게 더하리라." (14절) 너희가 이것을 보고 마음이 기쁠 것이며 너희의 뼈들이 무성한 풀처럼 튼튼할 것이다. 시든 풀이 생기를 찾아 다시 푸르게 되는 것처럼 환란을 당하여 쇠하여진 그들의 뼈가 다시 과거의 열기를 되찾게 되리라. 그리고 하나님은 섬기는 종들을 돕고, 원수들에게는 진노하실 것이다.

3. 하나님의 심판(15-17절)

15-17절은 하나님을 거슬러 우상 숭배한 자들은 망하게 될 것을 예언하고 있다. 하나님께서 진노의 불을 가지고 오실 것이며 그의 수레는 회오리바람과 같을 것이다. 그가 무섭게 분노를 터뜨리고 맹렬한 화염으로 책망하실 것이다.

그의 노여움은 진노로 바뀌고, 그의 질책은 불길처럼 타오른다. 주님께서 불과 칼로 온 세상을 심판하실 것이니, 주님께 죽임 당할 자가 많을 것이다.

여호와께서 말씀하신다. "자신을 거룩하게 구별하고 정결하게 하여 우상을 모셔 놓은 동산에 들어가서 돼지고기와 쥐 고기와 그 밖의 다른 부정한 음식을 먹는 자는 망하리라." 패역한 이스라엘이 우상 종교에 빠져 하나님이 아니라 우상을 위해 자신을 정결하게 하는 의식을 행하고, 우상을 위해 희생제사가 드려지는 곳을 찾아가며, 그곳에서 부정한 음식을 먹는다. 이런 우상숭배자들은 다 망한다.

4. 여호와 영광의 선포(18-24절)

나는 그들의 패역한 생각과 행위를 알고 있다. 때가 되면 내가 예루살렘을 칠 이방 민족들을 모을 것이며 그들은 와서 내 영광을 보게 되리라. 하나님께서 패역한 백성들에게 내리신 심판을 보고 하나님의 놀라운 위엄을 찬양하게 되리라는 것이다(18절).

내가 그들 가운데 놀라운 기적을 행하여 살아남아 도망하는 자들을 다시스(Tarshish, 스페인), 뿔(Pul, Libya), 활을 잘 쏘는 롯(Lud, Lydia), 두발(Tubal, 흑해 남동 지역), 야완(Yawan, Greece), 그리고 내 명성을 듣지도 못하고 내 영광을 보지도 못한 먼 나라로 보내겠다. 하나님께서 심판 후에도 생존한 자들을 이방 여러 나라로 보내실 것이라는 말씀이다. 그리고 그들이 나의 영광을 모든 민족에게 선포할 것이다(19절).

너희 이스라엘 사람들이 제물용 곡식을 깨끗한 그릇에 담아 성전에 가져오듯이 그들이 온 세계에 흩어진 너희 모든 동포, 곧 흩어진 백성을 말과 수레와 마차와 노새와 낙타에 태워 예루살렘의 거룩한 산으로 데리고 와서 나 여호와에게 예물로 드릴 것이다(20절). 흩어진 백성이 다시 시온으로 돌아오리라는 예언이다. 그 가운데는 믿고 회개한 이방인도 있을 것이다.

나는 그들 중 일부를 택하여 제사장과 레위인을 삼을 것이다(21절). 하나님은 그들 가운데서 경건한 자들을 택하여 하나님의 사역자로 삼으신다. 그 중에는 이방인 사역자들도 있을 것이다.

내가 만들 새 하늘과 새 땅이 내 앞에 항상 있는 것처럼 너희 후손과 너희 이름도 항상 내 앞에 있을 것이다(22절). 새 하늘과 새 땅이 영원히 존재하듯이 하나님을 경외하는 믿음의 후손들도 영원히 존재한다는 것이다. 매월 초하루와 안식일에 모든 혈육, 곧 모든 민족이 나에게 와서 예배할 것이다(23절). 예배가 회복된다는 말이다. 이 예배에는 유대인뿐 아니라 이방민족도 함께 참여한다. 매월 초하루(월삭)는 새 달의 초하루로, 이 날에는 특별한 희생물과 짐승을 바쳤다. 모든 혈육은 하나님을 경배하는 모든 사람을 가리킨다.

그들은 내게 패역한 자들, 곧 나를 거역한 자들의 죽은 시체를 볼 것이다. 그들의 시체를 파먹는 벌레들이 죽지 않고 계속 파먹고, 그들을 태우는 불도 꺼지지 않는다. 모든 사람들이 그것을 보고 역겨움을 느끼게 되리라(24절). 이것은 패역한 자들, 곧 회개하지 않는 죄인들의 종말을 보여준다. 그들에 대한 심판이 있을 것임을 확인시켜주는 대목이다. 불이 꺼지지 않는 것은 불신자들에게 임할 영원한 형벌을 보여준다(계 21:8). 그러니 유다 백성들이어 지금 회개하고 하나님께 돌아오라는 말이다. 그 때는 이미 늦다.